John Chaston ■ Lina Lee

Nuevos senderos
A Communicative Review of Spanish

Kendall Hunt
publishing company

Cover image courtesy of John Chaston

Kendall Hunt
publishing company

www.kendallhunt.com
Send all inquiries to:
4050 Westmark Drive
Dubuque, IA 52004-1840

Table of Contents
Indice de Materias

Introduction

The notion of national standards for the study of foreign languages has encouraged many schools and institutions to provide language offerings to students at the early stages of learning. More and more students have had opportunities to experience a foreign language and culture in secondary schools and many have even started learning languages in elementary and middle schools. In the United States the popularity in language learning, especially the study of Spanish, has also been fueled by the practical reality of immigration from Hispanic countries and an increasingly shrinking world in which contact with Spanish speakers has become a common, daily occurrence for more and more of us in social, academic, and business situations. As many colleges and universities have added language study to the list of admission requirements, making the study of a language an integral part of most secondary education curricula, studying Spanish has become an increasingly popular option. Despite this overall increased participation in the study of Spanish, many students still simply fulfill the minimum language requirements and then set it aside in order to focus on other subjects. For a variety of reasons, many students find themselves enrolling in Spanish once again at the university level. Often these students have been away from Spanish for a few years by the time they resume their study, and while they may have forgotten a good portion of what they have learned, it is usually not necessary for them to "re-learn" everything they had previously covered at a true beginners pace. Presumably, if you are reading this introduction, this student is you.

Our main motivation for writing this text is to create an adequate package of instructional materials which "hurries you along" by hitting key elements of the language without spending valuable time repeating all the basic information, including much of the basic vocabulary and grammar points found in textbooks for true beginners. This text focuses on reviewing, practicing and developing primary functional skills (e.g., how to describe, narrate, contrast, compare and express opinions, desires and emotions in the present, past, and future) in listening, reading, writing, and speaking through a wide range of task-based activities in what we hope are meaningful contexts.

Nuevos senderos, which means 'new pathways' in English, has been selected as the title of this text for two reasons. First, the layout of the text is based on four "new pathways" to follow for learning in each chapter: (1) A Repasar y Preparar, (2) A Comprender, (3) A Enfocar y Abundar, (4) A Desarrollar, Escribir y Compartir; which translated mean: (1) To Review and Prepare, (2) To Understand, (3) To Focus and Elaborate, (4) To Develop, Write, and Share. These "new pathways" are designed to lead you to competence in speaking, listening, writing, and reading by providing you with the instruction and practice for each of these skills. Second, the activities, readings, and listening comprehension activities are based on the real life experiences of native Spanish speakers as well as those of English speakers who have become proficient enough to effectively share their experiences along these "new pathways" in Spanish. These have been edited to fit an appropriate level of instruction for us, but cultural and linguistic appropriateness has been maintained.

More specifically, each chapter begins with a presentation and review of vocabulary, verb usages, and pronunciation helps that you will practice through guided individual and interactive activities which prepare you for more advanced Spanish situations to come. This is followed up with comprehension exercises in reading and listening in Spanish which consist of general information on given topics. These focus on and are limited to comprehension, and are not immediately used for production models. With this added experience in comprehension, we then provide specific grammar explanations and elaboration of communicative skills which are practiced through interactive activities with classmates. Finally, we end each chapter with more specific readings and listening selections that focus on specific details or experiences of those who share these experiences. These readings and listening selections serve as models for you to receive input for discussions and your own writing of essays and compositions on a variety of topics and life experiences, which you will then produce and share with classmates—all in Spanish. In addition to the text itself, we have also provided an online component in which there are many listening selections and additional practice exercises that support the text instruction and provide extra practice and experience.

The text is divided into three major units with a final chapter to practice all the previous material and expand to hypothetical situations in our lives. Each unit consists of two, three, or four chapters that focus on one primary functional communicative concept while providing a wide range of task-based activities to introduce and reinforce supporting grammar points and language skills. The main objective of *Chapters 1–4* is to describe one's self, one's surroundings, and one's daily activities in the present tense, as well as one's future aspirations using simple sentences and structures. In *Chapters 5–6* the objective is to expand from simple to complex sentences; to learn to express opinions, emotions, desires, fears, doubts, and beliefs through proper use of the indicative and subjunctive moods. In *Chapters 7–9* the focus is directed at communicating one's own past life experiences while learning about those of others. The final chapter, *Chapter 10*, allows for the review of all the topics in the text and for expression of things to come and the things that we would like to happen or that we would do if we could.

If you follow the instruction in this text, take advantage of the online materials and exercises, and prepare for and participate in class activities, we as authors are confident that you will become confident and competent enough to comfortably move beyond this review course and on to the next level of instruction, but more importantly, you will also be able to interact and truly communicate in Spanish.

Welcome to this journey along *Nuevos Senderos* that we hope leads you to new friends and experiences.

Capítulo 1
¡A comenzar y a conocernos!

© Juan Ci/Shutterstock.com

■ Objetivos

Bienvenidos a este curso![1] The best way to learn Spanish, and by that we mean to be able to communicate in Spanish, is to use it. You don't have to know everything about Spanish to start, you just need to use what you do know. In this chapter we begin by reviewing basic skills and concepts such as recognizing familiar words, spelling, counting, and asking and answering simple questions; and conclude by talking about ourselves and getting to know others. Best of all we will be doing it all in Spanish.

Habilidades Prácticas	Providing and receiving basic personal information Asking and answering questions for information and to get help Assessing accuracy on new vocabulary Spelling, counting, giving dates
Vocabulario	Cognates, numbers, days of the week, months, basic family relationships, courses of study
Pronunciación	Identifying some major differences in Spanish and English pronunciation through comparison of cognates (Vowels → a, e, i, o, u)
Gramática	High usage present tense verbs, interrogative pronouns
Cultura	Spanish alphabet, the origin of names of the days of the week in Spanish, the calendar in Spanish speaking countries

---

[1] **Welcome to this course!**

■ Sendero 1: A repasar y preparar

A lot of material is presented in *Capítulo 1*, but we assume that you remember some things from your previous Spanish experience. We don't expect you to remember some of the details, but we are confident that you know the basic strategies regarding the *process* of learning Spanish. For this reason, we will move quickly in this chapter, providing you with preparation materials that will enable you to actively participate in the readings, listening exercises, and interactive activities. Afterall, you are in this course to use Spanish, so... *¡comencemos ya!*[2]

Proper attitude: Putting yourself into a 'Spanish mindset' and deciding to use Spanish

© Riccardo Piccinini/Shutterstock.com

Hablando en español con entusiasmo.

In order to be able to interact and communicate in meaningful activities when you come to class you will need to prepare and study outside of class. There are many recordings and extra exercises on the website that complement what is in this text. Use them. Whether studying on your own, participating in class, or communicating in a real situation with a monolingual Spanish speaker, it will be helpful for you to put yourself into a Spanish mindset as much as possible. So, do as the speaker on the left and the speaker on the right are doing, learners of Spanish themselves, and talk with a native speaker of Spanish. Do so with passion and enthusiasm, and we will get results. Here are a few suggestions to consider:

1. Say as much as you can, and take a few chances. Your confidence will grow as you become involved and your abilities will progress more quickly.

2. Consciously incorporate the new things you learn into your Spanish practice and conversations.

3. Don't be afraid to make mistakes. You will also be doing a lot of things right and will get help correcting mistakes that you do make because now they can be identified.

4. Regularly work on your pronunciation so that you will be more easily understood.

5. As you gain experience and increase your Spanish vocabulary, use circumlocutions, gestures, and/or body language to express your thoughts.

6. Ask others to help you out when you get stuck; if they can't help you, take note of the words you have difficulty with and look them up later so that you can learn them for the future.

---

[2] **Let's get started already!**

This book will serve as your guide in reviewing and using Spanish in a variety of activities, but it is just that, a guide, and cannot be, nor is it intended to be, all-inclusive. Many times you will want to know more or will have specific questions that are not answered in this text or in the additional resources on the website that accompanies this text. When this happens remember:

Identify supporting materials

There are many support materials in print and online: dictionaries, verb conjugation books, pronunciation guides, grammar helps and exercises, and so on. One excellent and very useful online source of support is wordreference.com. Because web addresses change often, make sure that this is a valid and safe web address before you proceed. Take a look at all this site has to offer: dictionary, verb conjugations, pronunciation, thesaurus, images, a forum for asking questions and more. Become familiar with everything this resource has to offer. Do an online search for additional materials that can help you and share your findings with your classmates so that they can use them too. However, be wary of online tools that you might use to translate whole phrases, sentences, and paragraphs: they often contain many errors.

Vocabulario: Building vocabulary quickly with cognates

Many words in Spanish bear little or no resemblance to their counterparts in English. For example, *la palabra* simply doesn't look or sound anything like "the word." Those words you will just have to learn. Many other Spanish words, like *vocabulario*, the heading of this section, are remarkably similar in orthography (spelling) to their counterparts in English, and can be easily understood when you come upon them in your reading. Other words may have a few differences but you can identify them with some imagination on your part. These words are called *cognados* (cognates). They are common in Spanish and every bit as valid as 'different' or 'difficult' words. Look for them, listen for them, use them, and you will expand your vocabulary quickly.

Also pay attention to and learn the gender associated with each noun as you review the vocabulary items in each chapter. Use of the correct gender will be necessary when nouns, pronouns, and adjectives are used, so learning them everytime you learn a noun will be to your advantage. In these and all vocabulary lists in this book, the gender will be presented by the masculine or feminine definite articles, be they singular or plural—*el, la, los, las.* (The article 'the' is not included in the English translation of the nouns.)

Cognados: With (fairly) consistent patterns

While relatively easy to identify by sight, due to pronunciation differences between Spanish and English, these can be harder to recognize aurally and you will need to learn to say them and understand them for them to be of use, so listen to the *grabación* (recording) of the following cognates and practice their proper pronunciation.

🔊 **Audio 1.1:** Listen to the recording while you read along, and then practice by repeating words aloud.

-tion → -ción	**-ty → -dad**	**-ment → -mento**	**-ary → -ario**
la composición	la actividad	el argumento	el diccionario
las construcciones	la probabilidad	el documento	ordinario
la pronunciación	la universidad	el elemento	el vocabulario

-al → -al	**-ence → -encia**	**-nt → -nte**	**-y → -ia**
adicional	la experiencia	diferente	la copia
plural	la frecuencia	importante	la familia
funcional	la paciencia	permanente	la historia

A practicar 1.1: Cognados

Based on the patterns seen in the cognates above, what do you think the following English words will be in:

1. consequence _____
2. possibility _____
3. information _____
4. capacity _____
5. existence _____
6. instructions _____
7. essential _____
8. experiment _____
9. traditional _____
10. presence _____

11. participation _____
12. necessary _____
13. diary _____
14. curiosity _____
15. pronunciation _____
16. difference _____
17. special _____
18. memory _____
19. variety _____
20. instrument _____

🔊 **Audio 1.2:** Listen to the pronunciation of the Spanish equivalents of the 20 words above to check your answers. Then practice the pronunciation of these words. Listen to the recording as many times as you need to feel comfortable with your comprehension and pronunciation.

More cognados: Although not necessarily recognizable patterns

🔊 **Audio 1.3:** Listen to the recording while you read along, and then practice saying these words aloud. Listen to the recording as many times as you need to feel comfortable with your comprehension and pronunciation.

breve—brief	el/la estudiante—student	la página—page
el capítulo—chapter	el género—gender	el semestre—semester
difícil—difficult	la gramática—grammar	el sufijo—suffix
el ejemplo—example	la letra—letter	
los ejercicios—exercises	el número—number	

Falsos cognados: *Be careful of these, they are not what you think they are!*

Naturally, there are a few false cognates as well, that is, there are Spanish words that look like words in English, but that have very different meanings. Sometimes if you confuse these words the result can be funny or even embarrassing, while at other times they just don't make any sense. Either way, these false cognates will cause your communication to be ineffective. Be on the lookout for these 'false friends' throughout the text. A few examples follow. Their corresponding non-cognate meanings are listed too.

 Audio 1.4: Listen to the recording while you read along, and then practice saying these words aloud. Listen to the recording as many times as you need to feel comfortable with your comprehension and pronunciation.

Spanish / English	English / Spanish
hay = there is /there are	hay (horses eat this) = *paja*
son = they are	son (male offspring) = *hijo*
soy = I am	soy (soybean product) = *soya*
once = eleven	once (one time) = *una vez*
sin = without	sin (bad action) = *pecado*
la lectura = the reading (a passage)	a lecture = *una conferencia*
recordar = to remember	to record (make oral recording) = *grabar*

More vocabulario: *These are not cognados, but they are common and you will need to know them to form complete sentences*

 Audio 1.5: Listen to the recording while you read along, and then practice by repeating words aloud. Listen to the recording and repeat the words as many times as you need to feel comfortable with your comprehension and pronunciation.

además de—in addition to
a—to, in, of, from, for, etc.
de—of, from
con—with
en—in, on
si—if
sí—yes
y—and
o—or
mi—my

su—your (formal)
un—a, one (masculine)
una—a, one (feminine)
muy—very
más—more
menos—less
antes de—before
después de—after
que—that
porque—because

nunca—never
siempre—always
cierto—true, certain
el español—Spanish
el inglés—English
otro/a/s—other/s
la pregunta—question
la respuesta—answer
la tarea—homework
verdad—true

Verbos útiles: A few verbs we will need to begin talking about the classroom experience

🔊 *Audio 1.6:* Listen to the recording while you read along, and then practice by repeating words aloud. Do this as many times as you need to feel comfortable with your comprehension and pronunciation.

aprender—to learn
buscar—to look for
comprender—to understand/comprehend
comenzar—to begin/commence
deletrear—to spell
escuchar—to listen to

escribir—to write
hablar—to speak, to talk
leer—to read
necesitar—to need
practicar—to practice
terminar—to end, to terminate

A practicar 1.2: Recognizing and finding más vocabulario

A. Fill in each blank with an appropriate response from the following choices, each word is used only once and the sentences are full of words from the vocabulary lists above:

-ario   composición   diccionario   español   hablar   practicar   inglés   letra

1. Normalmente, si una palabra termina en **–tion** en _____, la palabra en español termina en **-ción**.

2. 'A' es la primera _____ del alfabeto en español.

3. Normalmente, si una palabra termina en **–ty** en inglés, la palabra termina en **-dad** en

    _____.

4. Es necesario escribir una breve _____ de 100 a 125 palabras en clase hoy.

5. Normalmente, si una palabra termina en **–ary** en inglés, la palabra en español termina en _____.

6. Si necesito la definición de una palabra, busco la palabra en un _____.

7. Para aprender español es una buena idea _____ y _____ con otras personas.

B. There are several websites that provide lists of *cognados* and *falsos cognados*. Search for these key words online and come to class with a list of at least 10 additional *cognados* and 5 more *falsos cognados* that you think you would use on a frequent basis. Share your findings with the class and begin to use these words in your conversations.

Pronunciación: Vocales [vowels] and some consonantes that demand immediate attention

🔊 *Audio 1.7:* While Spanish *vocales* are not always pronounced exactly the same, at this point the differences will not likely be discernible to your ear. A primary exception is that in the case of '*e*', there is often a slight difference, either the '*e*' of *nest* or the '*a*' of *say*, largely depending on whether the '*e*' is the final sound of the syllable or is in a syllable that ends with a consonant. At this level of your Spanish experience, either pronunciation will be fine, as you will probably gravitate toward the proper pronunciation through imitation. Some English dialects may not produce the sound you hear on the recording. If your dialect happens to be one of these, simply ignore the English word that is written and imitate the Spanish word you hear on the recording.

a → *la casa, tapa, habla*　　　　　　　　(similar to the English sound: awe, odd)
o → *dos, ocho, como, nosotros*　　　　　(similar to the English sound: bow, toe)
i → *mi, si, y*　　　　　　　　　　　　　(similar to the English sound: key, flee)
u → *su, un, tú*　　　　　　　　　　　　(similar to the English sound: two, blue)
e → *de, tres, el, es, eres*　　　　　　　　(similar to the English sound: case or rest)

You have undoubtedly noticed some significant differences in pronunciation of some Spanish letters compared to what you are used to in English. Recognition of a few of these will make it a lot easier for you to understand and be understood:

🔊 *Audio 1.8:* Listen to the recording while you read along, and then practice by repeating words aloud. Do this as many times as you need to feel comfortable with your comprehension and pronunciation.

A. 'Qu' sounds like 'k' of 'kick' instead of 'qu' of 'quick'
'c' followed by 'a', 'o', or 'u' has this same 'k' sound
modelos: que—porque—quién—buscar—capítulo—color—como—documento—curioso

B. 'c' followed by 'i', or 'e' is an 's' sound in most regions
modelos: necesario—once—celular—esencial—tradicional—diferencia

C. 'j' and 'g + i' and 'g + e' sound like 'h' of 'hat' instead of the 'j' of jazz
modelos: sufijo—ejemplo—ejercicio—junio—jota—género—página—agenda

D. 'h' is silent (except when in the combination 'ch'), and isn't pronounced
modelos: historia—hay—hijo—honor—honesto—humilde—hablar

Tarea para grabar y enviar: After listening to and practicing the pronunciation of the words above, record the following list of words and send the *grabación* to your instructor. Pay particular attention to the vowels and the consonant sounds discussed above.

hablar	*nosotros*	*quien*	*historia*
documento	*ejemplo*	*esencial*	*buscar*
capítulo	*hay*	*agenda*	*página*
porque	*tradicional*	*julio*	*hijo*

El alfabeto: Spelling words

Learn the 27 letters of the Spanish *alfabeto* so that you can be able to *deletrear* en español. The Spanish Royal Academy has recently changed the Spanish alphabet. If you are interested refer to the following link for details on '*cambios en el alfabeto*': http://www.rae.es/consultas/un-solo-nombre-para-cada-letra

🔊 *Audio 1.9:* Listen to the recording while you read along, and then practice saying these letters aloud.

a—*a*	f—*efe*	k—*ka*	o—*o*	t—*te*	y—*ye*
b—*be*	g—*ge*	l—*ele*	p—*pe*	u—*u*	z—*zeta*
c—*ce*	h—*hache*	m—*eme*	q—*cu*	v—*uve*	
d—*de*	i—*i*	n—*ene*	r—*erre*	w—*uve doble*	
e—*e*	j—*jota*	ñ—*eñe*	s—*ese*	x—*equis*	

A practicar 1.3: Spelling

A. With a partner, alternate asking each other how to spell different words in Spanish according to the following model.

Modelo:

¿Cómo se deletrea 'hijo'?   *Se deletrea: hache—i—jota—o.*

(How is 'hijo' spelled?)   (It is spelled: h—i—j—o.)

¿Cómo se deletrea _____?   *Se deletrea* _____

    (provide your own word)   (spell the word)

B. Spelling Bee—In groups of three to five students, have a small spelling bee from the vocabulary lists up to this point in the chapter. When there are only one or two spellers left in a group, join the groups together to make a bigger group. Do this until there is only one person left. To keep everyone involved, when someone has 'dropped out' by misspelling a word, that person and the ones who later 'drop out' will alternate in selecting words for those who remain in the competition.

¿Cómo se dice? y ¿Qué significa?

In addition to looking up words in a dictionary and using an online source, you can also ask someone who is a fluent speaker to help you. Asking these questions also helps form the habit to keep speaking Spanish and not reverting to English. The following questions are just two ways to get the vocabulary word you are looking for. You can either ask how to say an English word or phrase in Spanish, or ask what a Spanish words means in English:

—*¿Cómo se dice* 'tomorrow' *en español?*   (How do you say 'tomorrow' in Spanish?)

—*Se dice 'mañana.'*   (You say '*mañana*'.)

—*¿Qué significa* 'hoy' *en inglés?*   (What does '*hoy*' mean in English?)

—*Significa 'today'.*   (It means 'today'.)

A practicar 1.4: *Asking for equivalents in Spanish and in English*

A. Practice this skill with a partner, either face-to-face or online, as you review the vocabulary lists from this chapter or by asking other words that you would like to learn. Put the word you want to know in the blank. Practice until you feel comfortable with this construction, and use it when you need to in your conversations.

Modelo:

—¿Cómo se dice 'question' en español?   —Se dice 'pregunta'.

¿Cómo se dice _____?   Se dice _____

   (provide your own word)   (insert the Spanish equivalent)

B. Practice asking what different Spanish words mean in English with a partner, either face-to-face or online, as you review the vocabulary lists from this chapter or by asking other words that you would like to learn. Put the word you want to have translated in the blank. Practice until you feel comfortable with this construction, and use it when you need to in your conversations.

Modelo:

—¿Qué significa 'respuesta' en español?   —Significa 'answer'.

¿Qué significa _____?   Significa _____

   (insert your own word)   (insert the Spanish equivalent)

Los números

The numbers 0 through 29 are provided below. For numbers 31–99 follow the model of numbers 21–29. [Note: 21–29 may also be written as one word: *veintiuno, veintidos, veintitres,* etc.; but 31–99 must be written as 3 words as shown in 21–29].

🔊 **Audio 1.10:** Listen to and practice the the pronunciation of these numbers.

0 *cero*	10 *diez*	20 *veinte*	30 *treinta*
1 *uno*	11 *once*	21 *veinte y uno*	40 *cuarenta*
2 *dos*	12 *doce*	22 *veinte y dos*	50 *cincuenta*
3 *tres*	13 *trece*	23 *veinte y tres*	60 *sesenta*
4 *cuatro*	14 *catorce*	24 *veinte y cuatro*	70 *setenta*
5 *cinco*	15 *quince*	25 *veinte y cinco*	80 *ochenta*
6 *seis*	16 *dieciséis*	26 *veinte y seis*	90 *noventa*
7 *siete*	17 *diecisiete*	27 *veinte y siete*	100 *cien*
8 *ocho*	18 *dieciocho*	28 *veinte y ocho*	101 *ciento uno*
9 *nueve*	19 *diecinueve*	29 *veinte y nueve*	1000 *mil*

A practicar 1.5: Los números

A. Write *en español los números de teléfono* by writing *los números individuales* that you see:

Modelo: (603–498–2715): seis, cero, tres, cuatro, nueve, ocho, dos, siete, uno, cinco

1. (751–463–2890)
2. (374–560–9218)
3. Select and write or say phone numbers of friends or family members.

B. Write *en español los números de teléfono* by writing the two digit numbers that you see:

Modelo: (60–34–98–27–15): sesenta—treinta y cuatro—noventa y ocho—veinte y siete—quince

1. (75–14–63–28–90)
2. (37–45–60–92–18)
3. Select and write or say phone numbers of friends or family members.

C. Give the answers to the following addition and subtraction problems:
(plus = más; minus = menos; equals = son)

1. treinta y cuatro más cincuenta y cuatro son _____

2. setenta y dos menos catorce son _____

3. Select any other numbers para sumar [sum, add] o quitar [subtract, take away]

D. *Ciento uno:* Get a deck of cards with numbers (if using regular face cards take out jacks, queens, and kings). Deal three cards to each player and begin the game by placing a card face-up to form a discard pile. The person to the left of the dealer will begin by placing one of their cards on the discard pile and calling out *en español* the number of the top card plus the card that they choose to play (if a 6 is the top card on the pile and the next person plays an 8, that person says CATORCE). Then that person takes a card from the 'draw pile' so that they have 3 cards in their hand. The idea is to keep playing cards, and calling out the new total number until you reach exactly 101. If a player puts a card down and gets exactly 101 they get 3 points. If someone goes over they lose 1 point while 1 point is awarded to all other players. If someone gets a number wrong along the way, everyone else in the game gets one point, the number is corrected, and the game goes on. Play until someone earns 10 points or for as long as time permits.

E. *La lotería.* Each student should draw on a piece of paper a square box of five columns and five rows. Now write a different number from 0 to 101 in each of the 25 boxes on your grid. No particular order is required or necessary, just write them down. The instructor or a student who is not playing will call out the numbers. The first person to get five in a row in either a row or a column is the winner. The winner will repeat the five numbers of their column or row to make sure those numbers were called.

Los días de la semana/days of the week

 Audio 1.11: Listen to and practice the pronunciation of the *días de la semana* and related vocabulary.

el día—day
la semana—week
el mes—month
el año—year
la década—decade
el siglo—century

hoy—today
el mañana—tomorrow
la mañana—morning
la tarde—afternoon
la noche—night
el lunes—Monday

el martes—Tuesday
el miércoles—Wednesday
el jueves—Thursday
el viernes –Friday
el sábado—Saturday
el domingo—Sunday

Note: the days of the week are not capitalized.

Los meses del año/months of the year

 Audio 1.12: Listen to and practice the pronunciation of the meses del año.

enero
febrero
marzo

abril
mayo
junio

julio
agosto
septiembre

octubre
noviembre
diciembre

Note: the months are not capitalized.

Las fechas/calendar dates

To express a given date use the following model:

Your choice of day or event *es el* + **the number of the day** + *de* + **the name of the month**

> ***Hoy** es el **doce** de **enero**.*   (Today is January 12.)
> ***Mi cumpleaños** es el **treinta y uno** de **agosto**.*   (My birthday is August 31)

If the day is the first of the month, rather than saying '*el uno*', say '*el primero*'

*El Año Nuevo es **el primero** de enero.*   NOT: New Year's day *es **el uno** de enero.*

A practicar 1.6: Mi cumpleaños/tu cumpleaños
Circulate around the room asking others when their birthday is, and tell them when your birthday is, too. (There is no need to repeat the '*mi cumpleaños*' in your answer, it is understood due to context and would only serve as an unnecessary over-emphasis.)

Modelo: ¿Cuándo es su cumpleaños?   Es el _____ de _____.
                                     (# del día)   *(mes)*

While expressing the date of an event only use the article 'el' in expressing the date and don't include 'en' which is consistent with English usage, but is incorrect in Spanish.

*El Examen I es **el** veintidos de febrero.*   NOT: **Examen I es ~~en~~ el 22 de febrero.*

*El concierto es **el** diecinueve de octubre.*   NOT: **El concierto es ~~en~~ el 19 de octubre.*

A practicar 1.7: The course syllabus—el programa de estudios
Refer to your course syllabus and give the dates for any given assignment, quizzes, project, quiz, final, last day of class, vacation day, etc.

Modelo: ¿Cuándo es _____? Es el _____ de _____.
                      (pick a class activity)   *(# del día)*   *(mes)*

In English when we write a date numerically we follow the sequence: month/day/year and so:

    3/5/04 = March 5, 2004   and   7/10/15 = July 10, 2015

but, in Spanish a date written out numerically follows the sequence: day/month/year and so in Spanish

    3/5/04 = May 3, 2004   and   7/10/15 = October 7, 2015

A practicar 1.8: ¿Cuál es la fecha?
Practice with a partner by providing a date in Spanish and having your partner tell you the proper date *en español* according to the following model. Alternate who provides the date to ensure practice for both of you. Use a calendar or make up the dates.

Modelo: ¿Cuál es la fecha del día: 11/8/16?

> *Es el once de agosto de dos mil dieciséis.*

> ¿Cuál es la fecha del día: (insert any date after *el primero de enero de dos mil*)

> *Es el _____ de _____ de _____*

■ Sendero 2: A comprender

Sometimes reading in Spanish can be overwhelming, especially in the beginning. It can also be exhilarating when you understand what you read and learn new things. Sometimes length is the most intimidating factor, for this reason we begin with fairly short readings that are full of *cognados*, we have provided a list of supplemental vocabulary, and the content is culturally relevant and manageable (and we think interesting). Still, as you read, consider the following suggestions:

1. Study the vocabulary in the chapter and in the section that precedes the reading. Already knowing those words will go a long way to helping you understand the reading.

2. Because the *lectura* is fairly short, plan to read it at least twice.

3. The first time through just grasp the general idea of the content and highlight words that you do not know and can't figure out by context.

4. Answer as many of the questions from the comprehension exercises as you can. Just reading the questions will give you a better idea of what to focus on for the second time through.

5. If there are a lot of words that you don't understand, study the vocabulary lists again.

6. Read the selection again to pick up details you missed the first time. Repeat as necessary.

Antes de leer

At this point in your Spanish development you are bound to come across new words every time you read a new selection. This is certainly true for this reading. Before tackling the reading, review the words below to make your reading go more smoothely.

🔊 **Audio 1.13:** Listen to and practice the pronunciation of new words used in the *lectura*.

el amor—love	*el dios/la diosa*—god/goddess	*la magia*—magic
la belleza—beauty	*griego/a*—greek	*el mundo*—world
el camino—road/way	*la guerra*—war	*el sol*—the sun
el campo—field	*la luna*—moon	*la Tierra*—Earth
el cielo—sky/heaven	*la luz*—light	*el trueno*—thunder
los cultivos—crops	*la juventud*—youth	*el viajero*—traveler

Verbs that can have similar meanings in given contexts:

tomar—to take	*sacar*—to take	*adquirir*—to acquire
recibir—to receive	*obtener*—to obtain	

The information for this reading is inspired by the remnants of a floor mosaic in Italica, Spain that shows the 7 gods from which the days of the week are derived in Spanish. If you would like to see more pictures and get more information about Italica, do an online search beginning with the key words "Italica Spain".

A leer: El origen de los nombres de los días de la semana en español

En español los días de la semana tienen sus orígenes en nombres de nuestro sistema solar: el sol, la luna y los 5 planetas más visibles de la Tierra, los que también toman sus nombres de las mitologías romana y griega. La luna y el día lunes reciben sus nombres de la diosa griega Selene que en latín es la diosa Luna que está asociada a la magia y al mundo femenino. El planeta Marte y el día martes toman sus nombres de Marte, el dios de la guerra y la juventud, y protector de Roma. El planeta Mercurio y el día miércoles sacan sus nombres

de Mercurio, el protector de los caminos, los viajeros y el comercio. El planeta Júpiter y el día jueves obtienen sus nombres de Júpiter, el dios principal de los dioses romanos. Júpiter está asociado al cielo, la luz y el trueno. El planeta Venus y el día viernes adquieren sus nombres de Venus, la diosa de la naturaleza, la belleza y el amor. El planeta Saturno y el sábado reciben sus nombres de Saturno, el dios protector del campo y los cultivos. Originalmente el domingo se toma su nombre de Helios. En la mitología griega Helios es el Sol. En latín ese mismo día es 'Dominica' y significa 'el día de dios'. 'Domingo' es una modificación en español de esa palabra en latín.

🔊 *Audio 1.14 :* For extra practice, listen to the recording of this selection again as you read along.

Ejercicios de comprensión:

A. Match up the mythological figure with its description

_____ 1. Selene/Luna	a. El dios principal de los dioses romanos
_____ 2. Marte	b. La diosa de la naturaleza, la belleza y el amor
_____ 3. Mercurio	c. La diosa asociada a la magia y el mundo feminino
_____ 4. Júpiter	d. El dios protector del campo y los cultivos.
_____ 5. Venus	e. El Sol
_____ 6. Saturno	f. El protector de los caminos, los viajeros y el comercio
_____ 7. Helios	g. El dios de la guerra y la juventud, y protector de Roma

B. Select the appropriate day or mythological being according to the context of the question.

1. ¿Qué día saca su nombre de la diosa Venus?

   lunes   martes   miércoles   jueves   viernes   sábado   domingo

2. ¿De qué dios y astro toma su nombre el día lunes?

   Helios   Marte   Saturno   Luna   Júpiter   Mercurio   Venus

3. ¿Qué día toma su nombre de Júpiter?

   lunes   martes   miércoles   jueves   viernes   sábado   domingo

4. ¿De qué dios y planeta obtiene su nombre el día domingo?

   Helios   Marte   Saturno   Luna   Júpiter   Mercurio   Venus

5. ¿Qué día recibe su nombre de Marte?

   lunes   martes   miércoles   jueves   viernes   sábado   domingo

6. ¿De qué dios y planeta toma su nombre el día miércoles?

   Helios   Marte   Saturno   Luna   Júpiter   Mercurio   Venus

7. ¿Qué día toma su nombre de Saturno?

   lunes   martes   miércoles   jueves   viernes   sábado   domingo

C. Ask and answer the following questions:

1. ¿En qué tienen sus orígenes los días de la semana en español?
2. ¿Qué días toman su nombre de planetas (y figuras mitológicas)?
3. ¿Qué días sacan su nombre de astros (y figuras mitológicas)?
4. ¿Cuáles son los otros planetas del sistema solar?

A escuchar

To this point you have listened to a lot of recordings of Spanish, but you have also been able to read along. There comes a time that you will need to understand when you are spoken to without the benefit of the written word. That time is now. Before beginning, read the following suggestions that will help you learn to develop an ear for Spanish:

1. Do not expect to understand everything.
2. Pick out key words that you already know.
3. Guess the meaning of words from context and pick out cognates.
4. Try to understand the main ideas.
5. Listen to the selection first, then read the questions. Answer as many questions as you can and then listen again, this time with the questions in mind, to find the answers to the remaining questions.

Antes de escuchar

The only new non-cognate word that you will likely encounter in this listening selection is *Estados Unidos* (United States), and you probably knew that one anyway. However, any and all clues that you can get will be helpful, so take a close look at the accompanying pictures of the *calendario en español* and the *Calendar in English* for clues about this selection before listening to it.

Calendar in English

Calendario en español

🔊 *Audio 1.15:* Go to the course website and listen to this *grabación* regarding *el calendario*. You can find this in the Appendix, but for now just listen to the audio recording and do your best to understand it. Answer the questions in *Ejercicios de comprensión* based on what you hear on the recording. If you don't get all the answers after one time through, that's normal, so listen again, and again, until you are ready to go on.

Ejercicios de comprensión

A. Indicate which are *cierto* and which are *falso*.

1. Cierto   Falso   En general los calendarios en inglés y en español son similares, solo tienen una diferencia muy grande.

2. Cierto   Falso   El sábado es el último día de la semana en el calendario en los Estados Unidos.

3. Cierto   Falso   El último día de la semana en el calendario en los países hispanos es el domingo.

B. Ask and answer the following questions:

1. ¿Cuántos meses hay en el calendario hispano?
2. ¿Cuál es el primer día de la semana en el calendario en Estados Unidos?
3. ¿Cuál es el último día de la semana en el calendario en Estados Unidos?
4. ¿Cuál es el primer día de la semana en el calendario en un país hispano?

C. *Un poco extra: Más preguntas sobre el calendario* that are not found in the recording.

1. ¿Qué meses tienen exactamente 31 días?
2. ¿Qué meses tienen exactamente 30 días?
3. ¿Qué mes tiene solo 28 días (y 29 en el año bisiesto)?

■ Sendero 3: A enfocar y abundar

Conjugating verbs

For effective communication in Spanish it will be necessary for you to use and decipher various forms of many verbs. These different forms are called conjugations or *conjugaciones* in Spanish. To begin you will need to know which pronouns (and nouns) go with which forms.

Subjects and subject pronouns

The subject pronouns *I, you (singular), he, she, we, you (plural), they* are obligatory when we converse in English, but those same subject pronouns, listed below, are only needed in Spanish when clarification or emphasis is needed.

Subjects and subject pronouns

Person	Singular	Plural
1st	yo (I)	nosotros/nosotras (we)
2nd familiar	tú (you)	vosotros /vosotras (you)
2nd formal	usted (you)	ustedes (you)
3rd	él (he)	ellos (they)
	ella (she)	ellas (they)

Note: The *vosotros* form, the plural familiar form, is widely used in Spain, but is not in active use in the Americas. This form is presented with each conjugation and is included in a few of the examples, but is not emphasized in this text. If you plan on spending a majority of your Spanish language interactions in Spain or with native speakers from Spain, include this form as you study and practice.

Present indicative verbs: Irregular verb conjugations

The predominant verb form that you will see in the first few chapters is the present indicative. It is also the one that you are most likely familiar with, given your past experience in Spanish. As you may recall, some verbs are known as 'regular verbs', that is, they strictly follow the same stem and ending combination in the present indicative tense. Other verbs may vary, slightly or radically, and are often referred to as 'irregular verbs'. While it may be customary to begin with 'regular verbs' we are presenting these 'irregular' verbs because they are among the most frequently used in Spanish and we will need them as we get to know one another.

Indicative Verbs: Irregular Verb Conjugations

	tener (to have)	ser (to be)	estar (to be)	venir (to come)	ir (to go)	decir (to say)
yo	tengo	soy	estoy	vengo	voy	digo
tú	tienes	eres	estás	vienes	vas	dices
Ud./él/ella	tiene	es	está	viene	va	dice
nosotros/as	tenemos	somos	estamos	venimos	vamos	decimos
vosotros/as	tenéis	sois	estáis	venís	vais	decís
Uds./ellos/as	tienen	son	están	vienen	van	dicen

Another very common verb is '*hay*', which means '*there is*' or '*there are*' in a statement and it means '*is there*' or '*are there*' in questions. It is dervided from the infinitive '*haber*' and has only one conjugated form in the present indicative form for its different meanings:

Statement: *Hay 25 estudiantes en la clase.* (**There are** 25 students in the class.)

Question: *¿Cuántos estudiantes hay en la clase?* (How many students **are there** in the class?)

A practicar 1.9: Conjugación de verbos

A. Fill in each blank with the appropriate conjugation according to context of the verbs above.

1. Nosotros _____ (ir) a la clase en 20 minutos.

2. Elena _____ (tener) mucha imaginación.

3. Usted y ella _____ (venir) a visitarme el ocho de abril.

4. Mis amigos y yo _____ (ser) estudiantes en la universidad.

5. —¿Cómo _____ (estar) tú? —Yo _____ (estar) muy bien.

6. ¿_____ (tener) tú un diccionario?

7. Yo _____ (ir) al concierto de *Maná* el sábado.

8. ¿_____ (ser) tú la amiga de mi mamá?

9. Tú y yo _____ (tener) muchos amigos.

10. Yo no _____ (venir) aquí el martes.

11. Todos ellos _____ (ir) a la playa mañana.

12. Mis amigos _____ (decir) que sus clases son interesantes.

13. ¿_____ (venir) tú a mi casa el viernes?

14. Nosotros _____ (estar) en la casa de Miguel.

15. Mi profesor de español _____ (ser) de México.

B. *Más práctica con verbos*: For more practice with verb conjugations go to the text website and see additional activities.

Interrogative adjectives and pronouns

Often while asking questions in English you use the interrogative pronouns **how, when, what, who, where, which**, and **why**. Whether the interrogative is an adjective or a pronoun depends on whether it replaces a noun or precedes the noun:

Adjective + noun:	**¿Qué clase** tienes a las diez?	(**What class** do you have at 10 o'clock?)
Pronoun:	**¿Qué** haces a las once?	(**What** are you doing at 11 o'clock?)

Sometimes these words and their accompanying phrases can be translated directly and literally from English with effective results, but at times literal translations can be confusing or nonsensical. An important difference between Spanish and English interrogative adjectives and pronouns is that while some Spanish interrogatives are similar to English and have a single non-variable form regardless of the context, others change in order to achieve appropriate number and/or gender agreement with the noun they represent.

Interrogative forms that use only one form in all contexts

Note the highlighted interrogative words, learn them, and then apply them to the exercises below.

*¿**Cómo** se llama?*   **What** is your name?
              (literally: How do you call yourself?)
*¿**Cómo** es usted?*   **What** are you like?
*¿**Cómo** está usted?*   **How** are you (doing/feeling at this moment)?
*¿**De dónde** es usted?*   **Where** are you **from**?
              (literally: **From where** are you?)
*¿**Dónde** vive ahora?*   **Where** do you live now?
*¿**Por qué** está en esta clase?*   **Why** are you in this class?
*¿**Cuándo** es su cumpleaños?*   **When** is your birthday?
*¿**Cuándo** son sus clases este semestre?* **When** are your classes this semester?
*¿**Qué** clases tiene este semestre?* **What** classes do you have this semester?
*¿**Qué** estudia este año?*   **What** are you studying this year?

> A particularly common error for new language learners is to mistakenly translate *llama* as *name* and say '*Me llamo es*'. They may think they are saying '*My name is*,' but they are actually saying something that makes no sense at all. Don't fall into this trap!

A practicar 1.10: Interrogativas

A. Fill in the blanks with an appropriate interrogative pronoun from the box above. Don't worry about being able to answer all of these questions yet; answering them will come later on. When more than one pronoun can appropriately match the context, include all the possible answers. Be prepared to explain the different meanings and defend your answers. **Don't forget to write the accent marks in these interrogative pronouns!**

1. ¿ _____ está la universidad?

2. ¿ _____ es la clase de español?

3. ¿ _____ tipo de música escucha usted?

4. ¿ _____ son los profesores de español en
  esta universidad?

5. ¿ _____ es su compañero o compañera de cuarto?

6. ¿ _____ se llaman sus padres?

7. ¿ _____ estudia español?

8. ¿ _____ es su programa de televisión favorita?

9. ¿ _____ vive usted ahora?

10. ¿ _____ día es?

B. *¿Qué pasa en esta foto?* Write down as many questions as you can about the picture below using the interrogative pronouns *cómo, dónde, de dónde, qué, cuándo,* and *por qué.* You don't need to supply the answers right now, just practice making the questions.

Interrogative pronouns that have multiple forms

Note the highlighted interrogative words, learn them, and then apply them to the exercises below. Also note the contexts for both the interrogative pronouns and the interrogative adjectives *cuánto, cuánta, cuántos, cuántas.*

*¿**Cuál es** su número de teléfono?*	**What (which of all the phone numbers) is** your telephone number?
*¿**Cúales son** sus clases este semestre?*	**What (which of all the possible classes) are** your classes this semester?
*¿**Cuánto** sabe del español?*	**How much** do you know about Spanish?
*Necesito mucha ayuda. ¿**Cuánta** necesita usted?*	I need a lot of help. **How much** do you need?
*Tengo 20 años. ¿**Cuántos** tiene usted?*	I'm (I have) 20 years old. **How many** do you have?
*Estudio 20 horas a week. ¿**Cuántas** estudia usted?*	I study 20 hours a week. **How many** do you study?
*¿**Cuánto tiempo** tiene usted hoy?*	**How much time** do you have today?
*¿**Cuántos años** tiene usted?*	**How many years** do you have? (How old are you?)
*¿**Cuánta ayuda** necesita usted en esta clase?*	**How much help** do you need in this class?
*¿**Cuántas horas** estudia por semana?*	**How many hours** do you study each week?
*¿**Quién** es de Nueva Hampshire?*	**Who is** from New Hampshire?
*¿**Quiénes** son de otro estado?*	**Who are** from another state?

A practicar 1.11: Más interrogativas

A. Fill in the blanks with the appropriate form of an interrogative pronoun above according to context. When more than one pronoun can match the context, include all the possible answers. Be prepared to explain the different meanings and defend your answers. **Don't forget to write the accent marks in these interrogative pronouns.**

1. ¿ _____ son dos de sus intereses?

2. ¿ _____ es su programa de televisión favorito?

3. ¿ _____ teléfonos hay en su casa?

4. ¿ _____ en la clase también estudian las matemáticas?

5. ¿ _____ personas hay en su familia?

6. ¿ _____ va a Costa Rica este año?

7. ¿ _____ clases tiene este semestre?

8. ¿ _____ tiempo necesita para estudiar el vocabulario?

9. ¿ _____ años tiene su mamá?

10. ¿ _____ son sus libros favoritos?

11. ¿ _____ es su número de teléfono?

B. *¿Qué pasa en esta foto?* Write down as many questions as you can about the picture below using the interrogative pronouns *cuánto, cuántos, cuánta, cuántas, cuál, cuáles, quién,* and *quiénes.* You don't need to supply the answers right now, just practice making the questions.

© *John Wollwerth/Shutterstock.com*

■ Sendero 4:
A desarrollar, escribir y compartir

Now is the time to put together what we have done to this point and produce and share more specific information with others. First, however, we will study a few models: one reading and one listening selection. In the reading, *Soy David*, David introduces himself and lets us know about him. In the listening selection, *Soy Milagros*, Milagros introduces herself. Pay close attention to these models so that you will be able to follow them when you introduce yourself to the other members of the class.

Antes de leer

🔊 *Audio 1.16:* Listen to and practice the pronunciation of new words that will be used in the lectura and in your answers.

<u>La familia</u>
abuela—grandmother
abuelo—grandfather
esposo—husband
esposa—wife
hermana—sister
hermanastra—stepsister
hermano—brother
hermanastro—stepbrother
hija—daughter
hijo—son
madre/mamá—mother
madrastra—stepmother
padre/papá—father
padrastro—stepfather
los padres—parents

<u>**Temas para estudiar—topics for study**</u>
la asistencia social—social work
los asuntos internacionales—international affairs
las bellas artes—fine arts
la ciencia—science
las comunicaciones—communications
los estudios ambientales—environmental studies
la física—physics
las humanidades—humanities
la ingeniería—engineering
la informática—computer science
la música—music
los negocios—business
la química—chemestry
la sicología—psychology
el teatro—theater

If certain words that you need are not included in this list, look them up in an online resourse. You will need them for when you share your own classes with others.

A leer: 'Soy David'

Me llamo David. Soy de Londonderry, New Hampshire. Ahora vivo en Durham, New Hampshire porque soy estudiante de la universidad. Tengo veinte años. Mis padres se llaman Dan y Susan. Tengo dos hermanos y una hermana. Mis hermanos son Josh y Alex. Mi hermana se llama Katie. Mi teléfono es seis, cero, tres—ocho, seis, dos, tres, siete, siete, uno. Mi cumpleaños es el ocho de agosto. Este semestre tengo cuatro clases: inglés, informática, estudios ambientales y español.

🔊 *Audio 1.17:* For extra practice, listen to the recording of this selection again as you read along.

Ejercicios de comprensión

1. ¿De dónde es David?
2. ¿Donde vive él ahora?
3. ¿Cuántos años tiene?
4. ¿Cómo se llaman los padres de David?
5. ¿Cuántos hermanos tiene él?
6. ¿Cómo se llaman los hermanos de David?
7. ¿Cuál es su teléfono?
8. ¿Cuándo es el cumpleaños de David?
9. ¿Cuántas clases tiene David este semestre?
10. ¿Cuáles son sus clases este semestre?

A escuchar: Soy Milagros

🔊 *Audio 1.18:* "Milagros". Go to the course website and listen to this audio selection and then answer questions in *Ejercicios de comprensión* based on what you hear on the *grabación*. If you don't get all the answers after one time through, that's normal, listen again as many more times as you need.

Ejercicios de comprensión

A. Cierto/Falso.   Indicate if the statement is true or false.

1. _____ Milagros es de Cusco.

2. _____ Milagros vive en Manchester, New Hampshire.

3. _____ Ella tiene cuatro hermanos.

4. _____ El cumpleaños de Milagros es el veinte y dos de noviembre.

5. _____ La hermana de Milagros se llama Flor.

6. _____ Milagros enseña dos clases este semestre.

B. *Preguntas para contestar.* Answer the following questions.

1. ¿De dónde es Milagros? _____
2. ¿Cuántos años tiene? _____
3. ¿Cuántas hermanas tiene Milagros? _____
4. ¿Cuándo es el cumpleaños de Milagros? _____
5. ¿Cuántas clases da Milagros este semestre? _____

Profesora y estudiantes hablando y conociéndose.

A escribir y compartir

A. *Composición: Conociéndonos*:

Prepare to introduce yourself to classmates by writing *una breve composición* about yourself and sharing it in class. You may want to share *más información*, but keep it simple for now and we will build on this as we go. For the time being, just follow the model and fill in the blanks. Look up any course subjects that are not on the vocabulary lists.

Me llamo _____. Soy de _____. Ahora vivo en

_____. Tengo _____ años. *Tengo _____

hermano/s y _____ hermana/s. Mis hermanos se llaman

_____. Mi teléfono es _____. Mi cumpleaños es el

_____ de _____. Tengo _____ clases este

semestre: _____ _____.

B. In class take about 10 minutes and go from person to person reading your 'bio', and having them read their 'bio' to you. You should be able to talk to 3 to 5 other classmates. Then report in class on those that you have talked with during a class discussion.

C. Post your bio (*composición*) online in a blog (or discussion board, social media, etc). Also post a photo of yourself. Read the bios of other members of the class that have made blog entries (or discussion board, etc.)

D. Get together with another classmate. First, one of you will ask the other the following questions. Then reverse the roles. Be prepared to report to the class on your findings.

Primer Estudiante	*Segundo Estudiante*
¿Cómo se llama usted?	Me llamo _____.
¿De dónde es usted?	Soy de _____.
¿Cuántos hermanos tiene?	Tengo _____ hermanos. (or: No tengo hermanos)
¿Cuál es su número de teléfono?	Mi teléfono es _____.
¿Cuándo es su cumpleaños?	Es el _____ de _____. (día) (mes)
¿Cuáles son sus clases este semestre?	Mis clases son _____.
¿Cuál es su película (movie) favorita?	Mi película favorita es _____.
¿Cuál es su programa de televisión favorito?	Mi programa de televisión favorito es _____.

* **(In this activity your answer will depend on the make up of your family, so you will have to adapt your answer according to your own reality—so make sure to use the proper number and gender agreement for the number or numbers of brothers and sisters you have. If you have children and would rather talk about them, replace *hermano/s* with *hijo/s* (son/s) and *hermana/s* with *hija/s* (daughters).**

E. As part of a class activity, circulate around the classroom asking the name and one additional question of your choice (from the interview above) to a classmate that you have not already talked to during the previous activities. Then answer another question asked of you by that same classmate. Write down the answer in the space provided below and repeat the process with other classmates using as many different questions as you can. Report your findings to the class as directed by your teacher.

Una cosa más: Commands and suggestions—giving cues and receiving instructions

There is one more thing we need to mention before moving on to the next chapter. In Spanish, the command form is used to instruct, invite, ask, etc., someone to do something. These conjugations are formed differently from the present indicative conjugations that you have seen with *ser, estar, tener, vivir, etc.* For the most part, we have been giving the instructions for the assignments and activities in English, but we will begin to use these command forms for some of the instructions in Chapter 2, (although many of the instructions will be given in English until we formally cover the command forms). Later on we will explain these more in depth, and will provide many more, but for now, we ask you to treat them as vocabulary items and just accept them, understand them, and use them when you can. We have also added a few other words and phrases that often accompany instructions that you will see in this text and in Spanish generally. Sometimes you will be saying these, sometimes the teacher or other students will. When appropriate, numbers have been inserted in the examples, but obviously, these are variable.

Without command verb form

> *por favor*—please
> *más despacio*—slower
> *más fuerte*—louder
> *silencio*—silence (as in 'be quiet everyone')
> *en voz alta*—out loud
> *no comprendo*—I don't understand
> *necesito ayuda*—I need help
> *Tengo una pregunta...*—I have a question
> *¿Me permite hablar en inglés?*—May I speak in English
> *en español*—in Spanish

With command verb form

abra/abran su libro a la página treinta y ocho—Open your book to page 38

conteste/contesten el ejercicio tres—Answer exercise number 3

conteste/contesten las siguientes preguntas—answer the following questions

escriba/escriban una composición de unas ciento veinte y cinco—Write a composition of some 125 words

escuche/escuchen la grabación 'Audio dos punto cuatro'—listen to the recording 'Audio 2.4'

hable/hablen...—speak

haga/hagan la sección A practicar número tres punto ocho—Do *A practicar* 3.8

lea/lean la lectura—read the reading

practique/practiquen...—practice

preste/presten atención a...—pay attention to...

repita/repitan por favor...—repeat please

Capítulo 2
¿De dónde venimos y dónde vivimos?

Courtesy of Tess Renker

Mural in Cusco Perú. "Let's be realists and do the impossible."

■ Objetivos

Habilidades Prácticas	Providing information of where you are from and what that place is like (including weather), who you are, and some associations with your community
Vocabulario	Personal descriptions, cities and towns, geography and weather terms, common animals
Pronunciación	Understanding and pronouncing accented vowels in Spanish
Gramática	Present tense verbs; "to be" meanings: *ser/estar, hay, hacer*; adjective agreement
Cultura	El Perú and Colombia: geography, people, and animals

■ Sendero 1: A repasar y preparar

Vocabulario

Before beginning the reading and communicative activities, it is important that you review or learn some new vocabulary. The following list includes "high frequency" words used in the readings and exercises or "potential high frequency" words which you may need to produce or receive as answers in the communicative activities in this chapter. The article *el* or *la* is provided with each noun so that you can identify it as masculine or feminine. The adjectives that have variable masculine or feminine forms show the ending as –*o/a*.

 Audio 2.1: For reinforcement, listen to and practice the pronunciation of the new vocabulary.

Los sustantivos
el árbol—tree
el arbusto—bush
el arce—maple tree
la bandera—flag
la base—base, foundation
la calle—street
la casa—house
la cascada—waterfall
el centro—downtown
el cerro—hill
la choza—hut, shack
el cielo—sky
la cima—peak
la ciudad—city
la cordillera-mountain
   range
el diluvio—flood
la dirección—address
el edificio—building
los habitantes—inhabitants
la iglesia—church
el lago—lake
el lugar—place
el/la mar—sea
las montañas—mountains
la nube—cloud
el océano—ocean
el país—country
el paisaje—countryside view

la palma—palm tree
el pino—pine tree
la playa—beach
la población—population
el río—river
la selva—rain forest

Las direcciones
norte—north
sur—south
este—east
oeste—west
noreste—northeast
noroeste—northwest
sureste—southeast
suroeste—southwest

Para describir
aburrido/a—boring
alto/a—tall
antiguo/a—ancient
antipático/a—unfriendly
bajo/a—short
barroco/a—barroque
bonito/a—pretty
delgado/a—thin
divertido/a—fun
feo/a—ugly
grande—big
guapo/a—good looking

hermoso/a—beautiful
inteligente—intelligent
joven—young
limpio/a—clean
mojado/a—wet
moreno/a—dark haired
motivado/a—motivated
nuevo/a—new
pelirrojo/a—redhead
pequeño/a—small
primero/a—first
rubio/a—blond/e
seco/a—dry
simpático/a—friendly/nice
sucio/a—dirty
trabajador/a—hard working
último/a—last
viejo/a—old

Los colores
amarillo/a—yellow
anaranjado/a—orange
azul—blue
blanco/a—white
dorado/a—golden
negro/a—black
rojo/a—red
rosado/a—pink
verde—green
violeta—violet

Los animales

el alce—moose	la gallina—the chicken	el mono—monkey
la abeja—bee	el gato—cat	el oso—bear
la araña—spider	la luciérnaga—firefly	el pájaro—bird
la ardilla—squirrel	el mapache—racoon	el perro—dog
el caballo—horse	la mariposa—butterfly	la serpiente—snake
el cerdo—pig	las mascotas—pets	el toro—bull
el ciervo—deer	la mofeta—skunk	la vaca—cow
	la mosca—fly	

Más vocabulario

Look up in the resource of your choice any *animales, reptiles, insectos*, etc. that are common where you live. Put them in your personal vocabulary list and share them with classmates.

A practicar 2.1: El vocabulario

A. *Identifique* as many *palabras de vocabulario* as you can in the *dos fotos* below. Even though the photos are *blanco y negro*, for practice include probable colors in your descriptions.

Islas flotantes, Perú.   *El barrio Bocagrande en Cartagena, Colombia.*

B. Select an appropriate answer from the options given for each sentence. In addition to the words included in the chapter vocabulary list, recognizable cognates will be added. Try to identify them.

1. Nuestra (*casa, choza, nube*) está cerca del (*centro, río, pino*).
2. Las iglesias barrocas en Cusco son (*bonitas, nuevas, mascotas*).
3. Hay muchos (*ciervos, monos, osos*) que viven en los árboles en la selva de Costa Rica.
4. Colombia está al (*norte, sur, este, oeste*) del Perú.
5. ¿Me puedes dar la (*dirección, selva, palma*) de María? No estoy seguro dónde vive.
6. El (*alce, arce, pájaro*) es un animal grande y majestuoso.
7. Tengo dos (*gatos, perros, mapaches*). Uno es un labrador negro y el otro es chihuahua.
8. El *Empire State Building* en Nueva York es un edificio (*alto, bajo, débil*).
9. Colombia tiene (*lagos, países, playas*) en el Caribe y en el Pacífico.

C. Fill in the blanks with the appropriate answer from the following choices. Consider the number and gender of each word before you make your final selection and make appropriate changes if necessary. Except when indicated, no word will be used more than once. Some will not be used at all.

antigua   ardilla   este   iglesia   lagos   luciérnaga
lugares   oeste   oso   ríos   selva   último

1. Machu Picchu, una _____ ciudad de los Incas en las montañas de Cusco, es una maravilla.

2. El Amazonas y el Mississippi son dos de los _____ más largos en el mundo. El Ucayali y el Maranón son los dos _____ más largos del Perú. (same word in both blanks)

3. El Perú está al _____ de Brasil.

4. El _____ es un animal grande y fuerte que vive en muchas partes de los Estados Unidos.

5. Lo opuesto de primero es _____.

6. La _____ es un insecto luminoso.

Present indicative verbs: Regular verb conjugations

As mentioned in Chapter 1, the predominant verb form that you will see in the first few chapters is the present indicative verb tense. Because they are so frequent in Spanish, and because we needed them as we started to get to know one another, we began learning conjugations of the irregular verbs *tener, ser, estar, venir, ir.* They are called "irregular" because they vary from a typical pattern that we see in "regular" verbs. These "regular verbs" strictly follow the same stem and ending combination in the present indicative tense. The verbs below are examples of these regular verb forms and are used in the exercises and readings in the chapter.

Present Indicative Verbs: Regular Verb Conjugations: Stem + Endings			
	-ar *trabajar*	*-er* *comprender*	*-ir* *vivir*
yo	trabaj*o*	comprend*o*	viv*o*
tú	trabaj*as*	comprend*es*	viv*es*
Ud./él/ella	trabaj*a*	comprend*e*	viv*e*
nosotros/as	trabaj*amos*	comprend*emos*	viv*imos*
vosotros/as	trabaj*áis*	comprend*éis*	viv*ís*
Uds./ellos/as	trabaj*an*	comprend*en*	viv*en*

aprender—to learn	enseñar—to teach/to show	llegar—to arrive
comer—to eat	escribir—to write	regresar—to return
comprender—to understand	escuchar—to listen to	trabajar—to work
contestar—to answer	estudiar—to study	viajar—to travel
deber—to ought to	hablar—to speak, to talk	visitar—to visit
desear—to desire	leer—to read	vivir—to live

🔊 *Audio 2.2:* For reinforcement, *escuche y practique la pronunciación* of these verbs.

A practicar 2.2: Conjugación de verbos

A. Fill in the blanks with the appropriate form of the verb.

1. Mi padre _____ (trabajar) ocho horas al día lunes a viernes y _____ (regresar) a casa a las seis de la tarde esos días.

2. Yo _____ (llegar) a la escuela para mi primera clase a las ocho de la mañana.

3. Mis dos hermanos menores _____ (estudiar) las ciencias en la universidad.

4. Mis padres son de Lima, Perú y su primera lengua es español, pero _____ (hablar) inglés también.

5. Yo _____ (escribir) muchos textos por teléfono cada día.

6. —¿Dónde _____ (vivir) ustedes?
   —Nosotros _____ (vivir) en las montañas.

7. —¿_____ (Comprender—tú) todas las palabras en la lectura?
   —No. _____ (Comprender—yo) muchas de las palabras, pero no todas.
   —Entonces, _____ (deber) buscar palabras en wordreference.com o en tu diccionario.

8. ¿_____ (enseñar) usted la cultura cuando _____ (presentar) la gramática a sus estudiantes?

9. Los fines de semana mi familia y yo _____ (visitar) a nuestros amigos.

10. Mi perro _____ (comer) mucho, pero mis gatos _____ (comer) muy poco.

11. Yo _____ (escuchar) la música de los indígenas del Perú. Es un tipo de música muy agradable y calmante.

12. Cada día nosotros _____ (leer) las noticias de Bogotá, Colombia en el internet.

B. In this exercise, fill in the blanks with an accurate conjugation of the most logical verb choice in each sentence according to context. Some verbs are those introduced above while others were introduced in *Capítulo 1* and are included below for extra review.

1. Ella _____ (*escribir, estudiar, venir*) en una de las universidades en Cusco.

2. Diego y María _____ (*aprender, ir, regresar*) todo el vocabulario de los colores.

3. Teresa _____ (*vivir, tener, trabajar*) dos hermanos.

4. Yo _____ (*contestar, deber, estar*) aprender de la historia de los Incas antes de ir a Machu Picchu en mayo.

5. Ellos _____ (*ir, decir, vivir*) de viaje a Lima mañana.

6. Tú _____ (*comer, decir, pensar*) muchas frutas y vegetales. Esto _____ (*ir, ser, venir*) muy bueno.

7. Mi hermano mayor _____ (*comer, enseñar, decir*) inglés en un colegio pequeño en Costa Rica.

8. Carlos y Alejandro _____ (*esperar, estar, venir*) del Perú el domingo.

9. Mis abuelos _____ (*comprender, esperar, vivir*) en el suroeste del país.

10. Tú y yo _____ (*estar, ser, tener*) de los Estados Unidos.

C. Convert the following "dehydrated" sentences into full and complete sentences. Add words if necessary, such as the prepositionsen, *a, de, en, con,* etc. Try your best to have the elements agree in number and/or gender according to context.

Modelo: Maestra/enseñar/geografía/escuela → La maestra enseña geografía en la escuela.

1. Diego/vivir/casa/Cusco _____

2. Nosotros/aprender/gobierno/Perú/clase _____

3. Cusco y Lima/ser/ciudad/interesante _____

4. Yo/no/comprender/todo/vocabulario/lectura _____

5. Ellos/visitar/iglesia/antigua/Cusco _____

6. Vosotros/tener/tres/apartamento/España _____

7. Ustedes/ir/montaña/amigos _____

8. Usted/trabajar/mucho/horas/biblioteca _____

D. Combine elements from each column to form a complete sentence in Spanish. Provide additional words as necessary.

Yo	aprender	clase
Tú	comprender	ciudad
Usted	estudiar	español
Teresa	hablar	lengua
El estudiante	ir	hermano
La estudiante	tener	Perú
Nosotros	venir	pregunta
Vosotros	vivir	respuesta
Ustedes		mascotas
Ellos		

E. Now work with your classmate and ask him/her at least three questions using each of the following verbs with different interrogative words learned in Chapter 1 (*¿cuándo?, ¿a qué hora?, ¿por qué?, ¿dónde?, ¿quién?, ¿cuántos?,* etc.). Continue this activity with additional verbs of your choice as time allows.

Modelo:

Pregunta:	—*¿Qué estudias en la universidad?*
Respuesta:	—*Estudio español y antropología.*
Pregunta:	—*¿Dónde estudias?*
Respuesta:	—*Normalmente estudio en la biblioteca o en mi dormitorio.*
Pregunta:	—*¿Cuándo estudias?*
Respuesta:	—*Generalmente estudio entre* (between) *mis clases y también por la noche.*

a. *practicar*   d. *hablar*   g. *llegar*

b. *vivir*   e. *leer*   h. *choose any other verb*

c. *visitar*   f. *viajar*

A pronunciar: La acentuación

Proper pronunciation of Spanish requires placing the proper stress on the proper vowel in a word or phrase. Imitation is the best teacher, but if you are reading a word, here are some hints to help you pronounce new and unfamiliar words. Be sure to take advantage of the additional vowel practice while practicing where to put the stress. The syllable division is indicated to give you a feel for the patterns.

1. If a word ends in any *vocal* (*i, e, a, o, u*) an '*n*' or an '*s*' and is *llana*, which means that the spoken stress on the *penúltima* (next to last) syllable, then **there is no written accent** on that word, but there **will be a spoken stress** on that *penúltima* syllable.

🔊)) *Audio 2.3:* Listen to and practice saying the following examples (the accented vowel is underlined and in bolface print).

–Vowel	–N	–S
di.ver.t**i**.do	prac.t**i**.can	ga.ll**i**.nas
mo.f**e**.ta	com.pr**e**.den	pe.qu**e**.ños
h**a**.ce	h**a**.cen	ha.bi.t**a**n.tes
ch**o**.za	j**o**.ven	vo.s**o**.tros
C**u**s.co	b**u**s.can	n**u**.bes

2. If a word ends in any *consonant* except '*n*' or '*s*' and is *aguda*, which means that the spoken stress is on the last syllable, then **there will be no written accent** on that word, but there **will be a spoken stress** on the last syllable.

🔊)) *Audio 2.4:* Listen to and practice saying the following examples:

lu.g**a**r   ciu.d**a**d   mun.di**a**l   a.pren.d**e**r

3. Spanish compensates for any word that does not follow this pattern by requiring an accent mark to be written above the stressed vowel in the written language.

🔊)) *Audio 2.5:* Listen to and practice saying the following examples so that you will get used to knowing how to pronounce accented words.

r**í**.o	Chi.ch**é**n It.z**á**	tr**á**.fi.co	br**ú**.ju.la
p**á**.ja.ro	ge.o.gra.f**í**.a	p**á**.gi.na	es.t**á**
úl.ti.mo	Me.de.ll**í**n	o.c**é**.a.no	f**á**.cil
Pa.c**í**.fi.co	h**é**.ro.e	di.f**í**.cil	ca.p**í**.tu.lo
di.rec.ci**ó**n	con.ver.sa.ci**ó**n	au.to.b**ú**s	his.t**ó**.ri.co

Tarea para grabar y enviar

Recite and record the following words and send the file to your instructor. Many are from the exercises above, but a few are not. Apply the tendencies above to these new words. Read only the words, but do read them in order; don't include the letter as you read.

a. *habitantes*

b. *pájaro*

c. *luciérnaga*

d. *colonización*

e. *aprender*

f. *escriben*

g. *pequeños*

h. *difícil*

i. *capítulo*

j. *lugares*

k. *mofetas*

l. *chozas*

m. *nubes*

n. *geografía*

o. *últimos*

■ Sendero 2: A comprender

Antes de leer

Before reading *la lectura*, make sure that you have reviewed and studied *el vocabulario* from the previous section. It will also be helpful to look at a map of Perú to get an idea of where Cusco is before we read about it. This information will you give you enough geographical context to help you understand the content of the reading, and knowing this beforehand will help you use your time more efficiently.

A leer: Teresa del Perú

Soy del Perú, de la ciudad de Cusco. Cusco está en el sureste del Perú, en las montañas. Cusco tiene una población de unos 350.000* (trescientos cincuenta mil) habitantes. Es histórica porque es la antigua capital de los Incas y el centro de la colonización de los españoles. Es bonita con muchos lugares rústicos, exóticos e interesantes. Por ejemplo, la ciudad está construida en las bases de los antiguos edificios de los Incas. Muchos edificios en Cusco son una mezcla de la arquitectura de dos culturas—de los Incas y de los españoles. También hay muchas iglesias barrocas que son muy bonitas. Otro lugar famoso e interesante cerca de Cusco es Machu Picchu, una antigua ciudad de los Incas. Es una maravilla.

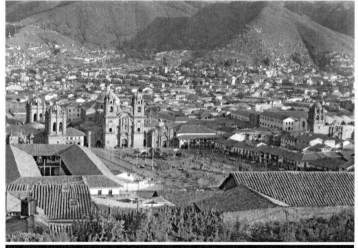

Ciudad de Cusco/Plaza de armas.

© Endless Traveller/Shutterstock.com

---

* **NOTA: In Spanish a '.' is used to separate units of a thousand, instead of a ',' as is done in English, as seen in 350.000 above. Conversely, in Spanish a ',' is used rather than the decimal point '.', as seen in 10,5 (ten and one half).**

Audio 2.6: For extra practice, *escuche la grabación* of this selection again as you read along.

Ejercicios de comprensión

A. *Cierto/Falso.* Indique la respuesta más correcta según el contexto.

1. Cierto Falso Teresa es de Lima, la capital del Perú.
2. Cierto Falso Cusco está en el norte del Perú.
3. Cierto Falso Se dice que Cusco es la antigua capital de los Incas.
4. Cierto Falso Pocos edificios en Cusco son una mezcla de la arquitectura de los Incas y de los españoles.
5. Cierto Falso Cusco tiene más de 300,000 habitantes.
6. Cierto Falso Machu Picchu está lejos de Cusco.

B. *Para contestar: Conteste las siguientes preguntas en español.*

1. ¿Cómo se llama la narradora de esta lectura?
2. ¿De dónde es ella?
3. ¿Cuántos habitantes hay en Cusco?
4. ¿Cómo es Cusco según Teresa?
5. Vemos una parte de Cusco en la foto. ¿Cómo es Cusco en su opinión?
6. ¿En qué están construidos muchos edificios en Cusco?
7. ¿Cómo son los edificios y las iglesias en Cusco?
8. ¿Por qué es Cusco importante en la historia de la colonización de los españoles?
9. ¿Qué es Machu Picchu?
10. ¿Dónde está Machu Picchu?

A escuchar

Antes de escuchar

Knowing these words will fill in gaps between the many cognates and words in study lists in Chapters 1 and 2. Learn them before you listen to *Manuel de Colombia*.

el arroz—rice
las esmeraldas—emeralds
el oro—gold
el platino—platinum

 Audio 2.7: *Manuel de Colombia*: Go to the course website and listen to *Audio 2.7.* You can find the transcript in the Appendix, but for now, just listen to the recording and do your best to understand. Answer the questions in *Ejercicios de comprensión* based on what you hear on the recording. If you don't get all the answers after one time through, that's normal, just listen until you are ready to go on.

Cascadas en Colombia.

Ejercicios de comprensión

Choose the most appropriate answer according to the audio *Manuel de Colombia*.

1. ¿En qué piensan muchas personas cuando escuchan la palabra Colombia?
    - (a) violencia y drogas
    - (b) vacaciones y playas
    - (c) café y montañas

2. Colombia tiene contacto con dos mares. ¿Cómo se llaman?
    - (a) el Atlántico y el Pacífico
    - (b) el Pacífico y el Caribe
    - (c) el Atlántico y el Caribe

3. ¿Dónde se puede encontrar el salmón?
    - (a) en el Caribe
    - (b) en el Atlántico
    - (c) en el Pacífico

4. ¿Cuántas cordilleras hay en el país?
    - (a) dos
    - (b) tres
    - (c) cuatro

5. Colombia es o fue el primer productor del mundo de tres minerals. ¿Cuáles son?
    - (a) bronce, plata, rubíes
    - (b) oro, platino, esmeraldas
    - (c) hierro, joyas lindas, cobre

6. Colombia es un enorme productor de tres productos agrícolas. ¿Cuáles son?
    - (a) café, banano, arroz
    - (b) pescado, té, cocos
    - (c) uvas, tomates, puerco

■ Sendero 3: A enfocar y abundar

After having reviewed, learned, and used new vocabulary in practice exercises and for general comprehension in readings and aural selections, you have increased elements of your fluency of topics regarding yourselves and your surroundings. In this section we will focus on elements of accuracy related to two important elements of Spanish that you have already seen and used in the exercises to this point: (1) how to properly express four very different equivalents of the English "to be" in Spanish; and (2) how to use proper noun and adjective agreement in your communications.

The Spanish equivalent of the English verb "TO BE" can be expressed in a variety of ways. *Ser, estar, hay, tener,* and *hacer* are five of these ways, but each conveys its own different meaning and perspective. If you just translate "to be" from English to Spanish without understanding these diferences, the chances are that you will be wrong (and this is one reason you should not trust online translation helps for phrases and sentences—they often are wrong too).

We have learned about and used *hay* (a derivitive of the verb *haber*) and *tener* in Chapter 1 and have used *ser* and *estar* already. That these verbs have appeared so often already is no surprise because according to Davies (2006), these (plus *hacer*) are the 5 verbs most frequently used in Spanish. In this chapter we will focus only on four of these verbs and will examine *tener* in *Capítulo 3*.

To Be: Ser and Estar

One of the big difficulties with *ser* and *estar* usage is that there are times when either one can be grammatically correct in a given sentence, but with very different meanings. At other times the usages are non-negotiable and only one choice will be correct. The following scenarios will help you determine those meanings.

Ubicación con ser y estar

Ser: Location of events in time and/or space

When you want to convey "to be" to express the location of an event use a form of the verb *ser*. *Ser* is used to indicate location of events either in time, such as:

La conferencia es a las ocho mañana.	The class is at (located in time) 8:00 tomorrow.
Las reuniones son todos los martes.	The meetings are (located in time) every Tuesday.

or *ser* is used to indicate the physical location (space) of an event, such as:

La clase es en el aula 24.	The class is in Room #24.
Mi cita con el profe es en su oficina.	My appointment with the professor is in his office.

or *ser* is used to indicate both the physical location and the time of time of the event at the same time:

La presentación es mañana en la biblioteca.	The presentation is tomorrow in the library.
El partido de fútbol es en Lima el viernes a las siete.	The soccer match is in Lima Friday at 7:00.

Estar: Location of a non-event

Estar is used to convey "to be" to indicate the location or occupation of space of anything that is not an event, be it physical, mental, emotional, etc., such as:

Alejandro está en Medellín, Colombia.	Alejandro is (occupying space) in Medellín, Colombia.
Cusco está en el sureste de Perú, en las montañas.	Cusco is (occupying space) in southeastern Peru, in the mountains
Chichén Itzá está en México.	Chichen Itzá is (occupying space) in México.

A practicar 2.3: Eventos o entes físicos

Indicate whether each item below is an event or a non-event and whether you would use *ser* or *estar* if you were to complete the sentence. Then write a sentence with the noun and the proper verb (*ser* or *estar*). Write these sentences on another piece of paper and be ready to share, compare, explain, and defend them to your classmates.

Modelo: Cusco _____ evento /ser _X_ no-evento/ estar: _____ Cusco está en el Perú.

	Verb selection	**Sentence**

1. concierto _____ evento /ser _____ no-evento/ estar: _____

2. edificio _____ evento /ser _____ no-evento/ estar: _____

3. Perú _____ evento /ser _____ no-evento/ estar: _____

4. fiesta _____ evento /ser _____ no-evento/ estar: _____

5. yo _____ evento /ser _____ no-evento/ estar: _____

6. animal _____ evento /ser _____ no-evento/ estar: _____

7. celebración _____ evento /ser _____ no-evento/ estar: _____

8. montañas _____ evento /ser _____ no-evento/ estar: _____

Classification/Categorization vs. Condition/Appearance

Ser: classification/categorization: $x_1 = x_2 \neq y$

Ser is the "to be" word which links two equal entities in order to classify or categorize them. In each of the following examples using *ser* there is an unspoken yet accompanying idea of exclusion which implies that something "is equal to this, but not to that".

Ser links nouns with intent to classify or categorize:

Hoy es martes.	Today is Tuesday (not Thursday, etc.)	(classified by day)
Lima es la capital del Perú.	Lima is the capital of Peru (not Colombia)	(classified by profession)
Alejandro es alto.	Alejandro is (a) tall (person) (not a short person)	(classified by height)

Ser links prepositional phrases and adjecives that describe an understood noun with intent to classify or categorize:

Yo soy (una mujer) del Perú.	I am (a woman) from Perú.	(classified by nationality)
Las chozas son (chozas) de paja.	The huts are (huts) of straw.	(classified by material composition)
Yo soy (una mujer) peruana.	I am (a) Peruvian (woman).	(classified by nationality)
Las iglesias son (iglesias) barrocas.	The churches are baroque (churches).	(classified by style or period)
Cusco es bonito.	Cusco is (a) pretty (city).	(classified by appearance)

Estar: Condition/appearance/perception—resultant condition

Estar is the "to be" word used to emphasize a given condition or mood, or a perceived appearance or judgement at a given MOMENT in time. There is no exclusionary implication as with *ser* (as referenced above).

Mi familia está nerviosa.	My family is (feeling) nervous (now).
Ella está cansada.	She is (feeling or appears at this moment) tired.
El examen está difícil.	The exam is (perceived by me at this moment to be) difficult.
El paisaje está muy bonito.	The view is (looks) very beautiful to me right now.
Todo está seco.	Everything is dry.
Los niños están mojados.	The children are all wet.

Ser/Estar: Comparison of usage with adjectives

While exceptions do exist, for the most part, any time when *ser* or *estar* can be used to link a subject with an adjective, either *ser* or *estar* can be grammatically correct, but with very different foci or meanings. The following examples show the communicative difference.

Cusco **es** bonito.	A general classification that Cusco is a city that is a pretty city as opposed to one that is not pretty.
Cusco **está** bonito.	A specific comment that Cusco looks so pretty to the speaker at this moment as s/he is looking at or walking around in the city.
Teresa **es** simpático.	Teresa is one that I would classify as a nice person, not someone I would consider or classify to be an ornery or unpleasant person.
Teresa **está** simpático.	Teresa seems (is behaving) so nice to me right now, at this moment.

NOTE: This difference between classifying a city as pretty or a person as nice and perceiving them to be so in a particular moment may seem very subtle to an English speaker, but it is a very real distinction. Refer to the *Powerpoint* examples on the website to get practice with this difference.

A practicar 2.4: Ser y/o estar

A. Fill in the blanks with the appropriate form of the verb SER or ESTAR. If both verbs are possible, indicate this and be prepared to explain their different meanings.

1. Yo _____ de los Estados Unidos.

2. El lago _____ muy cerca de mi casa.

3. Esta novela sobre los Incas _____ excelente.

4. El partido de fútbol _____ en el estadio de la universidad.

5. Si _____ en Lima, debes hablar español, no inglés.

6. Muchos edificios de Cusco _____ antiguos y hermosos.

7. Nuevo México _____ en el suroeste de los Estados Unidos.

8. Nosotros _____ estudiantes de visita en Perú.

9. Muchos de los edificios modernos en Lima _____ edificados en las bases originales de los Incas.

10. La reunión _____ en la iglesia a las ocho.

11. Todos los niños _____ en la casa.

12. Las palmas en la playa _____ hermosos.

13. Las mariposas _____ increíbles; tienen tantos colores.

B. Fill in the blanks with the appropriate form of *ser*, *estar*, or *hay* according to the context of the following selection.

Machu Picchu, una de las siete nuevas maravillas del mundo moderno.

Nombradas [named] en una votación mundial el 7 de julio de 2007, el día 7/7/7, Machu Picchu en el Perú, y seis otros fascinantes lugares ahora (1) _____ las siete nuevas maravillas del mundo moderno. Las otras seis maravillas (2) _____ el Coliseo de Roma, la Gran Muralla China, Chichén Itzá, la Estatua del Cristo Redentor, El Taj Mahal y la Ciudad de Petra. Obviamente, el Coliseo (3) _____ en Roma y la Gran Muralla (4) _____ en la China, pero las otras maravillas, ¿dónde (5) _____? Chichén Itzá (6) _____ en México. La Estatua del Cristo Redentor (7) _____ en la cima del cerro Corcovado en el puerto de Rio de Janeiro. El Taj Majal (8) _____ en la India. La Ciudad de Petra, que traducida al español (9) _____ Piedra, (10) _____ en el valle de Aravá en el desierto de Jordania. (11) _____ muchas referencias y sitios web que usted puede investigar para obtener más información y ver fotos. (12) _____ sitios web que puede ver para aprender más. Solo tiene que buscar las palabras "7 maravillas del mundo moderno". Estos sitios web (13) _____ escritos en español y (14) _____ una buena e interesante práctica de español.

C. *Sus vacaciones*: Select a picture of a fascinating place that you have visited on vacation or a unique place that you have been (but not where you live). Answer at least 5 of the questions below to describe the place (and the people) in the picture and be sure to include the following informaton focusing on your use of *ser*, *estar*, and *hay* in your description:

1. What and where is the place?
2. What is going on?
3. Why are you in this place?
4. How big is this place (and how many people live there)?

5. What does the place look like (use three different adjectives)?
6. How many people are in the picture and who are they?
7. Invent an additional question of your own to answer.

Adjective noun agreement: La concordancia

As you may have noticed from the readings and exercises to this point, the general tendency in Spanish is for the adjective that describes the noun to agree with that noun in number and gender. That is, if a noun is singular the adjective also has singular form. Likewise, if the noun is plural, the adjective will also be plural. If the noun is feminine, the adjective will be expressed in its feminine form, while a masculine noun is accompanied by an adjective in its masculine form. There will be certain exceptions along the way. Some adjectives have only one form, but for now this is a good general beginner rule, as seen in the following examples:

Mi casa es vieja. (if *casa = feminine + singular* then *vieja = feminine + singular*)

Mis gatas son energéticas. (if *gatas = feminine + plural* then
energéticas = feminine + plural)

Mi apartamento es nuevo. (if *apartamento = masculine + singular* then
nuevo = feminine + singular)

Mis hermanos son simpáticos (if *hermanos = masculine + plural* then
simpáticos = masculine + plural)

A practicar 2.5: La concordancia

¿Cómo es/son? Ask a classmate each question below. Your classmate will respond according to the cues below. Then respond as your classmate asks the same questions of you. All adjective forms are given in the masculine singular form. Modify them as needed.

Modelo: la casa (grande, bonito)
<u>Student A</u>: ¿Cómo es su casa?   <u>Student B</u>: Mi casa es **grande y bonita**.

1. ¿Cómo es su apartamento? (nuevo, cómodo)

   _____

2. ¿Cómo es su clase de español? (difícil, divertido)

   _____

3. ¿Cómo es el Río Marañón? (largo, ancho)

   _____

4. ¿Cómo son sus amigos? (inteligente, simpático)

   _____

5. ¿Cómo es su gata? (pequeño, viejo)

   _____

6. ¿Cómo es la ciudad donde usted vive? (limpio, pequeño)

_____

7. ¿Cómo son las nubes? (blanco, grande)

_____

8. ¿Cómo son los paisajes cerca de Cusco? (fantástico, bonito)

_____

9. ¿Cómo son los estudiantes? (inteligentes, motivado)

_____

10. ¿Cómo son las montañas y los cerros del Perú? (majestuoso, hermoso)

_____

11. ¿Cómo son los osos de Maine? (negro, fuerte)

_____

12. ¿Cómo es esa cima? (alto, majestuoso)

_____

Hacer + more uses of estar

Earlier in the chapter we learned about *ser* and *estar*, two verbs which can be translated "to be" in English, but carry different perspectives and meanings. Another verb that can also be translated "to be" in English is "*hacer*". The accompanying explanations will help to identify how these words are used.

Hacer, which most often means "to do" or "to make", is also used to describe some weather conditions. The literal translation means to "make" or "cause" a given weather condition.

 Audio 2.8: For reinforcement, *escuche y practique la pronunciación* of the new vocabulary in these two sections.

Hace frío en el invierno.	It is cold in the winter.
Hace calor en el verano.	It is hot in the summer.
Hace viento.	It is windy.
Hace fresco.	It is cool.
Hace sol.	It is sunny.
Hace buen tiempo.	The weather is good.
Hace mal tiempo.	The weather is bad.

Notable exceptions where **estar** or **another verb** is used:

    Está nublado—it is cloudy (the sky is filled with clouds at the moment)

    Está despejado—it is clear (no clouds are in the sky now)

    Está soleado—it is sunny

    Hay chubascos—There are showers

    Hay relámpagos y truenos—There is lightning and thunder

    llueve—it rains   *está lloviendo*—it is raining   *llover (ue)*—to rain

    nieva—it snows   *está nevando*—it is snowing   *nevar (ie)*—to snow

---

las estaciones—the seasons

la primavera—spring   *el verano*—summer   *el otoño*—autumn   *el invierno*—winter

---

A practicar 2.6: El tiempo

A. Describe the following weather icons or conditions with the appropiate words. If more than one description is possible, use as many as are appropriate.

1. _____

2. _____

3. _____

4. _____

5. _____

6. _____

7. _____

8. _____

9. _____

© suppixz/Shutterstock.com

B. Look up the weather anywhere in the world, including where you are right now, on *espanol.weather.com* and report what you find. Write the name of the place you are reporting about in the blank and then give the answer. Before beginning, remember that in the Spanish speaking world the temperatures are expressed in Celsius and the wind in kilometers per hour. Use this or another online conversion site to help you get a handle on the difference:

http://www.metric-conversions.org/temperature/celsius-to-fahrenheit.htm

1. ¿Cuál es el pronóstico hoy en _____?

   _____

2. ¿Cuál es la temperatura en _____?

   _____

3. ¿Qué tiempo hace en _____?

   _____

4. ¿Va a nevar mañana en _____?

   _____

5. ¿Está lloviendo en _____?

   _____

6. ¿Está nublado en _____?

   _____

7. ¿Cuál es la probabilidad de lluvia mañana en _____?

   _____

8. ¿Cuál es la probabilidad de nieve mañana en _____?

   _____

9. ¿Hay chubascos hoy en _____?

   _____

■ Sendero 4:
A desarrollar, escribir y compartir

This chapter concludes with two readings (related to one another) and a short listening exercise. Before reading and listening to these selections, study the following new vocabulary words and review the chapter vocabulary. Then read and/or listen to the selections and answer the questions. Pay special attention as these can serve as models for you to create your own descriptions of where you are from.

Antes de leer

The following two readings are provided by Teresa. We know her from the reading in Sendero 2 on page 35 of this chapter. These readings give more specific information of who she is and what she does. The following words are words found in the following two readings which are not listed in the vocabulary list at the beginning of the chapter. Become familiar with these words by learning them and doing the exercises. This will help you better understand the reading.

el éxito—success
la luz—light
una molestia—a bother

muerto/a/s de temor—scared to death
el paraíso—paradise
el recreo—recess

A leer: Mi comunidad y mi país—conexiones personales I

En el Perú hay tres divisiones geográficas principales: la costa, las montañas, y el interior. El interior es otra manera de decir la selva. Muchas personas no comprenden bien el interior, pero es precioso. Aunque soy de Cusco, soy maestra en una escuela en el interior, en Huallaga, en la zona de Marañón, que está en el noreste del país. Enseño en un programa organizado por el gobierno en que los maestros van a las provincias pequeñas para llevarles el progreso a los indígenas. Es muy divertido ser maestra de niños y vivir con la gente indígena. Aprendo mucho de ellos. Aprendo su medicina, su manera de preparar comida, su concepto de la familia y su religión. También veo muchas cosas bonitas que no vemos

Una familia indígena del Perú.

en la ciudad. El aire está limpio y hay muchos árboles, arbustos y plantas verdes. También hay mariposas de todos los colores, hay rosales bonitos, y por la noche todo está tan bonito por las luciérnagas.

🔊 **Audio 2.9:** For extra practice, *escuche la grabación* of this selection again as you read along.

Ejercicios de comprensión

A. Cierto/Falso.   Based on the above reading, indicate if the statement is true or false.

1. _____ El Perú está en Sudamérica.

2. _____ La palabra "interior" quiere decir "la selva".

3. _____ Teresa trabaja en la costa y va a la playa mucho.

4. _____ Teresa trabaja con los niños y vive con los indígenas.

5. _____ Se encuentran muchos tipos de animales y plantas en el interior.

B. Answer the following questions to demonstrate your comprehension of Teresa's answers about her life experience in Peru.

1. ¿Cuál es otra palabra para nombrar "el interior" del Perú?

   _____

2. ¿En qué parte del Perú enseña Teresa?

   _____

3. ¿En qué programa participa Teresa?

   _____

4. ¿Qué aprende Teresa de esa gente?

   _____

5. ¿Cómo es el clima en el interior?

   _____

6. ¿Qué cosas bonitas hay en la selva?

   _____

7. ¿Qué insectos hay por la noche en el interior?

   _____

A leer: Mi comunidad y mi país—conexiones personales II

El clima y el tiempo

Es hermoso el interior, pero también es peligroso y por eso mi familia está nerviosa por mí cuando estoy aquí. Es peligroso porque en los tiempos de lluvia hay grandes diluvios. Por ejemplo, durante mucho del año está todo muy seco. De repente llegan grandes lluvias y hay diluvio, viento y cascadas por todos lados. Los ríos crecen y son muy fuertes y llevan todo: barcas, gente, chozas, animales, todo. También hace mucho calor en el interior y es un calor que usted no puede imaginar. Por ejemplo, en la escuela donde doy clases, cuando tenemos un recreo todos los niños saltan al río con ropa y todo. Después, todos regresan a clase y están completamente mojados, pero en quince minutos todos están secos otra vez porque hace tanto calor. También el interior es peligroso porque hay muchas serpientes y otros animales silvestres.

© Michael Zysman/Shutterstock.com

El diluvio en el Perú.

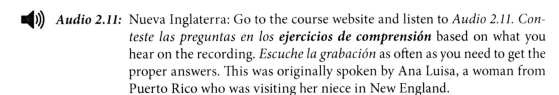

Audio 2.10: For extra practice, *escuche la grabación* of this selection again as you read along.

Ejercicios de comprensión

A. Cierto/Falso.   Based on the above reading, indicate if the statement is true or false.

1. _____ El interior es muy feo.

2. _____ El interior es un lugar peligroso y nadie vive en el interior.

3. _____ No hay ríos en el interior del Perú. Todo siempre está muy seco.

4. _____ Normalmente hace mucho calor en el interior.

5. _____ Las fuertes lluvias destruyen chozas, gente y animales.

6. _____ Cuando hace mucho calor, los niños no van a la escuela.

B. *A contestar: Conteste las siguientes preguntas según la información en la lectura.*

1. ¿Por qué está nerviosa por ella la familia de Teresa?
2. ¿Qué tiempo hace en el interior?
3. ¿Cómo son los ríos en los tiempos de lluvia?
4. ¿Qué hacen los niños cuando hace mucho calor?
5. ¿Por qué dice Teresa que todos están secos otra vez en unos minutos?

Antes de escuchar

A escuchar: El otoño en Nueva Inglaterra

Knowing these words will fill in gaps between the many cognates and words in study lists in Chapters 1 and 2. Learn them before you listen to *El otoño en Nueva Inglaterra.*

afortunados—fortunate
un pintor gigantesco—a gigantic painter
debido al cambio—due to the change

la hierba verde—green grass
las hojas—the leaves
un espectáculo—a spectacle

Audio 2.11: Nueva Inglaterra: Go to the course website and listen to *Audio 2.11. Conteste las preguntas en los **ejercicios de comprensión** based on what you hear on the recording. Escuche la grabación* as often as you need to get the proper answers. This was originally spoken by Ana Luisa, a woman from Puerto Rico who was visiting her niece in New England.

1. Ana Luisa dice que en los Estados Unidos las personas están:
    (a) desafortunadas
    (b) afortunadas
    (c) bienvenidas

2. Según Ana Luisa en los países tropicales ellos no ven:
    (a) muchos árboles
    (b) la blanca nieve de invierno
    (c) el cambio de colores en el otoño

3. Según Ana Luisa las hojas de los árboles son:
   (a) coloridos y bellos
   (b) grandes y hermosos
   (c) increíbles y especiales

4. Cuando alguien viene por primera vez a Nueva Inglaterra, piensa que un _____ pinta los colores en los árboles.
   (a) las hojas
   (b) la hierba verde
   (c) pintor gigantesco

5. Según Ana Luisa el otoño en Nueva Inglaterra _____ un espectáculo bellísimo.
   (a) es
   (b) está
   (c) hay
   (d) hace

A escribir y compartir

A. *¿Y usted? ¿Cómo es la ciudad o región donde usted vive?* As part of a class activity, circulate around the classroom asking the name and one additional question of your choice, either found below or an additional question that you might have, of a classmate. Then answer another question asked of you by that same classmate. Write down the answer and repeat the process with other classmates using as many different questions as you can. Report your findings to the class as directed by your teacher.

1. ¿De dónde eres?
2. ¿Dónde está esa ciudad?
3. ¿Cómo es la ciudad?
4. ¿Cuántos habitantes hay en la ciudad?
5. ¿Hay habitantes famosos de la ciudad?
6. ¿Hay algo histórico o de interés cultural en la ciudad?
7. ¿Hay empresas o negocios importantes o interesantes en la ciudad?
8. ¿Es famosa por algo esa ciudad?
9. ¿Hay ríos, lagos, montañas, u océanos en o cerca de la región? ¿Cómo se llaman?
10. Otras ideas

B. *Escriba una composición de cien a ciento y veinte y cinco palabras sobre*: a general description of where you live. Feel free to string some of the answers in (A) in the form of an essay. Share it with that class by posting it in your Blog.

C. *Escriba una composición de cien a ciento y veinte y cinco palabras sobre*: a SPECIFIC topic of interest about your hometown, the people who live there, or your own involvement in your community. Share it with that class by posting it in your Blog. In class take about 10 minutes, more if there is time, and go from person to person reading your composition to someone, and having them read theirs to you. You should be able to talk to 3 to 5 other classmates. Then report in class on those that you have talked to during a class discussion.

Capítulo 3
Mis intereses y pasatiempos recreativos

Un parque de patinar en Granada, España.

Courtesy of the authors

▐ Objetivos

Habilidades Prácticas	Explain some of the recreational and entertainment activities that you participate in; compare and contrast ideas
Vocabulario	Interests, likes, dislikes, hobbies (recreational activities, places of interest, etc.)
Pronunciación	c, z, s, qu
Gramática	More regular and irregular verbs of the present tense; *gustar* with indirect object pronouns; introduction to reflexive and 'meaning changing' pronouns; comparisons and contrasts
Cultura	España, Costa Rica, Estados Unidos, espectáculos deportivos

Sendero 1: A repasar y preparar

Certainly *el vocabulario* necessary to account for all the recreational and entertainment possibilities expands far beyond the lists provided here. Our emphasis is to provide 'high frequency' options that are used in the readings and listening comprehension selections, and that we expect that you are most likely to use in the exercises and communicative activities in this chapter. We encourage you to guess at probable cognates, but when you need additional words in order to effectively communicate, look them up in the online dictionary of your choice. Then share them with the class as you talk about your favorite recreational activities.

Vocabulario

🔊 *Audio 3.1: Lea, escuche, aprenda y practique el siguiente vocabulario.* In the blank spaces alongside these vocabulary lists, write vocabulary items for extra activities that you participate in.

Intereses y pasatiempos

jugar/practicar... to play or participate in a sport

jugar al ajedrez—to play chess
jugar o practicar al baloncesto/básquetbol/ básquet—to play basketball
jugar o practicar al béisbol—to play baseball
jugar o practicar a los bolos—to bowl
jugar o practicar al frisbi—to play frisbee
jugar o practicar al fútbol—to play soccer
jugar o practicar al fútbol americano— to play football
jugar o practicar al hockey sobre césped— to play field hockey
jugar o practicar al hockey sobre hielo— to play ice hockey
jugar juegos de mesa—to play board games
jugar a los naipes—to play cards
practicar el tiro con arco—to participate in archery
jugar o practicar al voleibol—to play volleyball

hacer...

hacer atletismo—participate in track and field
hacer ejercicio aeróbico—to do aerobic exercise
hacer excursiones—to go on excursions/trips
hacer footing/jogging—to jog
hacer senderismo—to hike
hacer surfing—to surf

andar...

andar en bicicleta—to go bike riding
andar en canoa—to go canoeing
andar en kayak—to go kayaking
andar a pie—to go (walk) on foot

lanzarse...

lanzarse en tirolesa—to go zip lining

patinar...

patinar sobre hielo—to iceskate
patinar sobre ruedas—to rollerskate/
   rollerblade

ir...

ir camping/ir de campamento—to go
   camping
ir rafting—to go rafting
ir de caminata—to go for a long walk,
   to hike
ir de compras—to go shopping
ir de pesca—to go fishing
ir al cine—to go to the movies
ir al campo—to go to the country
ir a un concierto—to go to a concert
ir a la discoteca—to go to a discoteque
ir al gimnasio—to go to the gym
ir al museo—to go to the museum
ir al parque de atracciones—go to an
   amusement park
ir al teatro—to go to the theater
ir de viaje—to go on a trip

montar...

montar a caballo—to ride a horse
montar en bici—to ride a bicycle
montar en patineta—to ride a skateboard

otros verbos y actividades

bailar—to dance
bañar(se) en el sol—to sun bathe
bucear—to snorkel
correr—to run
tomar sol—to sun bathe
esquiar (de nieve)—to ski (on snow)
esquiar de agua—to waterski
levantar pesas—to lift weights
mirar televisión—to watch television
ver la televisión—to watch television
estar lesionado/a—to be injured
nadar—to swim
navegar en velero—to go sailboating
pasear(se)—to go on a walk, to stroll
remar—to row
sacar fotos—to take photographs

otras palabras útiles

una carrera de cinco kilometros—5K race
*la entrada / el boleto—ticket to an event
el/la entrenador/a—the coach
el equipo—the team
la exposición—expositio, exhibition
el/la hincha—fan (of a sports team)
el/la jugador/a—the player
el nadador/la nadadora—swimmer
el ocio—leisure, free time
el tiempo libre—leisure, free time
el partido—the game/match
la pelota—the ball
la taquilla—ticket office
la naturaleza—nature
la sesión de entrenamiento—workout
el vehículo todo terreno—ATV

---

* **NOTE: a ticket has various translations that are quite different in meaning. For example: el billete or el pasaje mean 'a ticket for transport' (plane, bus, tren, etc.). A traffic ticket is a multa. We use la entrada or el boleto to mean a 'ticket' to get into a show, a game, a concert, etc.**

A practicar 3.1: Vocabulario

A. *¿Qué es qué?* Write an appropriate Spanish verb in the blank under each of the icons to describe each of the icons below.

Modelo:

_____ jugar al fútbol _____

1. _____

2. _____

3. _____

4. _____

5. _____

6. _____

7. _____

8. _____

9. _____   10. _____

11. _____   12. _____

B. *¿Qué hace la gente en estos lugares?* Write appropriate activities from the chapter vocabulary list that people often do in the places or situations listed below. Do not repeat any words in the exercise.

1. Mucha gente va a la playa para _____ y _____.

2. Es popular _____ y _____ en un río o un lago.

3. Muchas personas van a las montañas para _____ o

   _____.

4. Muchos van al parque para _____ o _____.

5. Los jóvenes van a la discoteca para _____ y _____.

6. _____ y _____ son buenas maneras de hacer ejercicios y mantenerse en forma.

7. Tres deportes acuáticos que prefiero son _____, _____

   y _____.

8. _____ y _____ no son deportes, pero son dos juegos que podemos jugar en casa con los amigos.

9. Tres deportes o actividades populares en el invierno son _____,

   _____ y _____.

C. *Ahora le toca a usted*: With a partner, alternate asking what activities you tend to do in different weather conditions. Include at least two activities in your answer. Follow the model.

Modelo: hace buen tiempo

Estudiante 1: *¿Qué hace usted cuando hace buen tiempo?*

Estudiante 2: *Normalmente hago jogging o camino con un amigo. ¿Y usted?*

Estudiante 1: *Muchas veces juego al frisbi con mis amigos en el parque. También hago senderismo con mi perro.*

Then *estudiante 2* follows up with a question about what *estudiante 1* does in other weather conditions. Alternate asking each other questions in the time alotted by the teacher.

1. hace mal tiempo
2. llueve
3. hace sol y fresco
4. hace mucho calor
5. nieva
6. hace mucho frío
7. hace viento
8. hay chubascos
9. hace buen tiempo

D. *Y ahora con toda la clase*: Asking the same questions that you asked in section C above, circulate around the room and talk to as many different *compañeros de clase* as possible in the time given by the teacher. Write down or remember the answers you receive so that you can report to the class when asked.

E. *Las preferencias*: As part of a class activity, circulate around the classroom asking the name of the person you are talking to (if you don't already know it) plus one additional question of your choice from the questions below. Then answer a question asked of you by that same classmate. Write down the answer and repeat the process with other classmates using as many different questions as you can. Report your findings to the class as directed by your teacher.

1. ¿Qué deportes practica usted con regularidad?
2. ¿Qué deportes mira en la televisión?
3. ¿De qué deportes o equipos es usted hincha?
4. ¿Cuáles son sus tres actividades favoritas para hacer ejercicios?
5. ¿Cuáles son sus actividades acuáticas favoritas?
6. ¿Qué película es su favorita?
7. ¿Qué videojuegos juega usted?
8. ¿Qué juegos de mesa prefiere usted jugar?
9. ¿Qué actividades prefiere hacer en el invierno? …en la primavera? …en el verano? …en el otoño.

Telling time: ¿Tienes la hora?

There are multiple ways to ask for the time in Spanish, but some good choices are:

Telling time

¿Qué hora es?—What time (hour) is it?

¿Tienes hora? or *¿Tienes la hora?*—Do you have the time?

The response will be the same regardless of how the question is asked. If the answer includes some reference to 1 o'clock, an appropriate response will be:

Es la una + number of minutes.—It is 1 o'clock (1 hour) plus the number of minutes past 1:00.

If the answer includes some reference to any other hour, it will be plural, so for example, you could say (depending of course on what time it is):

Son las ocho de la mañana.	It is 8:00 in the morning.
Son las cuatro y diez de la tarde.	It is 4:10 in the afternoon.
Son las once de la noche.	It is 11:00 at night.

La hora: son las dieciocho y veinte y uno.

La temperatura: diez grados centígrados.

Both photos courtesy of the authors

A practicar 3.2: ¿Qué hora es?

Write out the time indicated. In class with a partner, alternate asking and answering what time it is. When you run out of the examples below, invent other times to continue practicing.

a. 1:30   d. 9:08   g. 6:45

b. 7:25   e. 2:10   h. 12:40

c. 10:53   f. 4:15   i. otras horas

If you are asking the time of an event or meeting, the following are two good ways to do that:

¿A qué hora es (provide event here)?   At what time is (the event)?

¿Cuándo es (provide event here)?   When is (the event)?

Notice the insertion of 'a' to express the idea of 'at'. If the response includes a time past 12:00 noon, note that there are two general ways to answer to express time. While not as common in normal conversation, it is common to announce and advertise the time of an event in '24 hour time,' which means that you have these options:

La clase es *a* las 9,00 *de la mañana.*   La clase es *a* las **9,00** horas.

El partido de fútbol es *a* las 2,00 *de la tarde.*   El partido de fútbol es *a* las **14,00** horas.

El concierto es *a* las diez y media *de la noche.*   El concierto es *a* las **22,30** horas.

A practicar 3.3: Los calendarios de actividades

A. *Calendario de actividades—El calendario de actividades de la universidad*: Refer to any calendar of events related to your school, and with a partner take turns asking when (date) and/or what time an event is (a sports event, a concert, a theatrical play, a presentation, etc.)

Modelo: El partido de fútbol de Real Madrid y Barcelona es el sábado veinte de febrero a las 20 horas.

B. *Guía de Ocio*: Refer to a 'Guía de ocio' (*Guide to leisure activities*) or Ticket Agency, online or otherwise, and make a list of 10 events or activities, with name of event, where it will be, the time and dates. Report to classmates interesting events that you find.

Modelo: El concierto de Shakira es en San José, Costa Rica, el viernes doce de febrero a las 22,00 horas.

C. *TV GUIDE*: Refer to any television program or movie listing, online or otherwise, and make a list of 10 programs and/or movies with the title, the network it will appear on, the time, and date. Report to classmates some of the programs you find interesting or think that they might be interested in.

Modelo: El programa NCIS es normalmente el martes a las 21,00 horas.

More regular present indicative verbs

Review the following present indicative regular verb conjugations: stem + **endings**.

	–ar **ayudar** (to help)	**–er** **correr** (to run)	**–ir** **ocurrir** (to occur)
yo	ayud*o*	corr*o*	ocurr*o*
tú	ayud*as*	corr*es*	ocurr*es*
Ud./él/ella	ayud*a*	corr*e*	ocurr*e*
nosotros/as	ayud*amos*	corr*emos*	ocurr*imos*
vosotros/as	ayud*áis*	corr*éis*	ocurr*ís*
Uds./ellos/as	ayud*an*	corr*en*	ocurr*en*

◀)) ***Audio 3.2:*** Listen to and practice saying the following verbs. The conjugations above and the infinitives below are included in this listening selection.

acompañar—to accompany
bucear—to snorkle
bailar—to dance
cantar—to sing
caminar—to walk
comprar—to buy

ensayar—to practice
esquiar—to ski
ganar—to win, to earn
mirar—to watch
navegar—to navegate, to sail
patinar—to skate

pescar—to fish
proveer—to provide
remar—to row
sacar—to take
subir—to go up

A practicar 3.4: Los verbos regulares y sus conjugaciones

A. Fill in the blanks with the correct conjugated verb in the present tense.

1. Durante las vacaciones mi familia _____ (viajar) a ver a nuestros abuelos.

2. Mi padre siempre le _____ (acompañar) a mi mamá cuando va a su clase de Yoga los sábados.

3. Cuando hace buen tiempo los estudiantes _____ (correr) por el parque cerca de la universidad.

4. Yo _____ (caminar) en el parque todos los días.

5. Ellos no _____ (ganar) mucho dinero por el trabajo que

   _____ (hacer).

6. ¿ _____ (Ayudar) tú a tus padres a limpiar la casa?

7. Antes de presentar la obra del teatro al público, nosotros

_____ (ensayar) casi todos los días.

8. Mi hermano juega al hockey y _____ (patinar) en el hielo muy bien.

9. Muchos cantantes _____ (cantar) y _____ (bailar) muy bien.

10. Juan y Jorge _____ (bucear) en el mar casi todas las semanas en

el verano y _____ (sacar) fotos de los peces para sus estudios en la universidad.

Una mujer esquia en las montañas.

Cuatro hombres reman en el río.

B. *Lo que hacemos*: A group of students are talking about what they like to do when they have free time, or what they don't do because they don't have time. Fill in the blanks with the most appropriate verb in the present tense using the list of verbs provided below. Some of these verbs are a review of *Capítulo 1*.

andar   bailar   caminar   cantar   correr   deber   estar
levantar   navegar   proveer   trabajar   viajar   ver

Estudiante A: Cuando hacen senderismo con sus amigos, ellos normalmente

_____ por los bosques en las montañas.

Estudiante B: Durante las vacaciones de verano, mi familia y yo _____

a muchos diferentes lugares interesantes del país.

Estudiante C: Mi familia va al teatro en Nueva York. Mi papá dice que nosotros

_____ comprar las entradas con anticipación o

probablemente no podemos conseguirlas.

Estudiante D: ¿Es verdad que tú _____ en bicicleta a la universidad todos los días?

Estudiante E: Mis primos _____ en velero los fines de semana en el verano y la primera parte del otoño.

Estudiante F: Los futbolistas _____ mucho y _____ pesas para mantenerse en forma.

Estudiante G: Yo _____ Karaoke bastante bien, pero no

_____ porque no tengo buen ritmo.

Estudiante H: Nosotros no _____ mucha televisión porque

_____ mucho.

Estudiante I: Leo no va a jugar en el partido el sábado porque _____ lesionado.

More irregular present indicative verbs

These verb forms vary in the way that they depart from the standard conjugation. While most verbs maintain the standard endings, some vary only in the 1st person singular conjugation. Others vary in the stressed vowel of all except for the 1st and 2nd person plural conjugations. Still others show a combination of these variations. The 'irregular' forms are highlighted in the lists below. For some of the stem changing verbs, formulas have been included, such as: **e > ie, e**, which interprets as "the 'e' from the infinitive changes to '*ie*' in the *yo, tú, él, ella, usted, ellos, ellas, ustedes* forms and it remains 'e' for the *nosotros* and *vosotros* forms". At this point in your Spanish experience it is probably best to just accept that they are irregular and begin using them as if they were vocabulary words. You will be using them often in class activities and soon you will barely remember that they are 'irregular'.

🔊 *Audio 3.3:* Listen to and practice saying the following verbs. The infinitives and conjugations below are included in this listening selection.

More irregular present indicative verb forms

e > ie (except regular in nosotros and vosotros forms)
pensar—to think, to plan	**pienso, piensas, piensa**, pensamos, pensáis, **piensan**
perder—to lose	**pierdo, pierdes, pierde**, perdemos, perdéis, **pierden**
sentir—to feel	**siento, sientes, siente**, sentimos, sentís, **sienten**

o > ue (except regular in nosotros and vosotros forms)
poder—to be able to	**puedo, puedes, puede**, podemos, podéis, **pueden**
contar—to count, to tell a story	**cuento, cuentas, cuenta**, contamos, contáis, **cuentan**
jugar—to play (a game)	**juego, juegas, juega**, jugamos, jugáis, **juegan**
oler—to smell	**huelo, hueles, huele**, olemos, oléis, **huelen**
recordar—to remember	**recuerdo, recuerdas, recuerda**, recordamos, recordáis, **recuerdan**
volar—to fly	**vuelo, vuelas, vuela**, volamos, voláis, **vuelan**
volver—to return	**vuelvo, vuelves, vuelve**, volvemos, volvéis, **vuelven**

e > i (except regular in nosotros and vosotros forms)

pedir—to ask	**pido**, **pides**, **pide**, pedimos, pedís, **piden**

note irregular changes in boldface print – most of these are only irregular in the 'yo' form

oír—to hear	**oigo**, **oyes**, **oye**, oímos, oís, **oyen**
salir—to leave	**salgo**, sales, sale, salimos, salís, salen
ver—to see	**veo**, ves, ve, vemos, veis, ven
conocer—to be acquainted with	**conozco**, conoces, conoce, conocemos, conocéis, conocen
conducir—to drive, to conduct	**conduzco**, conduces, conduce, conducimos, conducís, conducen
saber—to know information	**sé**, sabes, sabe, sabemos, sabéis, saben

A practicar 3.5: Los verbos irregulares y sus conjugaciones

A. *Las conjugaciones*: Fill in the blanks with the correct conjugated verb in the present tense.

1. ¿Cuándo _____ (volver) tú del partido?

2. Yo _____ (jugar) mucho en los partidos de fútbol de mi equipo.

3. Mis padres siempre nos _____ (conducir) al cine.

4. Mi novia y yo _____ (salir) los fines de semana.

5. Mi familia no _____ (poder) venir con nosotros.

6. ¿ _____ (Pensar) ustedes que hay un partido de voleibol en la tele esta tarde?

7. Las rosas _____ (oler) muy bien ahora. Me gustan mucho.

8. ¿Cómo se _____ (sentir) usted ahora? ¿Todavía tiene dolor de cabeza?

9. Los estudiantes _____ (saber) todos los verbos del este capítulo.

B. *Nuestro equipo*: Daniel is talking about his summer baseball team. Fill in the blanks by choosing the right verb and conjugating it in the correct form of the present tense.

1. Yo siempre _____ (*salir, sacar*) muy temprano para poder llegar a un partido a tiempo.

2. Nuestro entrenador es una persona muy seria y nos _____ (*poder, pedir*) entrenar con mucha dedicación.

3. Me _____ (*sentar, sentir*) muy mal cuando no puedo participar porque estoy lesionado.

4. Cuando el mejor jugador no juega, normalmente nosotros _____ (*perder, pedir*) el partido.

5. Cuando ganamos, todos nos _____ (*oír, reír*) y luego nos

   _____ (*dormir, divertir*) con pizza y refrescos.

6. Si nosotros _____ (*viajar, vestir*) lejos para ir a los partidos,

   _____ (*volar, volver*) muy tarde por la noche.

7. Después de un partido, yo no _____ (*poder, oler*) dormir por unas

   horas porque estoy tan emocionado. Me encanta jugar al béisbol.

C. *¿Cuáles son tres cosas que hace en su tiempo libre?* Go around the class and ask this question to as many people as you can: *¿Cuáles son tres cosas que hace en su tiempo libre?* After you ask them the question, let them ask the same question to you. Follow the model below, of course, provide your own answers.

Estudiante 1: *¿Cuáles son tres cosas que hace en su tiempo libre?*

Estudiante 2: *Juego al basquet, ando en bici y miro la televisión. ¿Cuáles son tres cosas que hace usted en su tiempo libre?*

Estudiante 1: *Voy al cine, hago senderismo y bailo.*

Tener: Helpful phrases and uses with tener

Previously in chapters 1 and 2 we learned some words and expressions in Spanish that are translated as 'to be' in English, namely: *ser, estar, hay,* and *hacer.* '*Tener*' which literally means 'to have' is used in a variety of phrases which describe 'having' 'or 'experiencing' a particular physical sensation, but are translated in English as 'to be'.

◀)) *Audio 3.4:* Listen to and practice saying the following "*tener*" expresions. Only the Spanish portion is provided on the recording.

Tengo 19 años.	I am 19 years old. (I have 19 years of life experience.)
Tiene miedo.	He is afraid. (He has or experiences the sensation of fear.)
Tenemos hambre.	We are hungry (We have or are experiencing the sensation of hunger.)
Tienen calor.	They are hot (They have or are experiencing the sensation of heat.)
Tienes frío.	You are cold. (You are experiencing the sensation of cold.)
Tengo sueño.	I am sleepy. (I am experiencing drowsiness.)
Tiene interés en el senderismo.	He is interested in hiking. (He has an interest in hiking.)
¿Tienes la hora?	What time is it? (Do you have the time?)
Tenemos ganas de ir al partido.	We want (We have desires) to go to the game.
Tiene sed.	She is thirsty (She is experiencing the sensation of thirst.)
Tengo prisa, no quiero llegar tarde.	I'm in a hurry, I don't want to be late. (I am having or demonstrating quickness of movement.)

A practicar 3.6: "Tener" expressions

A. *"Tener…"* Fill in the blanks using the *"Tener…"* expressions. Make sure you conjugate the verbs. Do not use any of the expressions more than once.

1. Son las siete. El partido de básket comienza a las siete y media y quiero llegar temprano. Por eso, yo _____ ahora.

2. Mi hermano es muy aficionado al teatro. _____ de ver "Romeo y Julieta".

3. Hoy hace mucho calor. Después de correr treinta minutos, necesitamos tomar agua porque _____.

4. Está nevando, ¿dónde está tu abrigo? ¿Realmente no _____ ?

5. Pienso que soy mayor que tú. ¿Cuántos _____ ?

6. Mis amigos van a viajar por México el año que viene. Ellos no hablan español. Ahora _____ en tomar clases en la universidad porque quieren aprenderlo.

7. Mi prima es muy tímida. No quiere entrar en el mar porque _____ del agua y de los tiburones (sharks)?

8. Nosotros _____. ¿Puedes poner el acondicionador de aire?

9. —¿Tienes _____?
   —Son las once y diez.

10. Cuando _____ él puede comer muchísimo.

¿Qué hace usted cuando hace calor? Ellos se refrescan en la fuente.

B. *"Tener…" Preguntas personales.* With one of your classmates ask each other the following questions.

1. ¿De qué tiene usted miedo?
2. ¿A dónde va para comer cuando tiene hambre?
3. ¿En qué tiene interés usted?
4. ¿Cuántos años tienen sus padres?
5. Cuando tiene prisa para llegar a clase, ¿cómo prefiere viajar? ¿En carro? ¿A pie? ¿De otra forma?
6. ¿Qué hace usted cuando tiene calor?
7. ¿Qué hace usted cuando tiene sueño pero no puede dormir?
8. ¿Qué tipo de bebida prefiere usted cuando tiene mucha sed?

C. Now as part of a class activity, circulate around the classroom asking one question of your choice from the list above to a different classmate. Then, answer another question asked of you by that same classmate. Write down the answer and repeat the process with other classmates until you have asked all the questions. Report your findings to the class as directed by your teacher. You can fill out the sentences below with any classmate's answers from exercises (B) above.

1. _____ tiene miedo de _____ .

2. Cuando tiene hambre _____ va a _____ para comer.

3. _____ tiene interés en _____ .

4. El padre de _____ tiene _____ años.

   Su madre tiene _____ años.

5. Cuando tiene prisa para llegar a clase _____ prefiere viajar

   _____ .

6. Cuando tiene calor _____ para aliviarse.

7. Cuando tiene sueño y no puede dormir _____ .

8. Cuando tiene mucha sed _____ prefiere _____ .

A pronunciar: Spanish consonants: s, c, z, q(u)

Two basic pronunciation guidelines will help you approximate pronunciation patterns of the Spanish *s*, *c*, and *z* that will easily be understood in Spanish speaking areas around the world.*

These are:

<u>Regla 1</u>: Spanish *s*; *z*; and $c + {}^{i}_{e} \cong s$ of the English word ***song***

🔊)) *Audio 3.5:* Listen to and practice saying the following words:

S	Z	C
pase	ajedrez	ejercicio
sesión	zapato	ciencia
así	naturaleza	natación
salir	comenzar	bici
instintos	paz	hacer

---

* **NOTE: This rule holds true in most parts of the world. However, in most of Spain, the accepted standard is to pronounce the z or the c that precedes i or e similar to the -th- in -think-. Unless you are planning to spend extensive time in Spain, it is probably a better strategy to simply view these pronunciations as 'variations' and not try to concern yourself with which is the 'best pronunciation'. If you are planning to spend extensive time in Spain you might want to adopt the -th- sound. The choice is yours, just be consistent.**

Regla 2: Spanish *c* + *any consonant* or $\begin{smallmatrix} a \\ o \\ u \end{smallmatrix}$; and *qu* + $\begin{smallmatrix} i \\ e \end{smallmatrix}$ $\cong$ *k* of the English word *kite**

🔊 **Audio 3.6:** Listen to and practice saying the following examples:

C	QU
único	taquilla
ficción	que
caminata	quiere
cuando	etiqueta

A practicar 3.7: Las consonantes s, c, z, qu

A. Rewrite the following words with a partial phonetic spelling to indicate whether the *s, c, z,* or *qu* should be spoken with an *–s–* sound or a *–k–* sound. Then appropriately pronounce the words.

🔊 **Audio 3.7:** Listen to and practice saying the following examples:

1. comienzas _____
2. consientas _____
3. consume _____
4. conozco _____
5. conducir _____
6. pescar _____

7. esquiador _____
8. básquetbol _____
9. ciclista _____
10. escribir _____
11. kilometro _____
12. Márquez _____

B. English speakers often fall into the trap of pronouncing Spanish words that end in *–sión* or *–ción* like their English cognates that are pronounced like *–shun*. This is not a correct pronunciation in Spanish.

🔊 **Audio 3.8:** Listen to and practice saying the following examples:

función *ficción* *atracciones*
misión *construcción* *internacional*
televisión *canciones* *pronunciación*

---

* The letter 'k' is rare in Spanish, but is contained in loan words from other languages. Logically, it is also pronounced like the 'k' of the English word kite.

NOTE: When the –s– comes before a voiced consonant (b, d, g, ll, y, m, n, l, r) the –s– most often sounds like the –zz– sound in the English word –buzz–. For the moment, do not worry mastering this detail, just keep practicing it and it will come with practice.

Tarea para grabar y enviar

🔊 *Audio 3.9:* Listen to and practice saying the following sentences. When you feel that you are ready, record these two sentences and send them to your instructor for evaluation.

1. *Carlos cree que ir al cine, caminar en el parque y sacar fotos de la naturaleza son actividades esenciales.*

2. *Las cuatro actividades que más conozco son el baloncesto, el ciclismo, andar en Kayak y el esquí.*

■ Sendero 2: A comprender

Antes de leer

A leer: Anabel de Costa Rica: 'lo que hago en mi tiempo libre'

Before reading *Lectura 2.1*, review the words below. It will help to know them to understand the content of the reading, and knowing them beforehand will help you use your time more efficiently. In addition to just knowing the words, check online sources to become familiar with Isabel Allende and Gabrial García Márquez.

Una estudiante que se lanza en tirolesa en Costa Rica durante un día libre.

los ticos/las ticas—common term for Costa Ricans
los salvajes—savages
demasiado/a—too much
Isabel Allende—reknowned Chilean author
Gabriel García Márquez—reknowned Colombian author

A leer: Anabel de Costa Rica: 'lo que hago en mi tiempo libre'

Muchas de las personas que conozco en Estados Unidos piensan que los ticos somos salvajes. Piensan que todos en el país vivimos en chozas de paja, que no tenemos electricidad, ni televisión, ni nada moderno. Esto es ridículo. ¡Claro que tenemos estas cosas en Costa Rica! Además, como muchas otras ticas, me gusta jugar al tenis, ir a la playa para nadar, hacer senderismo y muchas otras actividades, pero mi pasión es hacer senderismo y sacar fotos de la naturaleza y de los hermosos paisajes que hay. Una cosa más, si vienes a Costa Rica, tienes que lanzarte en tirolesa en la selva. Es una experiencia única y tienes que hacerlo. Casi todos los estudiantes de Estados Unidos lo hacen. Soy una persona muy activa, pero mientras estoy en casa también me gusta leer y mirar televisón. Ultimamente estoy leyendo las obras de Isabel Allende y de Gabriel García Márquez.

Audio 3.10: Follow along with the audio version of *Anabel de Costa Rica: 'lo que hago en mi tiempo libre'* for help with the pronunciation and/or for extra listening practice.

Ejercicios de comprensión

1. Según Anabel, ¿qué es lo que piensan muchos estadounidenses de Costa Rica?
2. ¿Cuáles son tres actividades que Anabel hace en su tiempo libre?
3. ¿Cuál es la pasión de Anabel?
4. ¿Qué lleva Anabel cuando hace senderismo? ¿Por qué?
5. ¿Qué dice Anabel que 'tenemos que hacer' si vamos a Costa Rica?
6. ¿Cuáles son dos cosas que Anabel hace en casa?

A escuchar

***Christina de los Estados Unidos—Participating in Study Abroad in Granada, Spain.* The audio recording that you will be listening to consists of Christina's description of elements of her study abroad experience in Granada, Spain.**

Antes de escuchar

In addition to knowing the vocabulary items learned in this and previous chapters, knowing these words will help you understand nearly every word in *Christina de los Estados Unidos.* Be sure to know them before you listen to the audio selection.

la aventura—adventura   *las estatuas*—statues
los monumentos—monumentos   *la familia anfitriona*—host family

 Audio 3.11: Go to the course website and listen to the recording *Audio 3.11*, then proceed to answer the questions in *Ejercicios de comprensión* based on what you hear on the recording.

Ejercicios de comprensión

Indicate whether the following are *cierto* or *falso* according to the listening selection. Many of the statements are incomplete in that they don't include all that was said on that topic, but if the information that is in the sentence is correct, then consider the sentence *cierto*, if not it is *falso*. If the statement is *falso*, provide information to change the sentence so that it will be true.

1. Cierto   Falso   Christina dice que es aburrido ser estudiante en Granada.
2. Cierto   Falso   Christina ve muchas iglesias y plazas mientras camina al Centro de Lenguas.
3. Cierto   Falso   Christina va a muchos museos y algunos conciertos con los otros estudiantes.
4. Cierto   Falso   Christina quiere ir al teatro, pero no puede en Granada.

5. Cierto   Falso   Para Christina la vida en Granada es igual a su vida en Estados Unidos.

6. Cierto   Falso   Según Christina los estudiantes juegan al futbito, al voleibol y montan en bici.

7. Cierto   Falso   Christina piensa que es divertido ir a la playa los sábados y domingos.

8. Cierto   Falso   Por las noches Christina va a los bares o discotecas con sus amigos para bailar, pero nadie canta karaoke.

9. Cierto   Falso   En casa hablo español con mi familia anfitriona y miro televisión.

10. Cierto   Falso   Estar en Granada es como estar en un paraíso.

11. Is there any other information that you remember that is not covered by these questions? If so, what?

▓ Sendero 3: A enfocar y abundar

Indirect object pronouns: with gustar, interesar, encantar, fascinar, aburrir, importar, and molestar (these are only a few of the verbs that work this way, but it is a start).

In order to begin using indirect object pronouns in Spanish it is necessary to know the pronouns themselves, as well as the prepositional phrases which correspond to and are used to emphasize and/or clarify these pronouns:

The indirect object pronouns in Spanish are:

Person	Singular	Plural
1st	me	nos
2nd familiar	te	os
2nd formal	le	les
3rd	le	les

Understanding all of the usage nuances of Spanish indirect object pronouns is quite complex, but some of the most common usages are found in what are known as 'reverse constructions'. They have been given this name because the word order of these constructions is most often found to be 'reversed' or 'backwards' when compared to the structure of their English translations. This 'reversal' means that, most of the time, instead of having the usual Spanish word order of *subject + object pronoun + verb*; the sentence will follow the word order of *object pronoun + verb + subject*. The subject is put after the verb in order to give it more emphasis. There are times when the subject will come first, but you need not master this nuance at this time. We simply point this out so that you will be ready for it when you come upon it (including ocasionally in these exercises). For now we will stick to the most common way of using these constructions.

a. If the subject is...   1) a singular noun   → *la película*

                    2) a plural noun   → *las películas*

                    3) an infinitive phrase → *ver películas*

b. ...then the verb will precede the subject and agree in number with the subject; when the subject contains an infinitive the conjugated verb is singular.

→ *gusta* + la película / ver películas

→ *interesan* + las películas

c. The indirect object pronoun is placed before the conjugated verb

→ *me*
→ *te* fascina + la película
→ *le* ver películas
→ *nos* +
→ *os*
→ *les* molestan + las películas

d. The prepositional phrase is optional and used only to clarify the pronoun (le, les) or to give emphasis to it. For now we will place it before the pronoun, although later you will learn additional placements and emphasis for the prepositional phrase.

→ *A mí* + *me* la película
→ *A ti* + *te* encanta +
→ *A usted, A él, A ella, (singular name)* + *le* ver películas
→ *A nosotros, A nosotras* + *nos* +
→ *A vosotros, A vosotras* + *os*
→ *A ustedes, A ellos, A ellas, a (plural names)* + *les* aburren + las películas

A few examples of these constructions include:

A mí me gusta la película.	The movie is pleasing to me.
A nosotros nos importa la película.	The movie is important to us.
A él le interesan las películas.	Movies are interesting to him.
A ellos les aburren las películas.	Movies are boring to them.
A ti te encanta ver películas.	Seeing movies is interesting to you (fam).

A practicar 3.8

A. *Formando oraciones*: Alone or with a partner form sentences expressing interest, fascination, like, annoyance, etc., according to the patterns explained and following the models below. Write down five of the sentences you form for written practice.

Modelos: A mí me fascinan los museos de arte.
A mi padre le molesta montar en bicicleta en la lluvia.
A Juan le gusta jugar al ajedrez.

PP/Pronoun	+	Verb	+	Subject
(A mí) me		encantar		jugar al ajedrez
(A ti) te		fascinar		los museos de arte
(A él) le		molestar		practicar deportes
(A ella) le		interesar		ir a la playa
(A usted) le		gustar		las películas cómicas
(A insert name—singular) le		importar		la televisión
(A nosotros) nos		aburrir		montar en bicicleta
(A vosotros) os				el baloncesto
(A ustedes) les				lanzarme en tirolesa
(A ellos) les				leer la poesía
(A ellas) les				las vacaciones
(A insert name—plural) les				los deportes acuáticos

Write down a few of the sentences you form to share with the class, but practice many more.

1. _____

2. _____

3. _____

4. _____

5. _____

Unas personas se pasean en el jardín de flores durante la primavera.

B. *Lo que me gusta-encanta-interesa-molesta hacer durante las estaciones del año*: Fill in the blanks with the missing element: (a) the preposition, (b) the indirect object pronoun, or (c) the appropriate conjugation of the verb in parenthesis. Sometimes a choice will be given, sometimes the infinitive of the verb will be given, and sometimes there will just be a blank. When there is just a blank you will need to write in a pronoun or the preposition 'a': you decide which.

1. La primavera me _____ (encantar) mucho. En la primavera

_____ gusta pasearme por los parques y ver las flores y los jardines.

A veces el polen me _____ (molestar) un poco, pero normalmente

_____ (*ser, estar*) bien.

2. El verano _____ (es, está) nuestra estación favorita. Cuando vamos de vacaciones, casi siempre vamos cerca del mar porque _____ fascina bucear al fondo del mar para ver peces de diferentes colores y tamaños. Luego nunca nos _____ (aburrir) tomar el sol la playa.

3. En el otoño, _____ Miguel _____ gusta manejar los vehículos de todoterreno en el rancho de su tío porque _____ (ser, estar, hacer) buen tiempo y _____ (hay, ser) muchos árboles con hojas de mucho colores. También a él le _____ (importar) mucho la caza con arco en el rancho con su padre y sus tíos; especialmente la caza de venado.

4. _____ muchas personas _____ molestan el frío y la nieve de invierno. Prefieren jugar naipes o ver una película con sus amigos en su casa o apartamento. _____ Pedro y Dani les _____ (aburrir) estas actividades. A ellos les _____ (encantar) el invierno porque _____ gustan todos los deportes de invierno.

C. *¿Qué le gusta, aburre, interesa, etc…más?* Answer the following questions as a homework assignment, and then come to class prepared to share your answers and ask these questions of your *compañeros de clase.*

1. ¿Qué deporte con pelota le aburre más a usted?
2. ¿Qué película más le encanta?
3. ¿Qué pasatiempo le importa más?
4. ¿Qué deporte acuático más le gusta?
5. ¿Qué programa de televisión le molesta más?
6. ¿Qué persona, muerta o viva, más le fascina a usted?
7. ¿Qué le molesta mucho?
8. ¡Haga más de sus propias preguntas!

Reflexive and 'meaning changing' pronouns

Having just learned and practiced common constructions of indirect object pronouns we turn our attention to reflexive and 'meaning changing' pronouns. The pronouns are:

Person	Singular	Plural
1st	me	nos
2nd familiar	te	os
2nd formal	se	se
3rd	se	se

While other texts present these pronouns and the verbs they accompany 'en masse', we will present these verbs and pronouns little by little; only a few per chapter as the actual verbs and usages relate to the topics being presented. We hope that presenting these as vocabulary items rather than as a grammatical concept will simplify your ability to incorporate them into your

Spanish repertoire. Still, some explanation is necessary. To combine the reflexive pronoun with the verb, simply place the appropriate pronoun between the subject or subject pronoun and the corresponding conjugated verb. Remember, the subject is included if emphasis is desired or clarification is necessary.

The following are true reflexive usages when these pronouns accompany the verb. This means that the subject is doing something to him or herself: such as to put oneself to bed, to get oneself up from bed, to bathe oneself, to take a shower, etc. Many more of these will be presented in the coming chapters.

acostar(se)—to go to bed	*me acuesto, te acuestas, se acuesta,* *nos acostamos, os acostáis, se acuestan*
levantar(se)—to get oneself up	*me levanto, te levantas, se levanta,* *nos levantamos, os levantáis, se levantan*
bañar(se)—to bathe oneself	*me baño, te bañas, se baña,* *nos bañamos, os bañáis, se bañan*
duchar(se)—to take a shower	*me ducho, te duchas, se ducha,* *nos duchamos, os ducháis, se duchan*

We emphasize here that these 'reflexives' are only so when the pronoun is present, and the verbs themselves are not inherently reflexive. For example, a mother could 'acostar' her baby, a boy could 'levantar pesas' as part of his exercise workout, I could 'bañar' my dog, etc., and none of these would be reflexive nor would they use the reflexive pronoun.

Some texts present the following four verbs as reflexives because they have the same form, but in meaning they are not truly reflexive. Like many other verbs of this type, when the pronoun is added to the verb a change in meaning occurs as compared to when the pronoun is not used. There are also a few verbs that simply always require the pronoun. While it is natural for you to want to know exactly what each verb and verb/pronoun combination means, and what kind it is, we ask that you be patient and just learn these as vocabulary items. The meanings included with each verb and pronoun combination are the 'new' meanings brought on with the use of the pronoun. When a comparison is necessary, we will provide one. Observe the following conjugations and then fill-in the blanks for extra practice. Notice that divertirse is irregular (*e > ie* in all except the *nosotros* and *vosotros* forms) If need be, check an online dictionary to be sure of your answer.

divertir(se)—to have fun	me divierto	_____	se divierte
	_____	os divertís	se divierten
pasear(se)—to stroll	_____	te paseas	_____
	nos paseamos	_____	se pasean
quejar(se)—to complain	me quejo	_____	se queja
	_____	os quejáis	_____
relajar(se)—to relax	_____	te relajas	_____
	nos relajamos	os relajáis	se relajan

A practicar 3.9

A. *Un día típico de Elena.* Fill in the blanks with the correct conjugation of the verb in the present indicative. Only the infinitive of the verb is listed in the parenthesis; you will need to determine whether the reflexive/meaning changing pronoun is used. Use the reflexive pronoun when necessary. Don't use it when it is not necessary.

No hay mucha variación en la vida de Elena durante el verano. Todos los días de lunes a viernes ella (1) _____ (acostar) a las nueve y media de la noche y (2) _____ (levantar) a las cinco y media de la mañana y (3) _____ (ir) al gimnasio. Los lunes, miércoles y viernes ella (4) _____ (levantar) pesas y (5) _____ (nadar) media milla. Los martes, y jueves ella (6) _____ (correr) y (7) _____ (hacer) ejercicios aeróbicos. Después de su sesión de entrenamiento (8) _____ (volver) a su apartamento y (9) _____ (duchar) antes de ir al trabajo. Los sábados ella normalmente (10) _____ (hacer) excursiones a diferentes lugares interesantes y los domingos ella (11) _____ (ir) a la iglesia y (12) _____ (relajar) en casa.

B. Return to *Práctica A* above and change the exercise from 'Elena' to 'yo', 'tú', 'nosotros', 'vosotros', and 'ustedes' in order to practice the different conjugations. Remember to change the possesive pronoun su ('her'—also 'their') to *mi, tu, nuestro/a, vuestro/a* when necessary.

C. *Preguntas y respuestas.* As part of a class activity, circulate around the room asking one question of your choice from the list below to a classmate. Then answer a question that that same classmates asks you. Report your findings to the class as directed by your teacher.

1. ¿Qué hace usted para divertirse?
2. ¿Qué hace para relajarse?
3. ¿A qué hora se acuesta normalmente de lunes a viernes?
4. ¿A qué hora se acuesta normalmente los viernes o los sábados?
5. ¿A qué hora se levanta normalmente de lunes a viernes?
6. ¿A qué hora se levanta normalmente los viernes o los sábados?
7. ¿De qué se queja usted de vez en cuando?
8. ¿De qué se queja usted regularmente?
9. ¿Se baña o se ducha? ¿Cuál prefiere hacer más?
10. ¿Se pasea usted con frecuencia? ¿Dónde?

D. *Repaso de diferentes pronombres*: Keeping things straight. Reflexives/meaning changing pronouns and indirect object pronouns. Indicate the best answer from the choices below. Be prepared to explain and defend your answer.

A Sergio (1. *le, se, lo*) gusta mucho jugar al béisbol pero tiene un problema. Si (2. *gana, se gana*), él (3. *es, está*) muy contento y simpático, pero si (4. *pierde, se pierde*) él (5. *enoja, se enoja*) y (6. *queja, se queja*) de los árbitros. Esto (7. *me, se, le, lo*) molesta a mí mucho porque no (8. *es, está*) divertido jugar con él cuando (9. *pierde, se pierde*). El tiene que (10. *aprende, se aprende, aprender, aprenderse*) a aceptar que no va a ganar siempre.

Comparisons and contrasts

When we interact with others we often make comparisons. Some of these comparisons are qualitative while others are quantitative. Some involve the discussion of differences while others involve the recognition of similarities. The following presentation describes how to make some of these comparisons in Spanish.

Comparison of doing an activity

To express doing more, less, or the same of an activity than someone else

MORE/LESS …**más/menos que…**

Yo hago ejercicios <u>más que</u> usted.	—I exercise more than you.
Ellos van camping <u>menos que</u> yo.	—They go camping less than I do.

SAME …**tanto como…**, …**igual que…**

Yo trabajo <u>tanto como</u> ella, 10 horas al día.	I work as much as she does, 10 hours a day.
Ella nada <u>igual que</u> yo, una milla cada día.	She swims as much as I do, one mile a day.

A practicar 3.10

¿Qué dice usted? Daniel, Felipe and Marisol are talking about how many times they participate in extracurricular activities each week. Read the information in the following chart and write five complete sentences to compare how often they participate in each activity. You need to use the words, such as "*más/menos…que*", "*tanto como*" or "*igual que*".

Modelo: Daniel/Felipe (ir—conciertos)
Daniel va a conciertos más que Felipe

	Daniel	Felipe	Marisol
Museos y exposiciones	3	1	3
Deportes	4	4	2
Bailes	1	2	3
Conciertos	4	5	4
Películas	2	1	3

1. Daniel/Felipe (practicar—deportes) _____

2. Felipe/Marisol (ir—baile) _____

3. Marisol/Daniel (ir—museos) _____

4. Daniel/Felipe (ir—conciertos) _____

5. Marisol/Felipe (ver—películas) _____

Comparison of entities

To express doing or having more, less, or the same of a specified entity than someone else:

<u>MORE/LESS</u> ...**más/menos + noun + que...**

> Yo tengo <u>más boletos que</u> usted.   I have more tickets than you.
>
> Ellos miran <u>menos televisión que</u> tú.   They watch less television than you.

<u>SAME</u> ...**tanto/a/s + noun + como...**

(The adjective is expressed in one of the four forms **tanto, tantos, tanta, tantas** in order to agree in number and gender with the noun.)

> Yo tengo <u>tanta hambre como</u> ella.   I am as hungry as she is.
>
> Mi hermano hace <u>tanto senderismo como</u> yo.   My brother hikes as much as I do.
>
> Ellos tienen <u>tantas pelotas de tenis como</u> tú.   They have as many tennis balls as you have.
>
> Ellos leen <u>tantas novelas como</u> tú.   They read as many novels as you do.

A practicar 3.11

A. *¡Vamos a comparar!* Four athletes are preparing for a mini-triathlon. The following is the log of the kilometers and time they spent in the following training activities. Use the following information and follow the model to write comparisons for these students.

	kilometros que corre	kilometros que nada	kilometros que monta en bici
Elisa	34	6	150
Arturo	24	8	100
Carlos	50	6	150
Ana	24	12	75

> *Modelo:* Elisa corre más kilometros que Arturo.
> Arturo nada más horas que Elisa.
> Elisa monta en bici tantas horas como Arturo.
> Etc.

1. Carlos/Ana
2. Ana/Elisa
3. Carlos/Arturo
4. Elisa/Carlos
5. Arturo/Ana
6. Make any additional comparisons of your own.

B. *¿Cómo se compara usted?* Compare what you do as compared to Elisa, Arturo, Carlos, and Ana.

1. Carlos nada 6 kilometros cada semana. ¿Quién nada más kilometros por semana: Carlos o usted?
2. Ana monta en bici 75 kilometros por semana. ¿Quién monta en bici más kilometros por semana: Ana o usted?
3. Elisa corre 34 kilometros por semana. ¿Quién corre más kilometros por semana: Ana o usted?
4. Make any additional comparisons of your own.

Comparison of qualities

Expressing more, less, or the same of a quality—(ADJECTIVES)

MORE/LESS ...**más/menos + the adjective + que...**

Creo que el béisbol es <u>más difícil que</u> el tenis.	I believe that baseball is harder than tennis.
Montar en bicicleta es <u>menos peligroso que</u> montar a caballo.	Riding a bicycle is less dangerous than riding a horse.

SAME ...**tan + adjetivo + como**

Marta es <u>tan activa como</u> Felipe.

Hoy es <u>tan bueno como</u> ayer.

A practicar 3.12

A. *¿Y nosotros?* Pick a few activities that you normally do and assign the number of hours or times a day, week, or month you do those things. With that information circulate around the classroom sharing that information and then asking if someone does it more less than you do. Then share with the class a comparison of yourself with other classmates.

Modelo: Preguntas y respuestas

Estudiante 1 provides a statement and then asks Estudiante 2 a question.

Estudiante 1: *Yo esquío 4 veces al mes en febrero. ¿Cuántas veces esquía usted en febrero?*

Estudiante 2: *No esquío en febrero.*

After answering the question, Estudiante 2 provides a statement and then asks Estudiante 1 a question.

<u>Estudiante 2</u>: *Yo voy al cine una vez por semana. ¿Con qué frecuencia va al cine?*

<u>Estudiante 1</u>: *Yo voy al cine una vez a la semana también.*

According to instructions given by your teacher, share some comparisons that you have just learned about with the class. You don't need to repeat the quantities, just más, menos, or tanto como is all that you need:

<u>Estudiante 1</u>: *Yo esquío más que (nombre del Estudiante 2).*

<u>Estudiante 2</u>: *(nombre del Estudiante 1) va al cine tanto como yo.*

Now, get out of your chair again and start asking more questions. You may begin with these, but then ask your own questions. After you gather the information from others, convert them into comparisons and share them with the class when called on to do so. For a little variety and extra practice we will practice these questions using the informal 'tú' conjugations.

1. ¿Cuántas veces te quejas al día?
2. ¿Cuántas horas duermes por la noche por lo general?
3. ¿Cuántas veces vas al gimnasio al mes por lo general?
4. ¿Con qué frecuencia haces senderismo al año?
5. ¿Con qué frecuencia te levantas antes de las 6 de la mañana durante un mes normal?
6. ¿Con qué frecuencia juegas al ténis?
7. ¿Con qué frecuencia haces ejercicios?
8. Make more of your own sentences.

B. *¿En tu opinión...?* Together with a group of 4 or 5 classmates, take a quick survey (vote) based on each of the following questions, and then prepare to share the comparison with the class.

Modelo: —En tu opinión, ¿cuál es más divertido: ir de pesca o ir a la discoteca?
—Para mí es más divertido ir de pesca.

1. ¿Cuál es más divertido: estar en la playa o estar en la clase de español?
2. ¿Cuál es más violento: jugar al futbol americano o jugar al hockey?
3. ¿Cuál te interesa más: leer un libro o ver una película?
4. ¿Cuál es más difícil: patinar sobre hielo o hacer surfing?
5. ¿Cuál es más interesante: navegar en velero o andar en kayak?
6. ¿Cuál es más peligroso: montar a caballo o jugar con serpientes venenosas?
7. ¿Cuál es más bonita: una mariposa monarca o una ardilla?
8. ¿Cuál es más el mejor ejercicio: remar o hacer jogging?
9. ¿Cuál te gusta hacer más: esquiar de nieve, esquiar de agua o jugar a los bolos?

C. *¡Ahora con tus propias cosas para comparar!* From the vocabulary lists from *Capítulos 1 al 3*, make a list of more things to compare and in a class activity, circulate around the classroom asking others to compare the things on your list. Be prepared to share the results with the class.

■ Sendero 4:
A desarrollar, escribir y compartir

This chapter concludes with two readings (related to one another) and a short listening exercise. Before reading and listening to these selections, be sure to review the previous vocabulary from the chapter, and also learn the following new vocabulary that you will need to know for the readings and listening activities. Then read and/or listen to the selections and answer the questions. Pay special attention as these can serve as models for you to create your own compositions.

Antes de leer

The following words are words found in one or the other of the following readings, but are not included in the vocabulary list at the beginning of the chapter. Become familiar with these words by learning them and doing the exercises. This will help you better understand the reading.

estar pegado a—to be glued to, to be attentive to
actual/actuales—current, present
el aviso comercial—advertisement

los aparatos portátiles—portable electronic devises
el marcador—score, scoreboard
el descanso—halftime, rest period

A leer: *La Copa Mundial del fútbol/ The World Cup of Soccer*

El golf, el tenis, el básquetbol, el béisbol, el boxeo y varios otros deportes son muy populares en muchos países del mundo hispano, pero el fútbol es el deporte más popular. Sin duda, la Copa Mundial, que se juega cada cuatro años, es el espectáculo más importante del fútbol. Para muchas personas es más que ser hincha de un equipo, es un fenómeno de nacionalismo. Casas, comunidades, países y hasta continentes enteros están pegados a sus televisores o aparatos portátiles para todos los partidos de su equipo. En los *Mundiales* de 2010, España le ganó a Holanda 1 a 0 en la final. Los actuales campeones del mundo son los alemanes, con su victoria en la final de 2014 con el marcador de: Alemania 1—Argentina 0.

Final de la Copa Mundial de Fútbol: Alemania y Argentina.

© *Jefferson Bernardes/Shutterstock.com*

■))) *Audio 3.12:* Follow along with the audio version of *La Copa Mundial del fútbol* for help with the pronunciation and/or for extra listening practice.

Ejercicios de comprensión y participación

A. *La comprensión*

1. ¿Cuáles son cinco deportes populares en muchos países del mundo hispano?
2. ¿Cuál es el deporte favorito en los países hispanos?
3. ¿Cuál es el espectáculo más importante del fútbol?

4. ¿Con qué frecuencia se juega la Copa Mundial del fútbol?

5. Muchas veces ser hincha de un equipo es más que algo deportivo. ¿Cuál es el otro fenómeno que tiene que ver con la Copa Mundial?

6. ¿Quiénes miran los partidos de su equipo?

7. ¿Qué país es el campeón de la Copa Mundial de 2010?

8. ¿Qué país es el campeón de la Copa Mundial de 2014?

9. ¿Qué país va a ser el campeón de la Copa Mundial de 2018?

B. *¿Y usted?*

1. ¿Mira usted la Copa Mundial?

2. ¿Mira algunos, muchos o todos los partidos?

3. Si usted mira los partidos, ¿con quién o quiénes mira usted la Copa Mundial?

4. ¿Es hincha del equipo de algún país o de algunos países?

5. ¿Qué opina de la Copa Mundial?

El fútbol americano: New England Patriots vs. Dallas Cowboys.

A leer: El Superbowl

En los Estados Unidos el béisbol, el básquetbol, el hockey sobre hielo, el golf, el tenis y muchos otros deportes son muy populares, y el fútbol (soccer) es cada día más popular, pero el fútbol americano es, según muchos, el deporte más popular del país. Si el fútbol americano no es el deporte favorito, por lo menos provee uno de los eventos más importantes del año. Para muchos estadounidenses el campeonato de la NFL, el *Superbowl*, es el espectáculo más importante del año. Además del partido de fútbol, también hay avisos comerciales especiales y un mini-concierto por artistas muy famosos durante el descanso. Muchos celebran el día e invitan a sus amigos a comer, festejar y ver juntos el partido en la televisión. Para muchas personas el *Superbowl* es como una fiesta nacional.

🔊 *Audio 3.13:* Follow along with the audio version of *El Superbowl* for help with the pronunciation and/or for extra listening practice.

A. *La comprensión*

1. ¿Cuáles son los seis deportes populares mencionados en este párrafo?

2. ¿Cuál es probablemente el deporte más popular en los Estados Unidos?

3. ¿Cuál es el espectáculo más importante del fútbol americano?

4. ¿Con qué frecuencia se juega el *Superbowl*?

5. Además de un partido de fútbol, ¿cuáles son otras cosas importantes que pasan?

6. ¿Quién es el actual campeón de la NFL y ganador del último Superbowl?

B. *¿Y usted?* ¿Qué hace usted el día del Superbowl?

1. ¿Mira usted el Superbowl?

2. ¿Es usted hincha de algún equipo o de algunos equipos? ¿De qué equipo (o equipos)?

3. Si mira el Superbowl, ¿tiene o va a una fiesta para ver el espectáculo?

4. Si no mira el Superbowl, ¿qué hace usted ese día?

Antes de escuchar

A escuchar: Viaje de Linda y Natalie a Nueva York

Certainly, not everyone thinks that sporting events or outdoor recreational activities are some of the most important and awaited activities of the year. In the following recording, Linda explains her most awaited event of the year. Before listening, make sure you have learned the vocabulary and verbs from the chapters so far. Practically every word in the recording is either in one of the 3 chapters or is a cognate. However, two phrases that will help you are:

el evento más esperado— most awaited event
pasar tiempo juntas—spend/pass time together

🔊 **Audio 3.14:** Go to the course website and listen to the recording *Audio 3.14—La excursión de Linda y Natalie*, then proceed to answer the questions in *Ejercicios de comprensión* based on what you hear on the recording.

Ejercicios de comprensión

A. *La comprensión*

1. Linda y Natalie van a _____ cada año.
   - (a) Chicago
   - (b) Boston
   - (c) Nueva York

2. ¿Cuáles son las actividades principales que ellas hacen en su excursión?
   - (a) van a un partido de básquet y al teatro
   - (b) van al teatro y ven un concierto
   - (c) van a un concierto y a unos museos

3. ¿Cuántos días pasan juntas?
   - (a) dos días
   - (b) tres días
   - (c) una semana

4. Además de ver unos espectáculos, ¿cuáles de las siguientes cosas hacen Linda y Natalie?
   - (a) van a museos
   - (b) comen en excelentes restaurantes
   - (c) van de compras
   - (d) ven muchos monumentos
   - (e) hablan mucho
   - (f) se pasean por las calles
   - (g) visitan a otras amigas

5. ¿Qué hacen el miércoles?
   - (a) Ven a los *Piano Guys*
   - (b) Ven *Aladín*
   - (c) Van para ver la *Estatua de la Libertad*

6. ¿Qué día regresan ellas a casa?
   - (a) el jueves
   - (b) el viernes
   - (c) el sábado
   - (d) el domingo

A escribir y compartir

Escriba una composición de cien a ciento y veinte y cinco palabras sobre: the following possible composition ideas. Follow the direction of your *profesor* or *profesora* to know which to do. Whichever topic or topics you choose to write about share it with the class by posting it in your Blog. Then in class take about 10 minutes, more if there is time, and go from person to person reading your composition to someone, and having them read theirs to you. You should be able to talk to 3 to 5 other classmates. Then report in class on those that you have talked to.

A. *¿Y usted? ¿Qué hace cuando tiene tiempo libre?* Write a brief but informative composition of about 100–125 words by putting together the answers to the following questions of your choice (or add other bits of information). Be prepared to share your composition with others in the class.

1. ¿Dónde vive?
2. ¿Qué cosas o lugares interesantes hay para ver en esa ciudad?
3. ¿Qué actividades culturales hace usted?
4. ¿Qué actividades recreativas o deportistas hace usted?
5. ¿Qué haces cuando está en casa?

B. *¿Cuál es el evento más importante para usted cada año en el que usted **es espectador o espectadora?*** (Don't choose a holiday, choose an event—concert, game, theater, hike, marathon, canoe race, etc., and write a composition about it—the anticipation, the preparation, the event, and the aftermath.)

C. *¿Cuál es el evento más importante para usted cada año en el que usted es **participante?*** (Don't choose a holiday, choose an event—concert, game, theater, hike, marathon, canoe race, etc., and write a composition about it—the anticipation, the preparation, the event, and the aftermath.)

D. Compare: (1) Soccer and American Football, or (2) World Cup vs. Superbowl, or (3) Expain or describe another event that you feel is much superior to either one of these events.

Capítulo 4
Actividades y horarios diarios

Merienda de tapas y gente de compras en 'El Museo del Jamón' en Madrid.

Courtesy of the authors

■ Objetivos

Habilidades Prácticas	Better understanding through comprehension of direct object pronouns, giving and understanding commands, asking for and preparing food, performing chores
Vocabulario	Food, meals, dishes/utensils, and chores
Pronunciación	g, j, h
Gramática	Present tense verbs continued (regular and irregular); informal commands; reflexive, direct object pronouns
Cultura	Food recipes, Spain, Colombia, Chile

■ Sendero 1: A repasar y preparar

The vocabulary for the things we eat is remarkably varied from home to home, region to region, and country to country. A word used in one place is not necessarily the same one used somewhere else. The food items themselves are also very different from family to family and place to place. This is true in English as well as in Spanish. Just trying to cover words, descriptions, and regional variations of the term *sandwich* could fill a book and still be incomplete. For this reason we have not included foods whose English and Spanish words are identical in spelling (such as *enchilada*, *flan*, *mango*, etc., although you may see them in the readings and exercises). This makes any vocabulary list for food complicated, so we have given mostly general terms. If you want to get more specific or look for alternates, search in available online sites.

Tú vs. usted

Up to this point in the text, we have used the second person singular formal *usted* for 'you' whenever we have had activities and exercises with other *compañeros de clase*. In this chapter we will begin to use and emphasize the informal form *tú* in the activities. When you first meet someone it is best to use *usted* until a relationship develops and/or until the other person asks you to use this more informal and intimate form. You are still welcome to use the *usted* forms if you like, but the exercises will be written with *tú* now that we have gotten to know one another in the class.

Vocabulario

 Audio 4.1: Escucha y practica la pronunciación de estas palabras que tienen que ver con la comida y los quehaceres.

Comidas y sus verbos

el almuerzo—lunch	*almorzar*—to eat lunch
la cena—dinner/supper	*cenar*—to eat dinner/supper
el desayuno—breakfast	*desayunar*—to eat breakfast
la merienda—snack	*merendar*—to have a snack

Tipos de comida

la aceituna—olive	*la manzana*—apple
el aguacate—avocado	*el maíz*—corn
el apio—celery	*los mariscos*—seafood
el arroz—rice	*la mermelada*—jam
el biftec—steak	*la naranja*—orange
el café con leche—coffee with milk	*la cebolla*—onion
la carne—meat	*el cerdo*—pork
la lechuga—lettuce	*la cereza*—cherry
las lentejas—lentils	*el chocolate*—chocolate

Tipos de comida (continued)

la chuleta de cerdo—pork chop
el churro—fried sweet dough
el coco—coconut
las espinacas—spinach
la fresa—strawberry
los frijoles—beans
la galleta—cookie
la gamba—shrimp
los garbanzos—chick peas
el helado—ice cream
los huevos revueltos—scrambled eggs
el jamón—ham
la paella—paella
las palomitas—popcorn

el pan—bread
la pasa de uva—raisin
el pastel—pastry
el pescado—fish
el pepino—cucumber
el pimiento—pepper
la piña—pineapple
el postre—dessert
el queso—cheese
la sandía—watermelon
el tomate—tomato
la tostada—toast
la uva—grape
el yogur—yogurt

Para poner la mesa

la cuchara—spoon
el cuchillo—knife
el tenedor—fork
los platos—plates

la servieta—napkin
las tazas—cups
las vajillas—dishes
los vasos—glasses (for drinking)

La preparación de comidas y bebidas

agregar—to add
añadir—to add
batir—to beat
calentar (ie)—to heat
cocinar—to cook
conseguir (i)—to get
cortar—to cut
cubrir—to cover
formar—to form

freír (i)—to fry
hervir (ie)—to boil
mezclar—to mix, to beat
pelar—to peel
picar—to chop
picar a julianas—chop in thin/
    julienne strips
servir (i)—to serve
verter (ie)—to pour

Los quehaceres

barrer el suelo—sweep the floor
hacer la cama—make the bed
lavar las vajillas—wash the dishes
lavar la ropa—wash the clothes
limpiar el cuarto—clean the room
ir de compras—go shopping

pasar la aspiradora—vacuum
planchar la ropa—iron the clothes
poner la mesa—set the table
preparar la comida—prepare the food
sacar la basura—take out the trash
sacudir los muebles—dust the furniture

Adjetivos

duro/a—hard
suave—soft
fuerte—strong, intense
ligero/a—light, mild
lento/a—slow

rápido/a—fast
maduro/a—mature, ripe
pesado/a—heavy (weight)
picado/a—chopped

A practicar 4.1: Vocabulario

A. *¿Qué es/Qué son?* Complete the sentences with the most appropriate words.

1. Un típico desayuno norteamericano consiste en _____.

2. Para preparar una ensalada necesitamos _____.

3. Las gambas y el langostino son ejemplos de _____.

4. Unos ejemplos de frutas tropicales son _____.

5. Uno de mis postres favoritos es _____.

6. Cuando hace mucho calor me gusta comer el _____ y la
_____.

7. Un tipo de verdura que te hace llorar cuando la cortas es la _____.

8. Tres típicos utensilios que usamos para comer son _____.

9. Muchas personas comen las _____ cuando miran una
película en el cine.

10. Tres actividades que hacemos para limpiar la casa son _____,
_____ y _____.

B. *Las comidas y los quehaceres.* Working with a partner, or in a class activity in which you walk around the room talking to as many people as you can, alternate asking each other the following questions. Be prepared to share your findings with the class.

1. Para el desayuno, ¿qué comes?
2. ¿Qué bebida prefieres tomar para el desayuno?
3. ¿Qué prefieres beber después de hacer ejercicios?
4. ¿Cuáles son tres de tus comidas favoritas? ¿Sabes cocinar estas comidas o tienes que ir a un restaurante para comerlas?
5. ¿Cuál es tu fruta favorita?
6. ¿Cuál es tu vegetal favorito?
7. ¿Eres vegetariano/a? ¿Cuáles son algunas de las comidas que prefieres comer?
8. ¿Qué tipo de comida pides en tu restaurante favorito?
9. ¿Te gusta el pescado? ¿Con qué frecuencia comes pescado?
10. ¿Comes postre? ¿Cuáles son unos postres que te gustan?
11. Para ti, ¿cuál es el quehacer más importante?
12. Para ti, ¿cuál es el quehacer más difícil?

C. *¿Qué comes normalmente y con qué frecuencia haces los quehaceres?* Working with a partner, or in a class activity in which you walk around the room talking to as many people as you can, alternate asking each other the following questions. Be prepared to share your findings with the class.

1. ¿Con qué frecuencia desayunas? …almuerzas? …meriendas? …cenas?
2. ¿Normalmente qué desayunas? …almuerzas? …meriendas? …cenas?
3. ¿Normalmente a qué hora desayunas? …almuerzas? …meriendas? …cenas?
4. ¿Normalmente dónde desayunas normalmente? …almuerzas… …meriendas… cenas…
5. ¿Normalmente con quién desayunas? …almuerzas? …meriendas? …cenas?
6. ¿Duermes una siesta algunos días?   ¿Por cuánto tiempo?   ¿Cuándo?
7. ¿Cocinas?   ¿Qué comidas preparas?   ¿Tienes alguna especialidad?
8. ¿Con qué frecuencia haces la cama?   …lavas las vajillas?   …sacas la basura?
9. ¿Con qué frecuencia pasas la aspiradora?   …sacudes los muebles? …planchas la ropa?
10. ¿Con qué frecuencia barres el suelo?   …vas de compras?   …limpias tu cuarto?

Nuevas palabras— New words and patterns

In addition to learning and recognizing the large number of cognates in Spanish and English, you can also rapidly increase your Spanish vocabulary by learning relationships between the base words and possible suffixes. One common suffix usage is *-ería*, which is used to desgnate a shop or store where a specific type of item is sold. Below are a few examples. Note that sometimes the base word is slightly altered in its *-ería* form, such as with *flor* (which actually has two options) and *verdura*, so while you may not always be able to create the appropriate word on your own, this knowledge will allow you to give an 'educated guess', and certainly help you to recognize and remember new meanings when you come across these words.

Courtesy of the authors

Una chocolatería y churrería; un buen lugar para comer churros con chocolate.

base word	place action is performed
el pan—bread	*la panadería*—bread shop or bakery
el chocolate—chocolate	*la chocolatería*—chocolate shop
la flor—flower	*la florería* (another common form is floristería)—flower shop
la verdura—vegetable	*la verdulería*—vegetable store

A practicar 4.2: -erías and shops

A. *¿Cuál es la palabra apropiada?* Take a guess and then compare your answers with a classmate.

a) la fruta	_____		**g)** la leche	_____	
b) la _____	la carnicería		**h)** el _____	la heladería	
c) el pastel	_____		**i)** los chuches	_____	
d) el _____	la pescadería		**j)** los _____	la huevería	
e) el queso	_____		**k)** los churros	_____	
f) el _____	la pollería		**l)** la _____	la tortillería	

B. *¿Adónde vas...?* Write the most appropriate word for each sentence. Some are in the list above, others you will have to figure out from the base word included in the sentence.

1. Tengo que preparar las enchiladas y necesito dos tipos de queso, voy a la _____.

2. Necesito comprar manzanas, naranjas y piñas. Voy a la _____.

3. Para comprar zanahorias, pepinos y tomates es mejor ir al mercado o a la _____.

4. Me gusta la torta de chocolate para mi cumpleaños. Mi mamá va a la _____ para comprarla.

5. Mis hijos quieren comer chuletas esta noche. Voy a la _____ ahora mismo.

6. Podemos ir al supermercado para comprar salmón y bacalao, pero preferimos ir a una _____.

7. En España la gente va a la _____ para comprar todos tipos de pan.

8. A mi mamá le encantan las rosas. Voy a la _____ a comprarle una docena de rosas para su cumpleaños.

9. Ellos quieren churros. Pueden ir a un bar o a una _____.

Más verbos con pronombre reflexivo y verbos con pronombre de cambio de significado

Presented here are four more reflexive and 'meaning changing' verbs. The first two are true reflexives and the others just have a different meaning when accompanied by the pronoun.

Verbs and their reflexive usages and meanings:

cepillar—to brush   *cepillar(se)*—to brush oneself's hair or teeth
lavar—to wash   *lavar(se)*—to was oneself (hands, face, teeth, etc.)

Verbs and their 'meaning changing' pronouns:

comer—to eat   *comer(se)*—to eat the whole thing
juntar—to join   *juntar(se)*—to get together

A practicar 4.3: conjugaciones

A. *Las conjugaciones.* Fill in the blanks to complete the verb conjugations with their appropriate pronoun when they use the reflexive pronoun. The first verb shows the pattern.

lavarse	me lavo	te lavas	se lava	nos lavamos	os laváis	se lavan
cepillarse	___ cepillo	te _____	___ cepilla	nos _____	_____	___ cepillan
comerse	me _____	___ comes	se _____	___ comemos	os coméis	se _____
juntarse	___ junto	te _____	___ junta	nos _____	_____	___ juntan

B. *El vocabulario—los significados:* Fill in the blanks with an appropriate verb and verb form—some will be left in the infinitive form and others will need to be conjugated. Include the pronoun only if necessary. (Some need the reflexive pronoun, others do not.) If it is possible to use the pronoun and not use it with perfectly acceptable results, indicate this, and explain what the meaning differences are.

1. Es necesario _____ las manos antes de comer.

2. A María le importa _____ las fresas antes de _____ las.

3. Nosotros casi siempre _____ los dientes antes de acostarse. (two possibilities)

4. Me encanta el chocolate. No puedo comprarlo en grandes cantidades porque _____ todo muy rápidamente.

5. Juana y Diego _____ todos los viernes para almorzar.

A pronunciar: 'j', 'g', and 'h'

Three basic pronunciation guidelines will help you approximate pronunciation patterns of the Spanish *g*, *j*, and *h* in Spanish speaking regions of the world. As you learn more in the future you will learn that there are slight modifications to some of these sounds for a truer native speaker sound as well as additional regional variants, but this will do for now. These are:

Regla 1:   Spanish *j* and; $g + \begin{smallmatrix} i \\ e \end{smallmatrix}$ $\cong$ *h* of the English word ***happy***

🔊)) *Audio 4.2:* Escucha y practica la pronunciación de estas palabras que tienen 'j' y 'g'.

j	g
jugar	gente
ajo	generoso
pijama	ligero
jueves	

Regla 2:   Spanish *g* + *o*; *gu* + $\begin{smallmatrix} a \\ u \end{smallmatrix}$ $\cong$ *g* + $\begin{smallmatrix} i \\ e \end{smallmatrix}$ of the English word ***game****

🔊)) *Audio 4.3:* Escucha y practica la pronunciación de estas palabras que tienen 'g' y 'gu'.

g	gu + i , e	gu + a, o
tengo	guisar	aguacate
granizo	la guinda	guajolote
domingo	conseguir	guapo
galletas	guión	antiguo
agregar	guerra	lengua

Regla 3:   Spanish **h** is not pronounced in Spanish. It is silent as is the American English word ***honest***.

🔊)) *Audio 4.4:* Escucha y practica la pronunciación de estas palabras que tienen 'h'.

hay   histórica   hermana   hermosa   habitantes   zanahoria

A practicar 4.4: Rewrite the following words with a partial phonetic spelling to indicate whether how the the *g, j, h* should be spoken. Use the following symbols: the sound similar to the 'g' of 'game' = g; the sound similar to h of happy = h; the Spanish h = (-) [just write a dash]. Then appropriately pronounce the words.

Ejemplos: jugar → h u g a r   hotel → - o t e l

1. afligimos _____   8. galletas _____

2. globos _____   9. hemisferio _____

3. hojas _____   10. migas _____

4. lágrimas _____   11. humitas _____

5. garaje _____   12. jícama _____

6. guía _____   13. geografía _____

7. hambre _____   14. jamón _____

---

* NOTE: Whenever a 'g' follows an 'n' or is the first word in a phrase, the 'g' will have a 'harder' sound (know as a *stop* or *occlusive* in Spanish phonetics) more like the English 'g'. In all other environments the sound will be a softer sound (known as a *fricative* in Spanish phonetics). This difference is subtle, but important in sounding more like a native speaker, so listen for, and do your best to imitate, the difference as you listen to the words pronounced on the recording and in online references. However, for now the most important thing will be to make sure to distinguish between the pronunciation differences respective to *Regla 1* and *Regla 2*.

Audio 4.5: To verify your answers you can listen to the pronunciation of these words on *Audio 4.5.*

Tarea para grabar y enviar

After listening to and practicing the short section below, record it and send it to your professor for evaluation.

 Audio 4.6: Escucha y practica la pronunciación de esta selección.

Jorge habló hoy en su clase de geografía sobre la gastronomía de hispanoamérica: alfajores, ropa vieja, ajiaca, humitas y guacho de marisco. Diego habló sobre las almendras, el jamón, el aceite de olivo, el ajo y los garbanzos en la gastronomía de España.

■ Sendero 2: A comprender

Talking about food and cooking are among the most common topics of coversation during a normal day. Recipes and times for eating are among those topics. In Spanish, recipes can be written with the verbs expressed in three different ways: (1) as infinitives, (2) as imperatives, and (3) in the 'se' passive. Later in this chapter we will cover the last two forms. One is no better or worse than the other, and all are widely used in Spanish language recipe books and online websites. The following reading uses the infinitive.

Arepas

© Ildi Papp/Shutterstock.com

Antes de leer

The following words will help as you read the recipe on how to make arepas dulces.

la harina de maiz—cornmeal
amasar—to knead
cucharadita—teaspoon
dejar reposar—let it rest (set to the side)
dorado/a—golden

tibio/a—lukewarm
dulce—sweet
húmedo/a—moist
a mano—by hand
salir bien—turn out well

One final note: the first ingredient, which is *harina de maíz precocida*, can cause you some confusion if you don't know what it is. 'Precocida' means 'pre-cooked'. However, this does not mean that you have to pre-cook it. It means that this corn meal has already been pre-cooked or processed, more like 'instant cornmeal' so that you can use it to make masa. The packaging on the bag or box will indicate the whole product: *harina de maíz precocida.*

A leer: Preparando arepas dulces

Arepas dulces colombianas: Hay muchos tipos de arepas. Estas arepas son muy dulces y van muy bien con chocolate colombiano. Si deseas arepas menos dulces para comer con carne, poner menos azúcar.

Conseguir los siguientes ingredientes

500 gramos—harina de maíz precocida (4 tazas)
medio litro de agua (4 ¼ tazas)
75 gramos de azúcar (⅔ taza)
¼ cucharadita de sal

En un recipiente, mezclar la harina de maíz, el azúcar y la sal. Calentar el agua hasta que esté tibia, agregar hasta formar una masa suave y húmeda. Si la masa está seca, agregar un poco de agua. Amasar la masa. Hacer bolitas, cubirlas y dejarlas reposar unos 5 a 8 minutos. Forma las arepas por aplanarlas con las manos y llevarlas al aceite caliente y freírlas. Revolverlas en el aceite hasta que estén doradas en los dos lados. (El aceite tiene que ser caliente y la masa tiene que ser húmeda o no van a salir bien.) Servirlas con chocolate caliente colombiano para tener una merienda perfecta.

 Audio 4.7: Follow along with the audio version of *Preparando arepas dulces* for help with the pronunciation and/or for extra listening practice.

Ejercicios de comprensión

1. ¿Con qué van muy bien las arepas?
2. ¿Qué ingredientes secos necesitas para hacer las aprepas?
3. ¿Qué ingredientes líquidos necesitas para hacer las aprepas?
4. ¿Cómo debe ser el agua antes de mezclarla con los ingredientes secos?
5. La masa debe ser suave y húmeda. Si no es así, ¿qué debes hacer?
6. Después de hacer las bolitas de masa, ¿qué debes hacer con ellas?
7. ¿Con qué aplanas las bolitas de masa para formar las arepas?
8. Después de aplanar las arepas, ¿qué debes hacer con ellas?
9. ¿Con qué puedes servirlas para tener una merienda perfecta?

© pedrosala/Shutterstock.com

Un menú con sus tres platos, una bebida y pan: todo por solo 12 euros.

Antes de escuchar

A little cultural background and vocabulary will be helpful as you listen to the recording *Alejandro: Originalmente de Colombia, ahora vive en España*. While you can go to a tapas bar or restaurant and choose what you would like *a la carte*, most often you will be offered selecions from three different 'courses'. These courses, plus the meal times and general content are contained in this listening selection. The following concepts and vocabulary will be helpful as you listen. As you can see on the chalkboard menu in the photo, sometimes the *tres platos* (courses) are simply separated by a line. So if you go to a restaurant, take your choice from each category. If you stay home, you can still serve the meal in courses.

Primer plato—first course
Segundo plato—second course
Tercer plato—third course

A escuchar: Alejandro—originalmente de Colombia, ahora vive en España

🔊 *Audio 4.8:* Go to the course website and listen to the recording Audio 4.8— *Alejandro—originalmente de Colombia, ahora vive en España* then proceed to answer the questions in *Ejercicios de comprensión* based on what you hear on the recording.

Ejercicios de comprensión

1. ¿Cuántas veces come la familia de Alejandro cada día?
   (a) 3 veces
   (b) 4 veces
   (c) 5 veces
   (d) 6 veces

2. Cierto   Falso   La familia de Alejandro desayuna a las siete de la mañana.

3. ¿Qué desayuna Alejandro? Indica todas las respuestas correctas:
   (a) galletas   (f) leche caliente
   (b) huevos rancheros (g) flan
   (c) fruta   (h) carne
   (d) yogur   (i) pan
   (e) pan con tomate   (j) café

4. ¿Cuántos platos se almuerza normalmente?
   (a) 2
   (b) 3
   (c) 4
   (d) 5

5. Alejandro almuerza a la/s _____ de la tarde.
   (a) 12:00
   (b) 1:00
   (c) 2:00
   (d) 3:00

6. Alejandro cena a las _____ de la noche.
   (a) 7:00
   (b) 8:00
   (c) 9:00
   (d) 10:00

7. ¿Cuál es la comida más fuerte del día?
   (a) el desayuno
   (b) el almuerzo
   (c) la merienda
   (d) la cena

8. ¿Cuántas veces se merienda al día?
   (a) 1
   (b) 2
   (c) 3
   (d) 4

9. ¿Cuáles son otros detalles de la selección?

■ Sendero 3: A enfocar y abundar

Direct objects and direct object pronouns/
Objetos directos y complementos directos

In addition to a subject and verb, many sentences also contain a direct object. A direct object is a noun which is *physically acted* upon by the subject. Note how the direct objects (underlined) are acted upon by the subjects (italics) in the following examples in both Spanish and English.

Yo escribo <u>cartas</u>.	*I* write <u>letters</u>.
Ella come <u>zanahorias</u>	*She* eats <u>carrots</u>.
Nosotros lavamos el <u>auto</u>.	*We* wash the <u>car</u>.

Direct object pronouns are used to replace direct objects (and their modifiers), sometimes for convenience, sometimes to avoid the annoyance that unnecessary repetition of the direct object noun can cause.

The direct object pronouns in Spanish, los complementos directos are:

Person	Singular	Plural
1st	me	nos
2nd familiar	te	os
2nd formal	lo, la	los, las
3rd	lo, la	los, las

In the case of *me, te, nos, os,* the direct object pronouns and identical to the indirect object and the reflexive pronouns. We will not spend a lot of time distinguishing these, because there is rarely confusion with these in communication. In the case of 2nd person formal and 3rd person pronouns, however, the pronouns are different from other pronouns so confusion can result. Also, because the gender and number of the pronoun will correspond to the number and gender of the noun it replaces it is imperative to use and understand the proper number and gender agreement. In all cases the pronoun is placed either (a) before the conjugated verb or (b) after the infinitive, such as in the answers to the following questions:

¿Comes <u>carne roja</u>?	Sí, **la** como mucho.
¿Tomas <u>chocolate</u> en el desayuno?	No, en el desayuno no **lo** tomo.
¿Quién come <u>zanahorias</u>?	**Las** come ella.
¿Quiénes traen <u>los refrescos</u>?	**Los** trae Felipe.

¿Cuándo <u>vas a poner la mesa</u>?	<u>Voy a poner**la**</u> ahora.—or—**La** <u>voy a poner</u> a las tres.
¿Cuándo <u>van a cortar el césped</u>?	<u>Vamos a cortar**lo**</u> el lunes.—or—**Lo** <u>vamos a cortar</u> el lunes.

A practicar 4.5: complementos directos

A. *Número y género.* Before we begin to use direct object pronouns, it is a good idea to emphasize and point out the number and gender of each noun, since that is key to using the appropriate direct object pronoun. Write the appropriate definite article (*el, la, los, las*) in the blank that precedes the foods or chores listed, and put the form of the direct object pronoun after the noun. Only the singular masculine nouns will have the article different from the direct object pronoun, but this drill is designed to help you remember the pronoun when you need to use it.

article	noun	direct object pronoun	article	noun	direct object pronoun
_____	aguacates	_____	_____	api	_____
_____	arepas	_____	_____	aspiradora	_____
_____	arroz	_____	_____	biftec	_____
_____	brocoli	_____	_____	café	_____
_____	cama	_____	_____	carne	_____
_____	chocolate	_____	_____	flan	_____
_____	frijoles	_____	_____	jamón	_____
_____	leche	_____	_____	maíz	_____
_____	muebles	_____	_____	pan	_____
_____	pasteles	_____	_____	postre	_____
_____	quehaceres	_____	_____	ropa	_____
_____	suelo	_____	_____	tomates	_____
_____	vajillas	_____	_____	yogur	_____

B. *Las comidas.* Ask a classmate if they eat the following things at each meal or at different times of day. Substitute pronouns for nouns when possible.

Modelo: ¿Comes ensalada en el almuerzo?
Si, **la** como todos los día.   or   —No, no **la** como nunca. Prefiero la carne.

1. ¿Tomas ensalada en el almuerzo?
2. ¿Comes hamburguesas por la noche?
3. ¿Tomas leche en la cena?
4. ¿Comes galletas en la merienda?
5. ¿Comes pescado en el desayuno?
6. ¿Comes pan en el desayuno?
7. ¿Comes helado por la noche?
8. ¿Tomas postre con la cena?
9. ¿Bebes leche?
10. Make more of your own questions.

C. *¿Cuándo vas a comer esto?* Ask a classmate when the next time is that they are going to eat a particular food. If that time is today, have them indicate the time or the meal they will eat each food. If they never plan to eat that food, indicate that. Substitute pronouns for nouns when possible.

Modelo: ¿Cuándo piensas comer helado?
Lo voy a comer en la cena.   or   No lo voy a comer nunca.
Voy a comerlo en la cena.   No voy a comerlo nunca.

1. el conejo	11. el brócoli
2. el pollo	12. las aceitunas
3. la cabeza de cabra (goat head)	13. los tomates
4. los caracoles (snails)	14. las naranjas
5. los perritos calientes	15. la sandía (watermelon)
6. la langosta	16. las zanahorias
7. las enchiladas	17. los churros
8. la iguana	18. la lechuga
9. las anchoas (anchovies)	19. las espinacas
10. el lomo a lo pobre	20. Choose any other foods

¿Con qué frecuencia limpias el cuarto y lavas la ropa?

© *Paul Michael Hughes/Shutterstock.com*

D. Ask a classmate when the next time is that s/he is going to perform a particular chore. If that time is today, have him/her indicate the time of the chore. Substitute pronouns for nouns when possible.

Modelo: ¿Cuándo piensas pasar la aspiradora?
La voy a pasar hoy a las ocho de la mañana.   or   No <u>la voy a pasar</u> nunca.
Voy a pasarla hoy a las ocho de la mañana.   No <u>voy a pasarla</u> nunca.

1. barrer el suelo	5. sacudir los muebles	9. ir de compras
2. lavar las vajillas	6. hacer la cama	10. lavar la ropa
3. poner la mesa	7. limpiar el cuarto	11. hacer los quehaceres
4. sacar la basura	8. preparar la comida	12. planchar la ropa

Direct object pronouns in context

While used in answers such as those found in the previous examples above, direct object pronouns are perhaps most often put to use in compound sentences and in referring back to earlier thoughts (sentences) in larger contexts to avoid the too frequent repetition of the same noun.

A practicar 4.6

La cena. The López family is going to get together for a special gathering with the extended family. This is the begining of a discussion about what foods they need to prepare. As you read the selection below, fill in the blanks with the appropriate direct object pronouns according to context.

La Sra. López: *Vamos a tener un gran almuerzo con toda la familia. Pienso preparar chile poblano.*

Marcos: *¡Qué bien! Es mi favorito. ¿(1) _____ puedes preparar con mucho queso?*

La Sra. López: *Por supuesto. También voy a hacer unos tamales. ¿(2) _____ quieren con carne de res o con pollo?*

Marcos: *Yo (3) _____ prefiero con carne de res.*

La Sra. López: *Bien, pero voy a necesitar carne para hacer (4) _____. Tengo los otros ingredientes en casa.*

El Sr. López: *¡Mágnifico! Yo puedo pasar por la carnicería para comprar (5) _____. ¿Cuánta carne necesitas?*

La Sra. López: *Necesito unos cinco kilos.*

Marcos: *La tía Julia hace la mejor salsa verde que hay. ¿(6) _____ puede llevar ella?*

La Sra. López: *Es una buena idea. Yo voy a ver si puede hacer (7) _____ fresca y llevar (8) _____ al almuerzo; y también su salsa roja.*

Leticia: *Yo puedo preparar arroz y frijoles también.*

La Srá López: *Es una buena idea porque (9) _____ puedes hacer sin mi ayuda. Va a ser una gran ayuda.*

Informal positive commands—Tú

To give direct commands in English, you simply delete the pronoun 'you', thus using the verb by itself, such as:

Listen to the recording!	instead of:	You listen to the recording.
Set the table!	instead of:	You set the table
Eat your vegetables!	instead of:	You eat your vegetables.

In Spanish, the pronoun is deleted AND the conjugation is changed! The conjugation you use will depend upon whether you are giving informal (tú) or formal (usted) commands. In the case of '*tú* commands', the verb is conjugated one way for a positive command and another way for a negative command. For now we will explain and use positive 'tú' commands only. The negative commands and the '*usted*' commands will be presented in *Capítulo 5*.

Informal positive command—tú: verbos regulares

For regular verbs, to give direct informal commands (tú) in Spanish, you simply use the 3rd person singular form of the present indicative tense (the verb tense we have practiced until now.).

Present Indicative 3rd Person Singular	Tú commands
come	come
habla	habla
escribe	escribe
cubre	cubre
barre	barre
sacude	sacude
vuelve	vuelve
sirve	sirve
duerme	duerme
corta	corta
calienta	calienta
vierte	vierte
etc.	etc.

Informal positive commands—tú: verbos irregulares

There are also a number of verbs which have an irregular positive 'tú' command form. A few of the most common of these are listed below with their infinitives:

decir—di	hacer—haz	poner—pon	salir—sal
ser—sé	tener—ten	ir—vé	venir—ven

A practicar 4.7

A. *Un apartamento sucio.* Your parents are coming to your apartment to have dinner tonight. Last night you and your roommates had a party and were too tired to clean the apartment. Now it is time to clean up. Choose the appropriate verbs and form informal commands to divide up the cleaning chores among yourselves. Each verb can only be used ONCE.

    pasar   *lavar*   *limpiar*   *barrer*   *sacar*

Yo voy al supermercado para comprar comida para la cena esta noche. Mientras hago esto, les pido unos favores. Por favor: Juana, ¡ (1) _____ las vajillas sucias en la cocina y (2) _____ la basura también! Marta, ¡ (3) _____ el suelo y (4) _____ la aspiradora en la sala! Hay ropa, libros y vasos por todas partes. Angela, ¡ Por favor, (5) _____ cuartos!

B. *¿Qué debo hacer?* Read the following situations and use informal commands (tú) to give suggestions or solution to each situation.

    Modelo: —Tengo dos exámenes mañana. ¿Qué debo hacer?
            —Estudia mucho.

1. Estoy gorda y quiero perder peso. ¿Qué debo hacer?
2. Soy vegetariano y no como ni carne ni pescado pero necesito proteína. ¿Qué debo comer?
3. Hay cucarachas en la cocina. ¿Qué debo hacer?
4. No me gusta quedarme todo el día en la casa. ¿Qué debo hacer?
5. No entiendo algunas palabras en esta receta. ¿Qué debo hacer?
6. ¿Cómo puedo ayudarte con la cena?
7. ¿Cómo puedo ayudarte limpiar la casa?
8. Quiero un sandwich, pero no tenemos pan en casa. ¿Qué debo hacer?
9. Haz más de tus propias situaciones.

Informal positive commands—tú: con pronombres

When giving a command form with a reflexive or object pronoun (*te* in both instances), place the pronoun after the verb, and connected to it, if it is a positive command:

Lávate las manos.	Wash your hands
Acuéstate antes de las 11:00.	Go to bed before 11:00.
Cómelo. (lo = masculine, singular noun)	Eat it.
Córtalas. (las = feminine plural nouns)	Cut them.

A practicar 4.8

A. *Ceviche chileno.* Fill-in the blanks with the informal commands of the verbs shown below. In some cases a pronoun (or two) will be attached to the command, and sometimes it won't. When the pronoun needs to be included, it will be indicated. Feel free to use this recipe and to share it with a friend.

Ingredientes: Cualquier pescado de carne blanca, 2 cebollas, 1 kilo de limones, ajo, ají verde, pimentón rojo, comino, aceite

_____ (1. Limpiar) y _____ (2. deshuesar) el pescado y

_____ (3. cortarlo) en cubos pequeños. Entonces _____

(4. poner) los cubos en un bol. _____ (5. Exprimir) el jugo de los limones

y _____ (6. verter) la mitad del jugo sobre el pescado. _____

(7. Revolverlo) de vez en cuando y _____ (8. dejarlo) reposar una media

hora. _____ (9. Picar) la cebolla y los pimentones en julianas pequeñas,

_____ (10. lavar) el cilantro y _____ (11. cortarlo) en

trocitos, _____ (12. pelar) el ajo y _____ (machacarlo),

y _____ (13. agregar) todos estos ingredientes al pescado y limón. A

esa mezcla _____ (14. poner) sal y comino. _____

(15. Revolverlo) y _____ (16. dejarlo) unos 15 más minutos.

_____ (17. Mantener) en frío. Poco antes de servir

_____ (18. agregar) el resto del jugo de limón y

_____ (19. añadir) el aceite. Ahora _____ (20. compartirlo)

con amigos. Les va a gustar mucho, sin duda.

Important Note: If you do make this ceviche, make sure that you let the fish sit (marinate) in the the lemon juice as indicated (first 30 minutes, then again another 15). The fish you use to make ceviche is raw, but the chemical reaction of the *jugo de limón* will 'cook' the fish; you just need to make sure that it sits long enough and that you stir it occasionally to make sure that the fish is covered with the juice.

B. *¿Qué debo hacer con...?* Answer the following questions using informal commands (tú) with the appropriate pronoun. Only the verb is provided in parenthesis. **Determine whether you should use a reflexive or direct object pronoun and include it in your answer.**

Modelos: ¿Qué debo hacer antes de comer? —_____ Lávate _____ (Lavar) las manos.

¿Qué debo hacer con las arepas? —_____ Cómelas _____ (Comer) con chocolate.

1. ¿Qué debo hacer después de comer? —_____ (Cepillar) los dientes.

2. ¿Qué debo hacer con las cebollas? —_____ (Picar) en cubos.

3. ¿Qué debo hacer con los pimentones? —_____ (Picar) en julianas.

4. ¿Qué debo hacer con las vajillas? —_____ (Lavar).

5. ¿Qué debo hacer a la una de la noche? —_____ Si no estás en cama,
   —_____ (acostar).

6. ¿Dónde debo poner el ceviche? —_____ (Poner) en el frigo [refrigerator].

7. ¿Qué debo hacer con mi cuarto? —_____ (Limpiar).
   —_____ (Hacer) antes de salir del apartamento.

8. Haz más de tus propias preguntas.

'Se' pasivo y 'se' impersonal

Throughout the reading you will frequently see the word 'se' in contexts that you can clearly see are not the reflexive usages or even the 'meaning changing' usages that we have already studied. Some of these will be usages of the 'passive se' or the 'impersonal se' which when translated into English will mean either 'one does something' or 'it is done in a certain way.' Note the following rough translations.

	Se prepara la comida → the food is prepared	
Singular	*Se pica el pimentón en julianas...* → the peppers are sliced...	
	Se come el turrón en la Navidad → turrón is eaten at Christmas time	

Plural   *Se cortan las cebollas* → the onions are cut

Se ponen gambas en la paella → shrimp are put in the paella

As you progress in the language, you will need to sharpen your understanding of the difference between the 'passive se' and the 'impersonal se' but for now, a general understanding of these concepts will serve you well enough in comprehension and elementary usage. The final note to be aware of is that of number agreement. If the noun is singular, the verb will be singular. If the noun is plural, the verb will be plural. If the verb is followed by a clause introduced by 'que,' the verb will be singular.

A practicar 4.9

A. 'SE' PASIVO Y 'SE' IMPERSONAL: According to the context, write the correct form of each verb.

1. Se _____ (comer) las arepas con chocolate caliente en Colombia.

2. Se _____ (preparar) las comidas con mucho cariño durante las fiestas grandes.

3. Se _____ (poner) un poco de canela al chocolate caliente en Colombia.

4. Se _____ (comprar) naranjas en una frutería o en el mercado.

5. Se _____ (tomar) el ceviche en muchos países, pero mi ceviche favorito se _____ (hacer) en el Perú.

6. Se _____ (decir) que las verduras son muy buenas para la salud.

7. Se _____ (jugar) el béisbol mucho en los países del Caribe.

8. Se _____ (hablar) español en Colombia.

9. Se _____ (vender) helado en una heladería.

B. *Receta con 'se', el chocolate colombiano:* Fill-in each blank with the appropriate form of the 'se' passive verb construction.

Para hacer el chocolate colombiano, _____ (1. conseguir), _____ (2. medir) y _____ (3. poner) aparte:

El chocolate caliente colombiano: bien espumoso y delicioso.

4 ½ tazas de leche,
¼ cucharadita de canela,
2 ½ cucharadas de azúcar,
5 onzas de chocolate

Entonces. _____ (4. Calentar) la leche y cuando casi hierva,

_____ (5. añadir) el chocolate. Cuando el chocolate esté

derretido, _____ (6. agregar) el azúcar y la canela. Ahora

_____ (7. mezclar) a mano con batidor, o con una licuadora

eléctrica, para darle aire y una textura espumante. _____ (8. Recalentar)

inmediatamente y _____ (9. servir) con arepas, galletas, o pasteles.

C. *¿Dónde, cómo y con qué?* Un repaso de vocabulario y de estructuras. Contesta las siguientes preguntas.

1. *¿Dónde se vende el helado?*
2. *¿Dónde se consigue la fruta?*
3. *¿Dónde se compran las flores?*
4. *¿Cómo se dice 'onions' en español?*
5. *¿Cómo se deletrea 'azúcar' en español?*
6. *¿Dónde se rema?*
7. *¿Dónde se come la mejor pizza?*
8. *¿Con qué ingredientes se hace tu pizza favorita?*
9. *¿Con qué ingredientes se construye tu sandwich favorito?*
10. Haz más de tus propias preguntas.

■ Sendero 4: A desarrollar, escribir y compartir

Many of the things we do when we go out for the night with friends or family include eating: dinner and a show, or dinner before the game, or just dinner and conversation. Or maybe, instead, ice cream after the concert, or a pastry or dessert while on a walk. Luisa talks about a typical night out and some of the activities and food that play a part in the evening.

Antes de leer

Most of the vocabulary will be familiar to you because it has already been presented. Here are a few words and phrases that will help you read about Luisa's weekend nights.

pasarlo un rato—spend a while there
ten fe—have faith
cómetelo—gobble it all up with gusto
lo primordial—the essential or fundamental thing
la esquina—the corner
aprovechar—to take advantage of, to make the most of

A leer: Luisa de Santiago de Chile—La vida nocturna y el ceviche

🔊 *Audio 4.9:* Follow along with the audio version of *Luisa de Santiago de Chile* for help with the pronunciation and/or for extra listening practice.

La vida nocturna en Santiago, Chile.

Los fines de semana no ceno en casa. Voy con mis amigos a los sitios y restaurantes populares para cenar y divertirnos. Como vivimos en la costa del mar, lo principal que comemos es el pescado. Es rico porque siempre está fresco. También aprovechamos de las verduras y las frutas tan buenas y frescas. Después de la cena, vamos a un teatro. Después del teatro, pasamos a una discoteca o a un bar a pasarlo un rato. Luego vamos al cine u otra discoteca y a otro bar o restaurante y sigue así toda la noche porque no se cierra nada. Si nos cansamos o no nos sentimos bien, lo primordial es tomar el ceviche. En cada esquina puedes parar y hay ceviche. Y eso te lo dan en una copita con un poquito de limón. Eso te despierta en un minuto. El ceviche te revive. Es como una vitamina. Ten fe en lo que te digo y cómetelo. ¡Es fantástico!

Ejercicios de comprensión

A. *La comprensión*

1. ¿Dónde cenan Luisa y sus amigos los fines de semana?
    (a) en casa
    (b) en los restaurantes
    (c) en la costa del mar
    (d) en cada esquina populares

2. ¿Qué comida siempre pide Luisa cuando cena en un restaurante?
    (a) pollo
    (b) paella
    (c) pupusas
    (d) pescado

3. ¿Por qué pide esta comida? (la comida mencionada en la pregunta #2)
    (a) porque es difícil concinar en casa
    (b) porque es barata
    (c) porque siempre está fresca

4. A veces los viernes Luisa va a muchos lugares. ¿Cuál es el único lugar que no menciona?
    (a) varias discotecas
    (b) cine
    (c) un concierto
    (d) teatro
    (e) restaurantes

5. ¿A qué hora se cierran los cines, las discotecas, los restaurantes y los bares?
    (a) a las 3,00 de la madrugada
    (b) a las 5,00 de la madrugada
    (c) no se cierra nada

6. ¿Qué hace Luisa si está cansada o no se siente bien?
    (a) toma un ceviche
    (b) vuelve a casa para dormir
    (c) descansa en un bar
    (d) va la cine

7. Según Luisa, ¿dónde puedes encontrar un ceviche?
   (a) en cada bar
   (b) en cada restaurante
   (c) en cada esquina
   (d) en casa

8. Según Luisa, ¿qué comida te revive y es como una vitamina?
   (a) el postre
   (b) la carne
   (c) el ceviche
   (d) las verduras

9. ¿Cuáles son otros detalles de la lectura?

B. ¿Y tú?

1. ¿Qué haces las noches de los fines de semana?

2. ¿Qué pides normalmente cuando vas a un restaurante?

3. ¿Vas al cine, al teatro, a un restaurante, al bar y a una discoteca en la misma noche?

4. ¿A qué hora vuelves a casa cuando sales por la noche con tus amigos?

5. ¿Hay algo que tú tomas (comes) que te revive o te hace sentir mejor?

Antes de leer: Juan y la Feria del Cítrico en Melegís, España

Once again you will know the majority of the words and phrases in the next reading, but the following list will fill in the gaps about the 'Orange Fair' en Melegís:

Courtesy of the authors

el cuenco—bowl
la gastronomía—gastromony (cooking)
la taza—the cup
el recipiente—container, receptacle
sencilla—simple

el concurso—contest
la jarra—the pitcher
hecha de—made of
gratis—free (of no cost)
Las veces que quieras—As many times as you would like

El cuenco lleno de remojón y migas. La jarra llena de zumo de naranja.

A leer: Juan y la Feria del Cítrico en Melegís, España

🔊 *Audio 4.10:* Follow along with the audio version of *Juan y la Feria del Cítrico en Melegís, España* for help with the pronunciation and/or for extra listening practice.

Hay muchas fiestas, pero una de mis favoritas es la Feria del Cítrico que se hace en Melegís, un pueblo pequeño en el sur de España. La fiesta es de lunes a viernes de una semana en marzo o abril, depende del año. Es una fiesta sencilla donde celebran las naranjas y los limones. Hay muchas actividades: senderismo, música, un concurso de gastronomía en que todas las comidas tienen que tener o naranjas o limones, y presentaciones y charlas sobre la producción de las naranjas. El último día de la feria, y es mi parte favorita, sirven zumo de naranja fresco y remojón —una ensalada hecha de naranjas, bacalao, cebollas y aceitunas. El zumo lo hacen un montón de voluntarios a mano mientras esperas. Está fresco y riquísimo. Tanto el zumo como el remojón son gratis ese día; pero realmente no son gratis. Para conseguir el zumo compras una jarra o una taza especial y te lo ponen en tu recipiente. Es igual con el remojón. Compras un cuenco especial y te lo llenan con remojón las veces que quieras.

Ejercicios de comprensión

A. *La Comprensión*

1. ¿Dónde está Melegís?
2. ¿Cuántos días es la Fiesta del Cítrico?
3. ¿Qué día de la semana comienza y qué día termina?
4. ¿Qué frutas se celebran en esta fiesta?
5. ¿Cuáles son unas actividades educativas de la fiesta?
6. En el concurso de gastronomía, todas las comidas tienen que tener uno de dos ingredientes. ¿Cuáles son estos ingredientes?
7. ¿Qué bebida y comida sirven el último día de la fiesta?
8. ¿Qué es remojón?
9. ¿Cuánto cuestan la bebida y la comida?
10. ¿En qué se pone el zumo?
11. ¿En qué se pone el remojón?
12. ¿Qué significa 'lo' en: "Para conseguir el zumo compras una jarra o una taza especial y te lo ponen en tu recipiente."?
13. ¿Qué significa 'lo' en: "Compras un cuenco especial y te lo llenan con remojón las veces que quieras"?

B. *¿Y tú?*

1. ¿Te gustan las naranjas?
2. ¿Te gustan los limones?
3. ¿Quieres probar remojón?
4. ¿En qué comidas se usan naranjas o limones?
5. ¿Hay una fiesta cerca de donde vives que celebra una comida en particular? ¿Qué fiesta y qué comida?
6. ¿Sabes de otra fiesta que celebra alguna comida especial? ¿Qué fiesta y qué comida?

Courtesy of the authors

Un pastel de manzana: cómetelo para celebrar 'La Feria de la Manzana'

A escuchar: Tomás y la Feria de la Manzana

Antes de escuchar

Just as in Melegís with *La Feria Cítrica*, many cities and towns similarly celebrate their local agricultural specialty. In the following recording, Tomás talks about an apple festival in his hometown. Study the extra vocabulary before you proceed. Any other vocabulary should be words that are already familiar to you.

el pueblo—the town
obras de artesanía—crafts
el pastel de manzana—apple pie
jugo de manzana—apple juice, apple cider
    (non-alcoholic)

Audio 4.11: Go to the course website and listen to the recording Audio 4.11 *Tomás y la Feria de la Manzana* then proceed to answer the questions in *Ejercicios de comprensión* based on what you hear on the recording.

Ejercicios de comprensión

A. *La Comprensión*

1. ¿Qué día es la Feria de la Manzana?
2. Hay una carrera. ¿A qué hora comienza y de cuántos kilometros es?
3. Además de la comida, se vende algo más aquí. ¿Qué más se vende?
4. ¿Cuáles son tres de los cinco tipos de comida que puedes comprar y comer?
5. ¿Cuáles son las únicas dos bebidas que se venden en la feria y los cinco tipos de comida que usted puede comprar y comer?
6. ¿A qué hora termina la feria?
7. ¿Cuáles son otros detalles de la feria?

B. *¿Y tú?*

1. ¿Te gustan las manzanas?
2. ¿Hay una Feria de la Manzana cerca de donde vives?
3. ¿Compras o haces obras de artesanía? ¿Qué obras haces? ¿Qué obras compras?
4. ¿Cuál es tu comida favorita que contiene manzana? ¿Quién la prepara?

Para escribir y compartir

Escriba una composición de cien a ciento y veinte y cinco palabras sobre...

The following are possible composition ideas. Follow the direction of your profesor or profesora to know which to do. Share the topic or topics you choose with the class by posting it (or them) on your blog. Then, in class, take about 10 minutes, or more if there is time, and go from person to person reading your composition to someone, and having them read theirs to you. You should be able to talk to 3 to 5 other classmates. Then report in class on those that you have talked to during a class discussion.

A. Go to the Internet, a recipe book, or any other valid source, and look up any of the following foods listed below, and then write a short explanation of what it is and share it with others in the class. Include what it is made of, in what countries it is commonly eaten, and any other interesting details. You do not need to include a recipe or details of how it is made. If you discover an interesting food that is not in this list, you may write about that food.

arroz con coco	dulce de leche	palmera de chocolate	humitas
ajiaco	empanadas	alfajores	ropa vieja
caldillo de congrio	guacho de marisco	papa de huancaína	sancocho
carbonada	lomo a lo pobre	posole	turrón
carnitas	mole	pupusas	yuca frita

B. Escribe una composición de 100 a 125 palabras sobre los quehaceres que haces regularmente y los que nunca haces. ¿Cuáles te gustan más? ¿Cuáles te desgustan más?

C. Escribe una composición de unas 125 a 150 palabras sobre una feria que celebra una comida. Si es una feria cerca de donde vives, esto es aún mejor.

D. Escribe una composición de 100 a 125 palabras sobre tu restaurante favorito. Escribe un poco sobre el servicio, la comida, los precios, y tu plato o tus platos favoritos, y con quiénes vas a este restaurante.

Capítulo 5

Fiestas y celebraciones (deseos e instrucciones)

Courtesy of the authors

Un niñot de las Fallas de Valencia, España.

■ Objetivos

Habilidades Prácticas	Stating opinions, asking preferences, and making requests
Vocabulario	Holidays and related concepts, verbs of assertion and of volition
Pronunciación	d
Gramática	Noun clauses (mood—belief, knowledge, requests, demands, suggestions, preferences) Formal commands (recipes and fiesta planning)
Cultura	Mexico and Spain—holidays and traditions

Sendero 1: A repasar y preparar

Vocabulario

🔊 *Audio 5.1:* Escucha y practica la pronunciación de estas palabras que tienen que ver con los días festivos y los mandatos.

This vocabulary list is only a beginning to the names of many holidays and festivals, and concepts related to them. Most of these are holidays in the United States and are included to provide a point of departure for your current experience. They are meant to serve as a core vocabulary list for the activities in the text. As you learn about more holidays and festivals from other countries, add that vocabulary to your Spanish inventory.

Días Festivos

La Nochebuena—Christmas Eve
La Navidad—Christmas
El Día de Acción de Gracias— Thanksgiving Day
El Día de la Independencia— Independence Day
El Día de los Inocentes—April Fools Day
El Día de los Enamorados—Valentine's Day
Las Pascuas—Easter
La Semana Santa—Holy Week
El Día de las Brujas—Halloween
La Noche Vieja—New Year's Eve
El Día de los Muertos—The Day of the Dead
El Día del Libro y de la Rosa—The Day of the Book and the Rose

Verbos

aconsejar—to give counsel
bromear—to joke
decorar—to decorate
destacar—to point out
esperar—to hope, to wait
mandar—to send, to command
necesitar—to need
ojalá—to wish
opinar—to have the opinion that
permitir—to permit
recomendar—to recommend
regalar—to give a gift
requerir—to require
rezar—to pray
sugerir—to suggest

Palabras para los días festivos

el árbol—tree
la barbacoa—barbecue
la broma—joke
el chiste—joke
la calabaza—pumpkin
el disfraz—costume
los fuegos artificiales—fireworks
el huevo de adorno—decorated egg
el novio—boyfriend
la novia—girlfriend
el pavo—turkey
el templo—temple
la tortilla española—potato omelet
el villancico—Christmas song or carol

Verbos con "se"

disfrazar(se)—to disguise oneself, to dress oneself in a costume
pintar(se)—to paint oneself
poner(se)—to put on oneself

A practicar 5.1: Vocabulario

A. *¿Qué actividades se hacen?* Match the activities on the left with the holidays on the right.

_____	1. La Navidad	a.	disfrazarse y dulces
_____	2. El Día de Acción de Gracias	b.	novios, regalar, libros y rosas
_____	3. El Día de la Independencia de Estados Unidos	c.	ir a la iglesia y huevos de adorno
_____	4. El Día de los Inocentes	d.	rezar, recordar y cementerio
_____	5. El Día de los Enamorados	e.	ir a misa, árbol y regalos
_____	6. Las Pascuas	f.	dormir tarde, mirar fútbol y comer
_____	7. El Día de las Brujas	g.	cantar, bailar y esperar la medianoche
_____	8. La Nochevieja	h.	bromas y chistes
_____	9. El Día de los Muertos	i.	salir juntos, dar flores y chocolate
_____	10. El Día del Libro y de la Rosa	j.	comer pavo y pastel de calabaza, fútbol
_____	11. El Año Nuevo	k.	fuegos artificiales y barbacoa

B. *¿Cuándo se celebran los días festivos?* Review the way to indicate dates and then complete the sentences with the dates of the corresponding holidays.

Modelo: La navidad es **el** 25 de diciembre. (REMEMBER: NOT '*es **en** el 25 de diciembre*'.)

1. La Navidad es _____

2. El Día de la Independencia de los Estados Unidos es _____

3. El Año Nuevo es _____

4. El Día de los Enamorados es _____

5. El Día de las Brujas es _____

6. El Día de los Muertos es _____

7. La Nochebuena es _____

8. La Nochevieja es _____

9. El Día de San Patricio es _____

10. ¿Otros días festivos? _____

C. *Present indicative verbs*: Conjugate the following verbs in the present indicative form. Note that some verbs are accompanied by "se". Make sure to match up the proper pronoun form with the verb.

1. Mi profesor me _____ (recomendar) leer este libro sobre las fiestas en Sudamérica.

2. Sus amigos le _____ (mandar) muchos textos todos los días.

3. Los autores _____ (sugerir) muchas teorías interesantes en su nuevo libro.

4. Hoy es el Día de San Patricio y por eso tú _____ (necesitar) llevar el color verde.

5. Yo _____ (esperar) recibir confirmación del hotel hoy o mañana.

6. Vosotros _____ (bromear) mucho, aún más si es el Día de los Inocentes.

7. Los profesores _____ (requerir) mucho de los estudiantes.

8. Nosotros _____ (opinar) que los días festivos de México son muy divertidos.

9. Tú _____ (deber) participar en la Tomatina una vez en la vida. Es la lucha de tomates más grande en todo el mundo.

10. Mis padres no nos _____ (permitir) jugar con los fuegos artificiales. Ellos _____ (decir) que _____ (ser) muy peligrosos.

11. Mi amigo me _____ (aconsejar) ir a Costa Rica para estudiar y disfrutar de la cultura allí.

12. Durante la Semana Santa la gente _____ (rezar) y _____ (ir) a la iglesia todos los días.

13. Todas las personas en mi familia, yo también, _____ (disfrazarse) para el Día de las Brujas. Este año yo _____ (disfrazarse) como *el Zorro*. Mi madre siempre _____ (pintarse) la cara de color verde y _____ (ponerse) un disfraz de la bruja Elphaba del musical *Wicked*.

Present subjunctive verbs

You have just completed exercises to conjugate verbs into the present indicative form. A new concept that you will need to understand in order to form certain types of complex sentences is the difference between the indicative mood and the subjunctive mood. The types of complex sentences we are talking about are those with a main clause and a subordinate clause. Up to this point in the text the verb form that we have seen, heard, and used has been the present indicative verb form. The indicative will continue to be used in the main clause, but the verb in the subordinate or dependent clause can be either in the indicative or the subjunctive. This will be explained later on in SENDERO 3. For now, just practice the present subjunctive conjugation so that you can be ready to use it when you need it.

Regular subjunctive verb forms

There are three main groupings for you to consider when you begin to learn the conjugations for the present subjunctive form of the verb. These three groupings differ only in the way the stem is determined. The theme vowel of the endings remains constant. These endings may appear to be "backwards" from the indicative verbs you are used to using—the –ar verbs take an –e ending and –er and –ir verbs take an –a ending—but, these are correct when properly used.

	-ar		-er/-ir	
-e	-emos	-a	-amos
-es	-éis	-as	-áis
-e	-en	-a	-an

Present subjunctive verb formation—Group I

Regular pattern

trabajar	(1) Begin with the infinitive
yo trabajo	(2) Identify first person (yo) indicative form and retain that stem throughout the conjugation
trabaje	(3) Delete –o/oy ending and replace with the appropriate theme vowel, in this case –e because it is an –ar verb (theme vowel for –er/ir ending verbs is –a)
yo trabaje	(4) Include person markers to complete the conjugation for all persons
tú trabaje*s*	
Ud. trabaje	
nosotros trabaje*mos*	
vosotros trabajé*is*	
Uds. trabaje*n*	

Subjunctive

Infinitive	→	Yo(indic)	→	yo	tú	Ud.,él,ella	nosotros	vosotros	Uds.,ellos/as
vivir	→	yo vivo	→	viva	vivas	viva	vivamos	viváis	vivan
aprender	→	yo aprendo	→	aprenda	aprendas	aprenda	aprenda-mos	aprendáis	aprendan
conocer	→	yo conozco	→	conozca	conozcas	conozca	conoz-camos	conozcáis	conozcan
cortar	→	yo corto	→	corte	cortes	corte	cortemos	cortéis	corten
tener	→	yo tengo	→	tenga	tengas	tenga	tengamos	tengáis	tengan
pedir	→	yo pido	→	pida	pidas	pida	pidamos	pidáis	pidan
dar	→	yo doy	→	dé	des	dé	demos	deis	den

A practicar 5.2: Conjugación de verbos en el presente de subjuntivo

A. Complete each sentence with the correct present subjunctive verb form. Also note the highlighted verb or phrase in the main clause that requires use of the subjunctive mood in the subordinate clause. Getting a feeling for the types of phrases that require use of subjunctive will help you when we get to the formal explanation later in the grammar section.

1. **Es necesario que** mi compañero de cuarto _____ (limpiar) el baño ahora mismo.

2. **Sus padres prefieren que** ella _____ (salir) con ellos para ver las procesiones del Viernes Santo este año.

3. **Aconsejan que tú y yo** no _____ (hacer) demasiado ruido en tu fiesta la Nochevieja.

4. **Mis abuelos piden que** nosotros _____ (comer) en su casa el Día de Acción de Gracias.

5. **Esperamos que** Miguel _____ (tener) las entradas para nosotros.

6. **¿Quieres que yo** te _____ (comprar) turrones de España? ¡Son muy ricos!

7. **Deseo que** todos _____ (venir) a la fiesta del cumpleaños de Inés.

8. **Te recomiendo que** no _____ (hablar) con los desconocidos por la calle.

9. **Ojalá que** mis padres me _____ (dar) dinero en vez de regalos para mi cumpleaños.

Present subjunctive verb formation—Group II

No diphthong in stem for nosotros and vosotros

dormir	(1) Begin with the infinitive
yo duermo	(2) Identify first person (yo) indicative form and use that stem in the *yo, tú, usted, él, ella, ustedes, ellos, ellas* conjugations only.
duerm	(3) For *yo, tú, usted, él , ella, ustedes, ellos, ellas*: delete –o ending and replace with the appropriate theme vowel, in this case –*a* because it is an –*er* verb (theme vowel for –*ar* ending verbs is –*e*)
durm	For *nosotros* and *vosotros* the stem becomes the following (taken from the infinitive): –*er* verbs: o > o; e > e –*ir* verbs: o > u; e > i –*ar* verbs: o > o; e > e
yo **duerma**	(4) Include person markers to complete the conjugation for all persons

tú **due**rmas

usted **due**rma

nosotros **du**rmamos

vosotros **du**rmáis

ustedes **due**rman

Infinitive	→	Yo(indic)	→	yo	tú	Ud.,él,ella	nosotros	vosotros	Uds.,ellos/as
sentir	→	yo siento	→	sienta	sientas	sienta	sintamos	sintáis	sientan
sentar	→	yo siento	→	siente	sientes	siente	sentemos	sentáis	sienten
querer	→	yo quiero	→	quiera	quieras	quiera	queramos	queráis	quieran

Also: *jugar, volver, dormir, acostarse, almorzar, divertirse, etc.*

A practicar 5.3: Conjugación de verbos en el presente de subjuntivo

A. Complete each sentence with the correct present subjunctive verb form.

1. **No quiero que** mis hermanos _____ (volver) antes de las cinco de la tarde.

2. **El director prefiere que** Uds. _____ (jugar) menos y _____ (dormir) más.

3. **Tus padres esperan que** tú _____ (sentirse) mejor después de las vacaciones.

4. **Preferimos que** tú _____ (pensar) más en lo que vamos a hacer.

5. **Los doctores recomiendan** que ustedes no _____ (acostarse) después de la medianoche.

6. **La dueña nos pide** que _____ (almorzar) a las tres de la tarde.

7. **Ruego que** vosotros no _____ (sentarse) en el escritorio.

8. **Ojalá que** mis hijos _____ (divertirse) mucho en el partido de fútbol.

9. Espero que nosotros _____ (volver) temprano esta noche.

10. La abuela no quiere que nosotros _____ (dormir) más de ocho horas al día.

Present subjunctive verb formation—Group III

Irregular patterns

Infinitive	→	yo	tú	Ud.,él,ella	nosotros	vosotros	Uds.,ellos/as
Saber	→	sepa	sepas	sepa	sepamos	sepáis	sepan
Ser	→	sea	seas	sea	seamos	seáis	sean
Ir	→	vaya	vayas	vaya	vayamos	vayáis	vayan
Hay	→			haya			
estar	→	esté	estés	esté	estemos	estéis	estén

A practicar 5.4: Conjugación de verbos en el presente de subjuntivo

Note the highlighted verb or phrase in the main clause that requires use of the subjunctive mood in the subordinate clause. Getting a feeling for the types of phrases that require use of subjunctive will help you when we get to the formal explanation later in the grammar section.

A. *Las celebraciones del Día de los Muertos*: Fill in the blanks with the correct forms of the present subjunctive to describe what Miguel and his family do to celebrate the *Day of the Dead* in Mexico and suggestions for what we can do.

1. **Es necesario que** mi familia _____ (comenzar) los preparativos antes del primero de noviembre.

2. **Es preciso que** nosotros _____ (ir) al cementerio a visitar a nuestros familiares y amigos difuntos con comidas y flores.

3. Muchas familias les **piden** a sus antepasados **que** las _____ (proteger).

4. **Sugiero** que todos _____ (lavar) las tumbas y _____ (pasar) las noches en el cementerio el Día de los Muertos.

5. **Espero que** nosotros _____ (recordar) a nuestros antepasados.

6. Mi mamá **hace que** mis hermanos _____ (decorar) el altar con muchas frutas y las fotos de mis abuelos.

7. Mis padres siempre **quieren que** nosotros _____ (comer) pan de muertos y dulces.

8. **Ojalá que** todos _____ (mantener) las tradiciones y costumbres de su país.

9. Yo **recomiendo que** Uds. _____ (venir) a México durante la época de las celebraciones.

B. *El corazón no se manda*: José está loco por Elena pero ella no está enamorada de él. Antes del Día de los Enamorados, Elena quiere decirle la verdad. Complete each sentence using the cues to the right.

1. Espero que _____. (no llamarme más)

2. No quiero que _____. (darme flores y joyas)

3. Te pido que _____. (dejarme en paz)

4. Te mando que _____. (no buscarme más)

5. Necesito que _____. (comprenderme)

6. Quiero que _____. (saber la verdad, que no te amo)

7. Ojalá que _____. (encontrar tu media naranja pronto)

8. Es preciso que _____. (no invitarme al teatro)

9. Te recomiendo que _____. (no comprarme chocolate)

10. Quiero que tú _____ (preparar) el pastel 'tres leches' para mi cumpleaños.

A pronunciar: 'd'

Proper pronunciation of the Spanish *d* is a major step in drawing closer to native speech. For now, there are two major sounds you should consider when you pronounce and listen for the Spanish '*d*.'

1. At the beginning of a phrase or after an 'n' or 'l' pronounce the 'd' like you would in the English words—

   The 'd' in 'El día' is similar to the 'd' in the English word 'building.'
   The 'd' in 'cuando' is similar to the 'd' in the English word 'ending.'
   The 'd' in 'Daniel está aquí' is similar to the 'd' in the phrase 'Dan is here.'

2. In any other linguistic environment (not at the beginning of a phrase and not after 'n' or 'l'), the 'd' sounds more like the 'th' sounds in the English words 'the', 'these', and 'that' (not to be confused with the pronunciation of 'th' in the English words 'theme', 'three,' and 'thought').

   The word 'de' in 'Soy de México' is similar to the word 'they' in English.
   The word 'lado' is similar to the English words 'law' and 'though' combined together.

🔊 *Audio 5.2:* Escucha y practica la pronunciación de estas palabras que tienen 'd' (ejemplos 1–4)

1. To begin a phrase:

   *D*ebemos prepararnos para ir a misa.
   *D*eseo cantar un villancico.

2. "d" following the letter "n" or "l":

Cua*nd*o era niña era u*n d*ía muy bonito.

La fiesta comienza e*l d*ieciséis…

3. "d" following vowels or consonants other than "n" and "l":

En México la Navi*d*a*d* es muy bonito.

To*d*o empieza con las posa*d*as.

La mita*d* que está fuera pi*d*e posa*d*a.

4. A mixture of these sounds:

La ver*d*a*d* es que se celebra más que na*d*a el *D*ía *d*e los Reyes Magos.

Se celebra el E*l D*ía *d*e la Ca*nd*elaria e*l d*os *d*e febrero.

El último *d*ía por la tar*d*e se *d*a la fiesta más gra*nd*e.

Tarea para grabar y enviar

After listening to and practicing the short section below, record it and send it to your professor for evaluation.

🔊 *Audio 5.3:* Después de escuchar y practicar la pronunciación de esta selección, grábala y mándasela al profesor de acuerdo con sus instrucciones.

El *D*ía de los Muertos es el *d*os *d*e noviembre. Es un *d*ía para honrar a los *d*ifuntos y antepasa*d*os.

*D*aniel se gra*d*úa *d*e la universi*d*a*d* el *d*oce *d*e *d*iciembre *d*e *d*os mil *d*iez y ocho.

*D*ijo que le *d*a igual que que*d*e to*d*o hecho en gran*d*es pe*d*azos.

▪ Sendero 2: A comprender

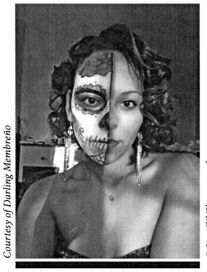

Courtesy of Darling Membreño

Una mujer con la mitad de la cara pintada.

© Jose Gil/Shutterstock.com

Una tumba decorada para el Día de los Muertos.

Antes de leer

There are many holidays in the Hispanic world, some of which are secular and others are religious in nature or have religious elements. A commonly known holiday in Mexico with strong religious elements is *El Día de los Muertos*. In reality it is only half of the celebration. Read the following lectura to learn some general information about this holiday. Read the supplementary words before you start reading to make your use of time and your understanding more efficient.

el antepasado—ancestor
día de Todos los Santos—All Saints' Day
el difunto—deceased
el esqueleto—skeleton
el alma—soul
el papel picado—perforated paper used
    for decoration
el recuerdo—memory
la tumba—grave, tomb
la vela—candle

espantoso/a—atrocious, awful
adornar—to decorate, to adorn
honrar—to honor
calavera de azúcar—skull made of sugar
pan de muerto—sweet bread in many shapes
    and sizes
vida más para allá—life in the great beyond
pintarse la cara—paint or put makeup
    on one's face

A leer: *El Día de los Muertos*

 Audio 5.4: Follow along with the audio version of *Día de los Muertos* for help with the pronunciation and/or for extra listening practice.

El Día de los Muertos es una fiesta de origen indígena mesoamérica que se celebra en México el primero y el dos de noviembre. En verdad, el primero de noviembre es *el Día de Todos los Santos*, un día para recordar a los niños muertos, y *El Día de los Muertos* es el dos de noviembre y es para honrar a los antepasados. Durante estos días muchas familias ponen altares especiales en sus casas para recordar a los difuntos. Ellos adornan los altares con fotos, flores, calaveras de azúcar, dulces típicos, pan de muerto y más. También se ponen papel picado y esqueletos colorados. Es una forma de recordar a sus seres queridos. Otras familias visitan las tumbas para acompañar a los muertos y también limpian sus tumbas, les llevan flores, sus comidas y bebidas favoritas y hasta pasan la noche con ellos. Para los mexicanos el concepto de la muerte no es nada espantosa sino que es una "vida más para allá." Los mexicanos piensan que sus queridos muertos solo se van a vivir al otro lado y cada año vuelven a visitarlos el Día de los Muertos. Hoy en día se celebran estos días también en muchas comunidades con población mexicana de los Estados Unidos.

Ejercicios de comprensión

1. ¿Qué se celebra el primero de noviembre?
2. ¿Cuándo se celebra el Día de los Muertos?
3. ¿Qué ponen muchas familias en sus casas estos días? ¿Por qué?
4. ¿Con qué decoran muchas familias los altares que hacen en sus casas?
5. Además de construir altares, ¿cuáles son unas actividades que las familias hacen estos días?
6. ¿Cómo es el concepto de la muerte para muchos mexicanos?

7. Muchos mexicanos piensan que sus seres queridos muertos viven "al otro lado" y que estos muertos hacen algo cada año. ¿Qué creen que estos muertos hacen?

8. Fuera de México ¿dónde se celebran estos dos días también?

9. ¿Hay más detalles que quieres destacar?

© Sergio Hayashi/Shutterstock.com

Antes de escuchar

For many Mexicans an essential part of any party is mariachi music and a piñata. Today piñatas seem to come in all sizes, shapes and designs: burros, horses, boats, spaceships, elephants, etc.; and are filled with toys, candy, and other treats, but it wasn't always that way. Maribel tells her version of the origins of the piñata. The following vocabulary will help you understand her explanation.

la olla de barro—pot of clay
está hecha de—is made of
está cubierta—is covered
los pecados capitales—deadly sins
brillante—bright, shiney, brilliant
las recompensas—the rewards

A escuchar: La piñata original

Audio 5.5: Go to the course website and listen to the recording *Audio 5.5—La piñata original* then proceed to answer the questions in *Ejercicios de comprensión* based on what you hear on the recording.

Ejercicios de comprensión

Answer the following questions based on the content of *Audio 5.4*. Sometimes there will be more than one anaswer. In those instances, select more than one answer.

1. ¿De qué está hecha la piñata original?
    (a) una olla de barro
    (b) papel brillante
    (c) flores
    (d) conos

2. ¿Cómo es el papel que se usa para cubrir la piñata?
    (a) de color blanco
    (b) brillante como el papel de aluminio
    (c) de muchos colores

3. ¿Cuántos conos hay sobre la base de la piñata?
    (a) 3
    (b) 5
    (c) 7
    (d) 9

4. ¿Qué representan los conos?
    (a) los pecados capitales
    (b) los estados de méxico
    (c) los presidentes del país

5. Romper la piñata es simbólico de algo. ¿De qué?
    (a) morirse
    (b) destruir los pecados
    (c) dar recompensas

6. ¿Qué se ponían en la piñata original?
    (a) juguetes
    (b) dinero
    (c) dulces
    (d) frutas
    (e) muñecas

■ Sendero 3: A enfocar y abundar

Main clauses and subordinate noun clauses

When we started practicing verb conjugations in the present subjunctive in SENDERO 1, we presented the idea of main and subordinate clauses, but didn't develop the concept. Now we will. While you have heard and read some very complex grammatical constructions thus far in the text, for the most part, your speech and writing have remained relatively simple in nature. You began speaking in simple sentences that included not much more than a subject and a verb and maybe a one-word modifier or object. You then progressed quickly to expand your sentences to include more objects, object pronouns, and modifiers such as in the examples that follow:

Simple Sentences	Simple sentences—expanded with objects and modifiers
Yo no trabajo.	Yo no trabajo *los días festivos.*
Me gusta el pastel.	Me gusta el pastel *de calabaza.*
Nosotros comemos mucho.	*Durante la Navidad* nosotros comemos mucho *pavo, postres deliciosos, dulces, etc.*

Remember that often these simple constructions are valid, and sometimes they are even more appropriate than complex ones, so keep using them when they are functional and appropriate. At other times, however, you will need to move beyond simple sentences and phrases to start forming more complex sentences. The first way that we will discuss is the formation of noun clauses. A clause includes a conjugated verb. A noun clause means that the clause functions as a noun. In simple terms, a noun clause is a clause that answers the question *what*? The examples below, which are extensions of the simple sentences above, illustrate this. In each case the subordinate clause describes "what" Jorge believes, "what" they know, and "what" everyone says.

Main clause	Conjunction	Subordinate clause
Jorge cree...	*...que...*	*...yo no trabajo los días festivos.*
Ellos saben...	*...que...*	*...me gusta el pastel de calabaza.*
Todos dicen...	*...que...*	*...durante la Navidad nosotros comemos mucho pavo, postres deliciosos, dulces, etc.*

These sentences are formed by adding an introductory verb, which we will call an inductor, to introduce the noun clause. The exercises in (A) below all require the indicative in the subordinate clause, while those in (B) require the subjunctive. As you do the exercises, see if you notice any patterns in the meanings of the inductors used.

A practicar 5.5: Oraciones con cláusulas nominales

A. *Cláusulas nominales con indicativo*: Change the simple sentences to complex sentences according to the model below. Use the indicative form of the subordinate verb.

Modelo: Los estudiantes aprenden mucho en esta clase.   (Yo + creer + que...) →
Creo que los estudiantes aprenden mucho en esta clase.

1. Mis amigos no comen ajo. (Mi mamá + comprender + que...)

   _____

2. El Día de Acción de Gracias es importante para muchos americanos.
   (Ellos + ver + que...)

   _____

3. Todos los mexicanos usan piñatas en todas las fiestas. (Tú + pensar + que...)

   _____

4. En Granada, España se celebra el Día de la Cruz el tres de mayo.
   (Nosotros + oír + que...)

   _____

5. Los equipos americanos juegan al fútbol el Día de Acción de Gracias.
   (El + estar seguro + que...)

   _____

B. *Cláusulas nominales con subjuntivo*: Change the simple sentences to complex sentences according to the model below. Use the subjunctive form of the subordinate verb.

  Modelo: Yo le cocino mole para la cena de su cumpleaños.
  (Mi hermana + desear + que...) →
  Mi hermana desea que yo le cocine mole para la cena de su cumpleaños.

  1. Todos van a la *Misa de Gallo* en la Nochebuena. (Ella + pedir + que...)

  _____

  2. En la Navidad muchos españoles comen turrones. (El profesor + querer + que...)

  _____

  3. Mi primo se disfraza de Batman para el Día de las Brujas.

  (Tomás y Ana + recomendar + que...)

  _____

  4. Mi novio me regala algo especial para el Día de los Enamorados. (yo + esperar + que...)

  _____

  5. Tú pones la receta en tu blog. (nosotros + sugerir + que...)

  _____

C. *¿Tendencias?* Can you see any meaning patterns regarding the inductors for when you should use the indicative and when to use the subjunctive? Think about it for a minute and then go on the next section.

Mood selection in noun clauses

What did you notice about the inductors in the sentences above? It was a small selection, but let's see if your intuitions match the explanation.

There are two basic concepts to remember when you choose to use the *indicativo* or the *subjuntivo* in sentences with noun clauses:

  1. The verb/inductor in the main clause will be expressed in the indicative mood. The subjunctive can only be used in a subordinate clause.
  2. The verb in the subordinate clause may be expressed in either the indicative or the subjunctive mood depending on the meaning of the inductor in the main clause.
      a. If the inductor expresses or implies the ***declaration, assertion, belief, observation, knowledge, understanding, etc.*** of ***a truth*** (whether it actually ***is true*** is not required), the verb in the subordinate clause will be expressed in the indicative mood.
      b. If the inductor expresses ***want, desire, suggestion, recommendation, pleading, command, need,*** etc., then the verb in the subordinate clause will be expressed in the subjunctive mood.

The following represent two lists of inductors that usually require either *el subjuntivo* or *el indicativo*. There are many more of these inductors. Those that require the indicative we will call assertives, because they assert truths, beliefs, and occurances (or at least attempt to.) Those that require the subjuntive are *volitives* because they express "volition" or "will" on behalf of the subject.

Require Subjunctive	Normally Require Indicative
aconsejar	comprender
desear	creer
esperar	escuchar
hacer	estar seguro
mandar	saber
necesitar	oír
ojalá	opinar
pedir	pensar
preferir	ver*
querer	
recomendar	ser verdad
requerir	ser cierto
*sugerir	ser obvio
ser necesario	
ser preciso	

There are exceptions to these tendencies because sometimes these words have more than one meaning and sometimes one of those meanings requires the subjunctive and one requires the indicative*. There are other types of inductors that also require the subjunctive, but those will be presented in *el Capítulo 6*.

sugerir triggers the use of subjunctive when it means "to give a suggestion" for someone to do something (as in a recommendation). It triggers the indicative when it means "to suggest an idea or point of view":

Indicative: This study suggests that there is a better way to be happy than making a lot of money.
*Este estudio sugiere que **hay** mejores maneras de ser feliz que ganar mucho dinero.*

Subjunctive: He suggests we arrive early to the concert.
Sugiere que lleguemos *temprano al concierto.*

ver triggers the use of indicative when it means "to see" something (as in an observation). It triggers the subjunctive when it means "to see to it" that something happens.

Indicative: She sees that there are no fireworks here.
*Ella ve que no **hay** fuegos artificiales aquí.*

Subjunctive: She sees to it that there are no fireworks here.
*Ella ve que no **haya** fuegos artificiales aquí.*

A practicar 5.6: El subjuntivo y el indicativo

A. *El Día de Acción de Gracias en los Estados Unido—El indicativo.* José Miguel, un muchacho de México, está hablando de lo que sabe de las celebraciones de Navidad en los Estados Unidos. Llena los espacios con los verbos en el presente de indicativo. Pay attention to the inductors in the main clauses that trigger the indicative verbs in the subordinate clauses.

Es verdad que en los Estados Unidos mucha gente (1) _____ (celebrar) el Día de Acción de Gracias con tres cosas importantes: toda la familia, el fútbol americano, y un gran almuerzo con un pavo. Pienso que (2) _____ (ser) un día festivo fantástico y muy divertido. Oigo que muchas personas (3) _____ (comer) demasiado, pero que también ellos (4) _____ (compartir) sus bienes y comida con los pobres. Entiendo que muchas familias (5) _____ (empezar) la época de la Navidad ese día también. Sé que (6) _____ (abrirse) muy temprano las tiendas el día después del Día de Acción de Gracias y se llama "El viernes negro." Es cierto que los precios (7) _____ (ser) muy buenos para el cliente. Estoy seguro que la gente (8) _____ (ir) a las tiendas para comprarles regalos ideales a sus familias y amigos. Creo que muchas familias también (9) _____ (comprar) su árbol de Navidad y lo (10)_____ (decorar) ese mismo fin de semana.

Now read the paragraph again and look for the inductors in the main clauses that require the use of the <u>indicative mood</u> in the subordinate clause. Write these words in the blanks below according to the model.

Modelo: 1. Es verdad que en los Estados Unidos mucha gente…   →   Es verdad

1. _____Es verdad_____   6. _____

2. _____   7. _____

3. _____   8. _____

4. _____   9. _____

5. _____   10. _____

B. *El Día de Acción de Gracias en los Estados Unidos—El subjuntivo.* José Miguel, un muchacho de México, está hablando de lo que espera o recomienda en cuanto a las celebraciones de Navidad en los Estados Unidos. Llena los espacios con los verbos en el presente de subjuntivo. Pay attention to the inductors in the main clauses that trigger the subjunctive verbs in the subordinate clauses.

Recomiendo que en los Estados Unidos mucha gente (1) _____ (celebrar) el Día de Acción de Gracias con tres cosas importantes: toda la familia, el fútbol americano, y un gran almuerzo con un pavo. Ojalá que que con estas cosas (2) _____ (ser) un día festivo fantástico y muy divertido para todos. Prefiero que muchas personas no (3) _____ (comer) demasiado, pero que ellos (4) _____ (compartir) sus bienes y comida con los pobres. Es preciso que muchas familias (5) _____ (empezar) la época de la Navidad ese día también. La gente manda que (6) _____ (abrirse) muy temprano las tiendas el día después del Día de Acción de Gracias. Ese día se llama "El viernes negro." Ojalá que los precios (7) _____ (ser) muy buenos para los clientes. Espero que la gente (8) _____ (ir) a las tiendas para comprarles regalos ideales a sus familias y amigos a buenos precios. Sugiero que muchas familias también (9) _____ (comprar) su árbol de Navidad y lo (10) _____ (decorar) ese mismo fin de semana.

Now read the paragraph again and look for the inductors in the main clauses that require the use of the <u>subjunctive mood</u> in the subordinate clause. Write these words in the blanks below according to the model.

Modelo: 1. Recomiendo que en los Estados Unidos mucha gente...   →   Recomendar

1. ___Recomendar___   6. _____

2. _____   7. _____

3. _____   8. _____

4. _____   9. _____

5. _____   10. _____

C. Comment on the differences between the meanings of the words in (A), that require the present indicative, and the words in (B), which require the use of the present subjunctive.

_____

_____

_____

_____

D. *¿Qué cree y qué recomienda?* It's time for you to choose between the two: is it indicative or is it subjunctive? Read the situations and provide an assertion of agreement (with the assertive inductor—resulting in the indicative in the subordinate clause) or express a solution (with the volitive inductor—resulting in the subjunctive in the subordinate clause). Follow the cues provided in parenthesis.

Modelo: Tengo un examen muy importante mañana. (Recomendar que...)
Recomiendo que usted <u>estudie</u> mucho.

1. Mi profesora de español no me comprende. (Estar seguro que...)

_____

2. Esas personas no se cepillan los dientes mucho. (Sugerir que...)

_____

3. No tengo pescado blanco pero quiero hacer un ceviche. (Recomendar que...)

_____

4. Quiero sacar una A en la clase de español. (Ser preciso que...)

_____

5. Necesitamos una entrada para asistir al concierto, no es gratis. (Ser obvio que...)

_____

6. Mi mejor amigo está en el hospital. (Saber que...)

_____

7. Mis compañeros de cuarto pasan mucho tiempo hablando por teléfono.
   (Aconsejar que...)

_____

E. *¿Sabe Ud. la razón?* Fill in the blanks with the appropriate indicative or subjunctive form according to context. Be prepared to explain your answers.

Modelo: Mi profesora de español ___recomienda___ que yo ___estudie___ en México.

Explanation: *Estudie* is conjugated in the subjunctive because it is what the professor recommends, and a recommendation requires the subordinate verb to be subjunctive.

1. Yo te _____ (pedir) que no _____ (venir) hoy porque tengo mucha tarea.

2. Mi papá _____ (hacer) que nosotros _____ (visitar) a mis tíos mañana para el Día de Independencia.

3. Todos _____ (saber) que la Semana Santa _____ (ser) una celebración importante en muchos países hispanos.

4. Mi mamá _____ (querer) que todos coman bien en el Día de Acción de Gracias.

5. Yo _____ (creer) que muchos latinos _____ (cantar) y _____ (bailar) en las ferias.

6. Mi madre _____ (preferir) que todos nosotros la _____ (visitar) o _____ (llamar) para El Día de la Madre.

7. Mi hermano _____ (estar) seguro que en nuestra ciudad nosotros _____ (celebrar) el Día de la Independencia con fuegos artificiales. Nosotros _____ (esperar) que ustedes los _____ (tener) en su ciudad también.

8. Ojalá que usted _____ (poder) disfrutar de las celebraciones de las Fallas en Valencia el año que viene.

9. Los expertos sobre la economía _____ (opinar) que _____ (haber) muchos excesos durante la Navidad y ellos _____ (recomendar) que la gente _____ (gastar) menos dinero si no lo tienen.

Formal commands with usted and ustedes

To give direct formal commands in Spanish, either to one other person (usted) or a group of persons (ustedes), the speaker uses the subjunctive form. This is a logical choice, since in essence, a command form such as:

Traiga [usted] unas galletas a la fiesta, por favor.

is, in terms of meaning, similar to an understood expression of:

Quiero que usted traiga unas galletas a la fiesta.

When giving a command form of a reflexive (or meaning changing) verb or a verb that is accompanied by a direct or indirect object pronoun, place the pronoun after the verb if it is a positive command, but before if it is a negative command:

***Láves**e las manos con ese jabón.*	***No se lave** las manos con ese jabón.*
*Lave las patatas y entonces **pélelas**.*	*Lave las patatas pero **no las pele**.*

A practicar 5.7: Mandatos formales

A. *¿Nos puede ayudar?* A group of American students has just arrived in Granada, Spain. They are lost near the Centro de Lenguas Modernas where they will be taking classes, but need some help. Help them by changing the verbs to the formal commands (Uds.).

Para llegar al Centro de Lenguas Modernas, (1) _____ (seguir) todo derecho en la calle Santa Escolástica y luego (2) _____ (doblar) a la izquierda. El edificio está a la derecha. Para obtener euros con sus tarjetas de crédito, (3) _____ (ir) a la ventanilla del banco que está en la esquina de esta calle. (4) _____ (tener) mucho cuidado con sus pasaportes. No los (5) _____ (perder) porque van a ser sus documentos de identidad hasta que reciban sus carnets de estudiante del Centro. Para visitar la Alhambra, (6) _____ (comprar) las entradas en el banco. Es un poco difícil llegar a pie. Si no quieren caminar, (7) _____ (tomar) el minibús y después cuando estén cerca, (8) _____ (bajar) del minibus y (9) _____ (caminar) hasta la entrada. Para tomar buenos churros y chocolate caliente, (10) _____ (ir) al restaurante "Café Fútbol" en la plaza Mariana Pineda. Son deliciosos. Finalmente, no (11) _____ (olvidarse) de visitar el barrio del Albaicín donde se encuentran muchos edificios históricos.

B. Using a map of your university explain to another student how to get to a variety of places on campus. Use some of the *palabras útiles* in your directions.

Palabras útiles

a la derecha—to the right	*a la izquierda*—to the left
doblar—to turn	*seguir*—to follow
la esquina—corner	*dar la vuelta*—to turn around
la cuadra—city block	*seguir derecho*—go straight
las yardas—yards	*metros*—meters

C. *¿Cómo se preparan estas comidas?*—*"Usted" commands:* Un vecino quiere que le enseñe a cocinar arroz con leche porque va a tener una fiesta. In el Capítulo 4 we used infinitives, the "se" passive and the *"tú"* commands in writing recipes. Recipes can also be expressed using the "usted" commands, so in these exercises write in the proper form of the formal singular command. The pronouns will follow the "usted" command form, just as they did with the *"tú"* forms.

Arroz con leche
a la madrileña   250 g de arroz; 225 g de azúcar; 1 ¼ litros de leche; 10 g de mantequilla; 1 g de sal; canela en polvo; 1 palito de vainilla

1. A una cazuela al fuego con agua hirviendo _____ (echarle) el arroz.

2. _____ (dejarlo) hervir sólo unos 3 minutos.

3. Después, _____ (escurrir) el arroz y _____ (refrescarlo) bajo un chorro de agua.

4. Entretanto _____ (hacer) hervir la leche,

   _____ (incorporar) seguidamente el arroz, el azúcar y la vainilla.

5. _____ (Dejar) que vaya hirviendo a fuego lento.

6. A los 5 minutos _____ (añadirle) la sal y la mantequilla.

7. A los dos minutos _____ (retirarlo) del fuego,

   _____ (quitar) el palito de vainilla y _____ (verterlo) en una fuente honda.

8. _____ (espolvorear) canela cuando el arroz esté frío y

   _____ (hacer) unos dibujos en la superficie con la misma canela.

Informal negative command forms—tú

You have already learned positive informal command forms (*tú*) in *Capítulo 4*. The regular form of the positive *tú* command is the same as the 3rd person present indicative. You have also learned a short list of irregular *tú* commands. The **NEGATIVE** *tú* commands are drastically different. However, this difference is simplified by the fact that the negative *tú* command is the exact same conjugation as the *tú* present subjunctive.

Positive Command	Negative Command
Hierve las verduras 4 minutos.	*No **hiervas** las verduras más de 3 minutos.*
Bromea si quieres.	*No **bromees**. Esto es serio.*
Pon la mesa ahora.	*No **pongas** la mesa ahora.*

Just as with the *usted* commands, an accompanying pronoun will follow the verb if it is positive and precede it if it is negative:

Positive Command	Negative Command
Prepárate para la fiesta.	*No **te prepares** para la fiesta porque no vamos.*
Vístete bien.	*No **te vistas** así.*

A practicar 5.8: Mandatos negativos "tu"... y de "usted" también

A. *Mandatos negativos "tú":* Fill in the blanks with correct conjugation of the negative *tú* command.

1. No _____ (comer) demasiado el Día de Acción de Gracias

2. No _____ (ir) de vacaciones. La semana que viene es la Semana Santa.

3. No _____ (disfrazarte) de princesa. Ir de bruja me parece mejor idea.

4. No me _____ (visitar) en octubre, es mucho mejor venir en julio.

5. No _____ (acostarte) tan temprano. ¡Es la Nochevieja!

6. No _____ (salir) ahora, la fiesta acaba de comenzar.

7. No _____ (poner) los regalos en la mesa sino bajo la cama.

8. No _____ (levantarte) muy tarde, vamos de pesca mañana.

B. You have invited your friend to accompany you to the following events. You want everything to be perfect. Give your friend one suggestion of something to do (positive) and one suggestion of what not to do (negative). Use informal commands for these.

1. Fiesta del Día de los Inocentes

    (+) _____

    (−) _____

2. Fiesta del Día de las Brujas

    (+) _____

    (−) _____

3. Fiesta del Día de Independencia

    (+) _____

    (−) _____

4. Fiesta del Día de San Valentín

(+) _____

(−) _____

5. Fiesta del Día de San Patricio

(+) _____

(−) _____

C. *Mandatos "usted"*: Now go back and indicate the usted commands for each of the options you put in (B) above.

■ Sendero 4: A desarrollar, escribir y compartir

Antes de leer

Christmas is celebrated in many parts of the world, but it is not necessarily celebrated the same way, nor is it celebrated by everyone. In México it is an important holiday and a very long one too. Teresa shares some of her memories of Christmas in México in the next two *lecturas*. To prepare yourself to better understand these *lecturas*, learn the vocabulary below.

divertido/a—fun
el anillo—ring
la bienvenida—welcome
la mitad—half
el pedazo—piece
la rebanada—slice (of cake)
una ronda—round
la rosca—ring (donut)

fuera—outside
adentro—inside
posaderos—innkeepers
partir—to divide, to slice, to leave from
pedir posada—to ask for lodging
Misa de Gallo—Midnight Mass
Los muñecos de porcelana—porcelain
  figurines

A leer: Teresa y la Navidad en México

🔊 *Audio 5.6:* Follow along with the audio version of *Teresa y la Navidad en México* for help with the pronunciation and/or for extra listening practice.

En México la Navidad es una celebración larga y divertida que empieza con las posadas y termina el Día de la Candelaria, el dos de febrero. Tengo muchos recuerdos muy buenos de la Navidad. Siempre empiezan las posadas el dieciséis de diciembre y terminan con la última posada el día veinticuatro, la Nochebuena. Cada noche por esas nueve noches se hace un tipo de ronda y se canta con la mitad de las personas fuera de la casa y la otra mitad de las personas dentro de la casa. Las personas que

Un belén [nativity scene] con los Tres Reyes Magos.

Courtesy of the authors

están fuera simbolizan a José y María y piden posada a las personas de adentro, que simbolizan los posaderos. Al saber que son María y José abren la puerta y los de adentro permiten que los de afuera entren a la casa y todos participan en una pequeña fiesta. El último día de las posadas terminamos con la fiesta más grande que todas, con música, bailes, comida y más. Es necesario que se haga todo más temprano por la tarde ese día, porque después de la fiesta todos van a su propia casa para celebrar la Nochebuena con la familia e ir a la Misa de Gallo.

Ejercicios de comprensión

A. *Comprensión*

1. ¿Cuándo empieza y termina la Navidad en México?
2. ¿Qué son las posadas y cómo se hacen?
3. ¿Cuándo comienzan y cuándo terminan las posadas?
4. ¿Qué pasa cada noche de las posadas?
5. ¿Quiénes piden posada? ¿Por qué lo hacen?
6. La última noche de las posadas hay algo diferente. ¿Cúales son unas diferencias?
7. ¿Qué hacen todos la noche del 24 de diciembre, la Nochebuena?

B. *¿Y tú?*

1. ¿Celebras la Navidad? Si no la celebras, ¿celebras otro día festivo en diciembre? ¿Cuál?
2. ¿Cómo celebras ese día?
3. ¿Vas a la Misa de Gallo?
4. ¿Cantas villancicos? ¿Tienes un villancico favorito?
5. ¿Hay otros detalles que quieres compartir?

A leer: Teresa y el Día de los Reyes en México

🔊 *Audio 5.7:* Follow along with the audio version of *Teresa y el Día de los Reyes en México* for help with the pronunciation and/or for extra listening practice.

Roscon de reyes.

Las posadas y la Navidad son muy divertidas, pero el día más esperado por los niños es el seis de enero, el Día de los Reyes Magos. A los niños les encanta ese día mucho porque es el día que abren los regalos que reciben de los Reyes Magos. Son los Reyes Magos que llevan los regalos a los niños, no es Santa Claus como en los Estados Unidos. También es necesario que ese día hagamos un pan dulce que tiene una forma de rosca, o de anillo. Se requiere que en ese pan se ponga un muñeco de porcelana adentro. A la hora de comer el pan, se permite que cada persona corte su rebanada en cualquier sitio. Sabemos que esto hace que el pan quede destrozado, pero está bien con nostros. La persona que saca el muñeco de porcelana tiene que vestir una figura del niño Jesús y presentarla en el templo el dos de febrero, el Día de la Candelaria. Esa persona también tiene que hacer una fiesta esa noche. Es la última celebración de Navidad.

A. *Comprensión*

1. ¿Qué es el 6 de enero y por qué es importante?

2. ¿Quiénes les llevan los regalos a los niños en México?

3. ¿Cómo es el pan que se hace el 6 de enero?

4. ¿Qué se pone en el pan?

5. ¿Quién tiene que preparar una fiesta el dos de febrero? ¿Por qué?

6. ¿Cómo se celebra el dos de febrero? ¿Cómo se llama ese día?

7. ¿Hay más detalles que puedes compartir?

B. *¿Y tú?*

1. ¿Qué haces el 6 de enero?

2. ¿Cuál es una tradición que tienes en tu familia para celebrar la Navidad (u otro día festivo)?

3. ¿Hay una comida especial que ustedes preparan y comen para la Navidad (u otro día festivo)?

4. ¿Cuál es el último día de Navidad (u otro día festivo en diciembre y/o enero)?

Antes de escuchar

A escuchar: El Día de las Brujas (Halloween)

We have read about *el Día de Todos los Santos* and *el Día de los Muertos*. Many people think that they are the same kind of holiday, but you can see that they are quite different. Marie talks about what she does for Halloween—el Día de las Brujas. Learn the vocabulary below before you proceed to the audio recording.

Calabaza del Día de las Brujas.

© MaraZe/Shutterstock.com

las gominolas—gummies (candies)
los murciélagos—bats (the flying mammals)

el estilo—style
cuentos de fantasmas—ghost stories

A escuchar: Marie y el Día de las Brujas

Audio 5.8: Go to the course website and listen to the recording *Audio 5.8 Marie y el Día de las Brujas* then proceed to answer the questions in *Ejercicios de comprensión* based on what you hear on the recording.

Ejercicios de comprensión

A. *Comprensión*

1. Marie dice que sus dulces favoritos son _____ y _____.
   - (a) el chocolate
   - (b) los skittles
   - (c) las gominolas
   - (d) los tootsie rolls

2. Marie dice que invita a dos grupos de personas. ¿Cuáles son estos dos grupos de personas?
   - (a) los vecinos
   - (b) la familia
   - (c) los compañeros de trabajo
   - (d) los amigos de la escuela

3. Para el Día de las Brujas Marie decora su casa con todos excepto _____.
   - (a) esqueletos
   - (b) zombies
   - (c) telas de araña
   - (d) murciélagos

4. Excepto por los dulces, todas las comidas que se comen en la fiesta de Marie tienen que tener uno de dos ingredientes. Estos dos ingredientes son _____ y _____.
   - (a) calabaza
   - (b) bistec
   - (c) chiles picantes
   - (d) manzana
   - (e) frijoles
   - (f) chocolate

5. Marie da tres premios cada año. Se da un premio por todo excepto _____.
   - (a) el mejor disfraz
   - (b) el mejor cuento de fantasma
   - (c) la mejor canción
   - (d) la mejor comida

6. ¿Cuáles son más detalles?

B. *¿Y tú?*

1. ¿Cuál es tu dulce favorito? (puedes mencionar dos o tres favoritos si quieres?
2. ¿Tienes o vas a una fiesta para el Día de las Brujas?
3. ¿Te disfrazas para el Día de las Brujas?
4. Marie asocia las manzanas y calabazas con el otoño y el Día de la Brujas. ¿Hay otras comidas que tú asocias con esta época del año?
5. ¿Cuál es tu mejor disfraz de toda la vida? (one that you have worn, not just thought about)

A escribir y compartir

Escriba una composición de 125 a 150 palabras sobre...

The following are possible composition ideas. Follow the direction of your *profesor* or *profesora* to know which to do. Share the topic or topics you choose with the class by posting it (or them) on your blog. Then in class take about 10 minutes, more if there is time, and go from person to person reading your composition to someone, and having them read theirs to you. You should be able to talk to 3 to 5 other classmates. Then report in class on those that you have talked to during a class discussion.

A. *¿Qué haces para prepararte para un día festivo?* Often we discuss what we do on a particular holiday, but in reality many of us create what amounts to two holidays—the time leading up to the event or holiday, and the event itself. This can be said of just about any holiday or event: Halloween and the preparations, Thanksgiving and the preparations, planning elaborate practical jokes for April Fool's Day, etc. Describe in 125–150 what you do to prepare for a particular holiday, the build up for the big day/event, but don't talk about what happens on the actual day/event (that will be in the next composition).

B. *¿Cómo celebras los días festivos?* Write a composition about the way that you celebrate the holiday of your choice (or the one assigned by your teacher).

C. Using as a guide the paragraph *A practicar 5.7. ejercicio A*, write a composition to tell someone what to do, and even what not to do, if they visit your hometown, or some other town where you have lived, or are currently living while you attend school. Use *tú* commands or usted commands. The choice is yours. Just make sure that you are consistent.

D. Go on the Internet or to any other source, and learn and write about a holiday from a Hispanic country. You can pick whatever country and fiesta you want. Explain this holiday as best you can in your own words. Keep it simple and to the 125–150 word limit.

Capítulo 6
La comunicación electrónica y los medios sociales

Estudiantes juntos, pero metidos en sus propios mundos.

■ Objetivos

Habilidades prácticas	Discussing opinions and providing evaluations in the present and past; using social media with native Spanish speakers
Vocabulario	Technology and the internet; verbs of evaluation
Pronunciación	y, ll, and l
Gramática	More mood selection with evaluative verbs, past participles, and the present perfect tense
Cultura	Technology and internet in the United States, in Spanish speaking countries, and around the world

137

Sendero 1: A repasar y preparar

Because technology is constantly advancing, new vocabulary is continuously being created, developed and adapted. Many words are borrowed or adapted from English, and some words are simply brand names that work their way into world languages. Keep in mind that the vocabulary below is only a partial sampling of terms in use today and more will come into use shortly. Add more options as you discover them.

Vocabulario

🔊 *Audio 6.1:* Escucha y practica la pronunciación de estas palabras que tienen que ver con la tecnología.

Hardware de computadora (ordenador)

la cámara digital—digital camera
el celular/móvil—cell phone
la computadora/el ordenador—computer
la computadora personal—desktop computer
la computadora—laptop computer
el equipo portátil—laptop
el/la laptop—laptop
el disco rígido—hard drive
el escáner—scanner
la impresora—printer
la pantalla—screen
el ratón—mouse
el teclado—keyboard
el teléfono fijo—land phone

Websites and navegadores

el correo electrónico—e-mail
el explorador de Web—browser
*el/la internet—Internet
el motor de búsqueda—search engine
el navegador de Web—browser
la página web—web page
la red—network
la red inalámbrica—wireless network
el wifi—wifi, wireless network
la red móvil—wireless
el sitio web, sitio—website
Twitter en español
un tuiteo—a tweet

---

* [el/la Internet: some technical terms borrowed from English have been brought into Spanish with both masculine and feminine gender possibilities depending on where and by whom they were brought into the language. This is the case with the word *internet*.]

Basics for everyday use

adelante—forward
los archivos adjuntos—attached files
arroba—@
atrás—back
la bandeja de entrada—inbox
la bandeja de salida—outbox
la barra—/ (the slash)
la barra de herramientas—toolbar
la carpeta—folder
el chateo—chat
el ciberpirata o el hacker
la contraseña—password
la cuenta—account
una descarga—a download
el destinatorio—recipient (of an e-mail)
el díapositivo—slide
el dispositivo/drive USB—flash drive
el dominio público—public domain
dos puntos –colon (:)
los elementos eliminados—trash
la encuesta—survey
el enlace, vínculo—link
la entrada—blog entry
el favorito, el marcador—bookmark
la firma digital—digital signature
el foro—the discussion board, forum
la libreta de direcciones—address book
el ícono—icon
los mensajes no deseados—SPAM
la página principal/inicial—Home Page
punto com—dot com

Adjetivos

ético/a—ethical
frustrado/a—frustrated
ilimitado/a—unlimited
lógico/a—logical
triste—sad
animado/a—cheerful, lively
desanimado/a—discouraged
contento/a—content/happy

Verbos

alegrarse de que—to be happy that
acceder—to access
adjuntar—to attach (to emails)
bajar—to download
bloquear—to block
borrar—to erase/delete
copiar—to copy
chatear—to chat online
chocar—to bother, to collide
descargar—download
descomponer—to fall apart, to break
digitalizar—to digitize
emailear—to e-mail
enviar/mandar—to send
editar—to edit
guardar—to save
hacer clic—to click
imprimir—to print
recuperar—to recover
sorprender—to surprise
tuitear—to tweet

A practicar 6.1: el vocabulario

A. Match each item in the left column to a corresponding item in the right column.

1. la cámara digital _____   a. unh.edu/llc

2. la impresora _____   b. Google, AltaVista o WebCrawler

_____   c. a clave secreta para acceder a la información

3. el enlace

_____   d. para guardar mensajes electrónicos o documentos

4. el explorador de Web

5. la carpeta _____   e. Safari, Chrome y Firefox son ejemplos

6. la pantalla _____   f. el acceso al Internet rápido sin cables

7. la encuesta _____   g. se usa para tomar fotos

8. la red inalámbrica _____   h. para producir copias

_____   i. el vidrio de la computadora

9. el motor de busqueda

_____   j. instrumento para obtener información estadística

10. arroba

_____   k. el símbolo que forma parte de las direcciones de correo electrónico

11. la contraseña

B. *La tecnología informática. Selecciona la palabra entre paréntesis más apropiada para cada oración.*

1. Nos gusta usar *Google Hangouts* para (*abrir, chatear, bajar*) con los amigos en línea.

2. Perdí un documento importante en la computadora. Lo tengo que (*enviar, imprimir, recuperar*) lo más pronto posible.

3. Puedo (*cerrar, bajar, ayudar*) muchas canciones a mi *iPod* usando *iTunes*.

4. El software *MacKeeper* o *Microsoft Security Essentials* es para (*bloquear, copiar, adjuntar*) los virus y proteger la computadora. ¿Sabes de otro software que lo hace?

5. Antes de vender mi computadora, voy a (*sorprender, borrar, chocar*) todos los datos.

6. No puedo (*adjuntar, cerrar, borrar*) un archivo tan grande y enviarlo por e-mail.

7. Se puede (*descargar, añadir, revisar*) más líneas con *Comcast* sin tener que pagar más.

8. A veces no es posible (*chatear, chocar, acceder*) a la información pública sin tener permiso.

9. Con un dispositivo USB uno puede (*revisar, chatear, guardar*) muchísimos documentos.

10. Es importante (*acceder, revisar, borrar*) los ensayos antes de mandarlos al *DropBox*.

C. *La encuesta sobre la nueva tecnología. Completa la siguiente encuesta y comparte sus opiniones con sus compañeros de clase en una discusión con todos.*

	<u>Sí</u>				<u>No</u>
1. Muchos recursos en la red son útiles para los estudiantes.	5	4	3	2	1
2. Es malo usar teléfonos móviles al conducir auto.	5	4	3	2	1
3. Es necesario saber usar algunas herramientas de tecnología.	5	4	3	2	1
4. Los niños y los adolescentes están en peligro en el Internet.	5	4	3	2	1
5. Es conveniente comprar y vender cosas por Internet.	5	4	3	2	1
6. Creo que *iPod* puede causar daño al oído.	5	4	3	2	1
7. Es común leer libros digitales.	5	4	3	2	1
8. El chateo es útil para crear un espacio de reunión entre personas.	5	4	3	2	1
9. Es posible aprender una segunda lengua a través de la educación a distancia.	5	4	3	2	1

D. *Los medios sociales en español*—making and using your own vocabulary from one of your social media accounts. Go to one of your social media accounts and switch your homepage language to Spanish. You know what everything is in English, so you will know what the Spanish words mean. *Haz una lista de palabras de vocabulario para compartir con la clase.*

A pronunciar: y and ll and l

'll'

Generally speaking, the Spanish *ll* is most often similar to the 'y' sound in the English words 'you' and 'young', etc. However, in most dialects it is very common for the *ll* to be similar to the 'j' and the 'dg' sounds of the English word 'judge' when it follows an 'n' an 'l', or when it begins a phonic phrase. At this point, the choice is yours as to which you will use.

🔊 *Audio 6.2:* Escucha y practica la pronunciación de estas palabras que contienen 'll'.

llano	Juan llama	el llanto	al llenar
llevar	conllevar	la lluvia	hallar
llorar	aún llega	tal llave	valle

'y'

The Spanish *y* is similar to the *ll* as explained above except for:

  a) when *y* is a word (meaning *and* in English), pronounce it as if it were the Spanish vowel *i*

  b) when *y* follows a vowel to end a word, such as in *hay, voy,* etc., it will form part of a dipthong and have the same sound respectively as *shy, boy,* etc.

 Audio 6.3: Escucha y practica la pronunciación de estas palabras que contienen 'y'.

yo	*cónyugue*	*el yelmo*	*haya*
Yolanda	*con yeso*	*el yogur*	*playa*

But,

doy	*hoy*	*soy*

Even though the Spanish 'l' and the English 'l' are not exactly the same, they are close enough that at this point in your Spanish development you need not worry about it. Just remember to not confuse the 'll' with the 'l', as these pronunciations are very different.

 Audio 6.4: Escucha y practica la pronunciación de estos pares mínimos que contienen 'll' y 'l'.

lleve . . . . leve	llave . . . . lave	valle . . . . vale
olla . . . . hola	llame . . . . lame	llegado . . . . . . legado
halla . . . . hala	huella . . . . huela	bollos . . . . bolos

 Audio 6.5: Escucha y practica la pronunciación de esta selección. Presta atención especial a las letras 'y', 'll', and 'l'.

> *Yo me llamo Yamiles Allende. Soy del valle de México. Me gusta leer y me interesan las leyendas, especialmente la de la Llorona. Me acuesto todas las noches pensando en sus llantos y su llegada a mi pueblo.*

Tarea para grabar y enviar

Ahora graba tu propia recitación de la selección arriba (*Yo me llamo Yamiles*) y mándasela a tu profesor/a.

■ Sendero 2: A comprender

Antes de leer

All of the vocabulary you need for this exercise should be in the vocabulary list in SENDERO 1. One grammar construction that will be new is the occasional use of the present participle (the –ing form in English) with the word *pasar*—to pass or to spendtime. These will be covered in el Capítulo 8, but here are a few examples that will help you understand the reading better.

¿Cuánto tiempo pasa <u>escribiendo</u>...? How much time do you spend <u>writing</u>?

chateando—chatting   *leyendo*—reading   *viendo*—seeing, viewing
texteando—texting   *hablando*—speaking, talking   *enviando*—sending

A leer: *La encuesta sobre la tecnología*

🔊)) *Audio 6.6:* Escuche y practique la pronunciación de la siguiente lectura.

Encuesta sobre el uso de la tecnología (**Note:** given the more formal nature of this survey, *usted* is used rather than *tú*.)

En su clase de comunicación, Roberto recibió la tarea de completar la siguiente encuesta sobre su uso de la tecnología. Lea este cuestionario y fíjese en las respuestas que escribió Roberto.

Cada día la tecnología cambia nuestra manera de hacer muchas cosas. Para bien o mal, hoy en día 'estar en linea' es parte de la vida. Nos comunicamos, hacemos las compras y los negocios, buscamos respuestas a nuestras preguntas y nos entretenemos: todo en linea. En la universidad es normal que los estudiantes tomen exámenes o quizzes, reciban mensajes e instrucciones de sus profesores, publiquen blogs y entreguen sus tareas en linea. Parece que cada día aparece un nuevo aparato que 'tenemos que comprar.' Muchas personas piensan que es fantástico que tengamos estas novedades y conveniencias. Otras personas se preocupan de que perdamos la hablidad de interrelacionarnos efectivamente como seres humanos. Conteste las preguntas de este cuestionario sobre su propio uso y sus opiniones sobre 'estar en linea'.

© Rawpixel/Shutterstock.com

La comunicación electrónica: ¿nos une o nos separa?

Estar en línea: una encuesta

1. ¿Cuáles de los siguientes aparatos electrónicos tiene usted?
   - ☐ teléfono móvil
   - ☐ cámara digital
   - ☐ equipo portátil/laptop
   - ☐ computadora personal
   - ☐ iPod
   - ☐ iPad

2. ¿Cuál de estos aparatos electrónicos es más esencial para usted?
   - ☐ teléfono móvil
   - ☐ cámara digital
   - ☐ equipo portátil/laptop
   - ☐ computadora personal
   - ☐ iPad
   - ☐ ¿otro? ¿Cuál? _____

Indique las horas que usted pasa con las siguientes actividades:

| 0–5 horas | 6–10 horas | 11–20 horas | 21–40 horas | más de 41 horas |

3. _____ ¿Cuántas horas pasa usted leyendo, escribiendo y enviando mensajes de correo electrónico, o de *Facebook Messenger* en una semana normal?

4. _____ ¿Cuántas horas pasa viendo *YouTube* en una semana normal?

5. _____ ¿Cuántas horas pasa hablando por su móvil en una semana normal?

6. _____ ¿Cuántas horas pasa chateando o en foros durante una semana normal?

7. _____ ¿Cuál es la proporción de textos a llamadas que usted hace por semana?

Durante una semana normal, ¿cuántas horas pasa usted…

8. _____ …hablando por teléfono?

9. _____ …texteando con mis amigos?

10. _____ …leyendo blogs?

Indique SÍ o NO a las siguientes preguntas.

11. _____ Tengo una cuenta en *Facebook*.

12. _____ Tengo un blog personal.

13. _____ Necesito una computadora para hacer las tareas para mis clases en por lo menos 3 de mis asignaturas este semestre.

14. _____ Me comunico mucho con textos o por correo electrónico.

15. _____ Tengo una cuenta en *Dropbox*.

16. _____ Busco apartamentos y otras cosas en *Craigslist*.

17. _____ Tengo una cuenta en *LinkedIn*.

18. _____ Uso *Twitter* para enviar mensajes a mis amigos.

19. _____ Tengo una cuenta en *Instagram*.

Ejercicios de comprensión

A. *Preguntas sobre la narrativa*

1. ¿Qué es parte de la vida hoy en día? _____

2. Según la lectura, ¿qué hacemos todos los días en linea? _____

3. Según la lectura, ¿qué hacen los estudiantes todos los días en linea? _____

4. ¿Qué aparece casi todos los días? (O por lo menos, así parece.) _____

5. Algunas personas piensan que es fantástico tener la conveniencia de hacer las cosas en linea. Otras personas tienen otra opinion. ¿Cuál es esa opinión? _____

B. *Preguntas sobre la encuesta.* Answer these questions based on class discussion of the questionnaire *Estar en linea: una encuesta,* and by individually asking various classmates.

1. ¿Quiénes usan *FaceBook* todos los días? _____

2. ¿Quiénes saben usar *Twitter y quiénes no?* _____

3. ¿Quiénes usan iPhone *y quiénes no?* _____

4. ¿Quiénes no tienen una cuenta de correo electrónico? _____

5. ¿Qué tecnología usan más sus compañeros? _____

6. ¿Qué tecnología usan menos sus compañeros? _____

7. Otros comentarios _____

Antes de escuchar

 Audio 6.7: Go to the course website and listen to the recording *Audio 6.7—Melisa y su aparato tecnológico más importante y necesario* then proceed to answer the questions in *Ejercicios de comprensión* based on what you hear on the recording.

A escuchar: Melisa y su aparato tecnológico más importante y necesario

Ejercicios de comprensión

1. ¿Cuál es el aparato más necesario para Melisa?
2. ¿Para qué usa Melisa ese aparato?
3. Melissa dice que le gusta algo. ¿Qué le gusta a Melisa?
4. ¿Qué permite ese aparato?
5. ¿Qué tienen la familia y los amigos de Melisa?
6. ¿Tienes otros comentarios?

■ Sendero 3: A enfocar y abundar

Mood selection in evaluative noun clauses

In *el Capítulo 5* we learned about the formation of sentences that include a main clause and a subordinate clause, and some instances when the subordinate verb is in the indicative mood (with assertives) and other instances when it is in the subjunctive mood (with volitives). There is another group of 'inductors' which also require the subjunctive that are called *evaluatives*. When a speaker uses an *evaluative* it allows for the speaker to include an evaluation or assessment regarding the content of what they say in the subordinate clause. In these instances the subjunctive will be used in the subordinate verb. For example, in:

main clause	subordinate clause
Es esencial	*que Pepe tenga una computadora nueva.*

we understand that the speaker assesses the situation of "Pepe having a new computer" as an essential thing, not optional or simply nice to have. The emphasis on the evaluation, that this is essential, necessitates that *tener* be conjugated in the subjunctive form *tenga*, rather than in the indicative mood, *tiene*. Again, the communicative result is that the speaker sends both information and his/her evaluation or assessment of that information, be it positive, negative, or even neutral, of the situation.

These *evaluatives* are to be distinguished from the *assertives* in *Capítulo 5* which simply say **WHAT** the speaker asserts: *Creo que, sé que, estoy seguro que,* but do not hint at how the speaker feels about that situation, or what he or she feels about it. For these instances the indicative is used. For example:

main clause	subordinate clause
Yo creo	*que Pepe tiene una computadora nueva.*

merely reports the belief of the existence of a situation, in this case, *I believe that Pepe has a new computer.*

An additional example is:

main clause	subordinate clause
Mis amigos piensan	*que yo tengo móvil.*

Tengo is in the indicative because it is what my friends *think (piensan)*, but the speaker has not provided an assessment of the situation, it is merely a statement of belief (what they think to be true). Meanwhile, in:

main clause	subordinate clause
Mis amigos están frustrados	*de que yo no tenga móvil y por eso es difícil encontrarme a veces.*

We see *tenga* (in the subjunctive) because the speaker has provided the information of 'not having a cell phone', something that he evaluates or assesses as something that 'makes the friends frustrated'.

These evaluative inductors tend to have an opposite, or at least a counterpart—*bueno/malo, normal/raro, fácil/difícil, contento/triste,* etc. In reality the number of these evaluative indicators that you could come across is in the hundreds. For the time being a short list is provided below. Learn these for now and in time you will become more adept at learning to recognize new ones as you encounter them.

Positive/Neutral and negative evaluation/assessment inductors which require subjunctive

Positive evaluators/assessors
es bueno que—it's good that
es común que—it's common that
es cómico que—it's funny that
es fabuloso que –it's fabulous that
es fácil que—it's easy that
es interesante que—it's interesting that
es lógico que—it's logical that
es normal que—it's normal that
alegrarse (de) que—to be happy that
estar contento/a (de) que—to be happy that
gustarle que—to please someone that
preocuparle que—to worry someone that
interesarle que—to interest someone that

Negative evaluators/assessors
es aburrido que—it is boring that
es curioso que—it is curious (odd) that
es horrible que—it is horrible that
es ilógico que—it is illogical that
es malo que—it is bad that
es raro que—it is rare/odd that
estar frustrado/a que—to be frustrated
estar triste (de) que—to be sad that
chocarle a uno que—to bother someone that
sorprenderle a uno que—to surprise
   someone
darle rabia que—to be angry that

A practicar 6.2

A. *Las conjugaciones.* Conjugate the verbs in the correct form of the present subjunctive.

1. Es mejor que _____ (tú—pasar) menos tiempo viendo videos en YouTube.

2. Es difícil que _____ (nosotros—terminar) la revisión para el miércoles.

3. Es conveniente que todos en mi familia _____ (tener) móvil.

4. Es importante que ustedes _____ (saber) usar *BlackBoard* porque lo vamos a usar mucho en esta asignatura.

5. No es bueno que los jóvenes no _____ (leer) el periódico.

6. Nos gusta que _____ ella (poner) sus fotos de su semestre en Costa Rica en *Facebook*. Por eso podemos ver unas nuevas cada semana y no tenemos que esperar hasta que regrese a casa.

7. Me choca que me _____ (ellos—mandar) tantos mensajes no deseados, *ESPAM*, en mi correo electrónico.

8. Nos da rabia que no _____ (haber) más ofertas especiales en *Amazon.com* esta semana.

9. Es normal que los jóvenes _____ (hablar) mucho por móvil.

10. Es fabuloso que _____ (nosotros—poder) bajar mucha información gratuita por Internet.

B. *¿Qué dice?* Write a complete sentence using the expressions to express your positive or your negative assessment for the following situations. For better practice of more 'indicators' try to avoid the repetition of verbs in the main clauses. (Refer to previous page for quick review of 'indicators': *es bueno que, es común que, estoy contento de que,* etc.)

Modelo: Mi computadora está descompuesta. (Estar triste que.)
Estoy triste que mi computadora no funcione.

1. Mi hermano no tiene acceso al Internet en casa.

   _____.

2. Mi profesor no pone los materiales en linea para nuestra clase.

   _____.

3. Mis amigos pasan muchas horas navegando por Internet.

   _____.

4. Muchos niños usan el Internet sin la supervisión de los padres.

   _____.

5. Skype es un programa que nos permite llamar gratis en cualquier lugar del mundo.

   _____.

6. La cámara digital es muy popular. Casi todo el mundo la usa en los viajes.

   _____.

7. No existe la seguridad de usar la tarjeta de crédito por Internet.

   _____.

8. Por fin, mis padres están aprendiendo a usar e-mail.

   _____.

9. Mi celular está fuera de servicio. No lo puedo usar ahora.

   _____.

10. Se puede escuchar los podcasts por Internet.

   _____.

C. Choose one of the items from column A and B and form a complete sentence in the present subjunctive or indicative based on the inductor and the context. Be sure to add a subject to the subordinate clause.

Columna A	*Columna B*
1. A mi hermano le gusta que	escuchar muchos podcasts en español
2. Es malo que	pagar tanto por el servicio de Internet
3. Es lógico que	copiar documentos sin permiso escrito
4. Me choca que	comprar tantas cosas por *eBay* o *Craig's List*
5. Es verdad que	descargar música directamente del *Ares*
6. Me preocupa que	perder los archivos adjuntos
7. Mi amiga está triste que	recibir fotos digitales en *Ringo*
8. Nos sorprende que	comprarle un *iPhone*
9. Todos sabemos que	ver videos sobre las fiestas en Sudaméricaen *YouTube*
10. Es ilegal que	chatear con los desconocidos en línea

Infinitive or subjunctive

Note: If there is no change of subject there is no need to have a subordinate clause and it is best and more appropriate in Spanish to use the infinitive after the main verb and say:

It bothers me to receive so much SPAM in my email.
(Me choca recibir tanto ESPAM en mi correo electrónico)

Rather than a literal translation of:

Me choca que yo reciba tanto ESPAM en mi correo electrónico.

Such a sentence sounds odd to the native speaker, and just doesn't happen.

Of course, when there is a change of subject, such as in:

It bothers my dad that our family receives so much ESPAM in our email.

This appropriately results in a subordinate clause with the verb in the subjunctive:

Le choca a mi papá que nuestra familia reciba tanto ESPAM en nuestro correo electrónico.

A practicar 6.3: ¿infinitivo o subjuntivo?

A. Write two sentences for each prompt, one with the subjunctive and one with the infinitive. This will be an important difference in the upcoming exercises and in your communications in Spanish in general.

Modelo: Me gusta <u>ver videoclips en *YouTube*</u>.
Me gusta que <u>haya tantos videoclips tan interesantes en *YouTube*</u>.

1. a. Me molesta _____

   b. Me molesta que _____

2. a. Le encanta _____

   b. Le encanta que _____

3. a. Nos interesa _____

   b. Nos interesa que _____

4. a. Ella desea _____

   b. Ella desea que _____

5. a. Les preocupa _____

   b. Les preocupa que _____

6. a. Me da rabia _____

   b. Me da rabia que _____

7. a. Quiero _____

   b. Quiero que _____

B. *El correo electrónico de Adela.* Read the following e-mail and fill in the blanks using the appropriate form in the present subjunctive or the infinitive. Be prepared to explain why each verb in this exercise is either in the present subjunctive or in the infinitive. Write down a few notes if you feel it is necessary.

Adela le escribe su mensaje de correo electrónico a Maite

Hola Maite,

¿Cómo estás? Me alegro mucho de que pronto (1) _____ (venir) a visitarme. En mayo termina el semestre y todavía no sé exactamente qué voy a hacer. Deseo _____ (hacer) una pasantía en una empresa prestigiosa de informática. Para poder encontrar un buen trabajo, es super importante (3) _____ (saber) mucho de la tecnología digital. Este semestre estoy tomando una asignatura de las nuevas tecnologías. Es fabuloso que el profesor nos (4) _____ (enseñar) diferentes herramientas digitales tales como wiki, blog y podcasting más. Estoy contento de que mis padres me (5) _____ (regalar) pronto un nuevo iPad. Es difícil para mí (6) _____ (descargar) los archivos del Internet porque mi computadora no tiene mucha memoria. Por ahora me conviene (7) _____ (guardar) y sincronizar todos los datos con mi *iPhone* en *iCloud*.

Te veo pronto,

Adela

C. *Todo sobre la tecnología.* Write a complete sentence to express your thoughts about the following item using either the present subjunctive or the infinitive in the subordinate clause. Use a different inductor for each sentence.

Modelo: YouTube
    No es fácil __bajar__ videos de YouTube.
               o
    No es bueno que los niños __tengan__ acceso a cualquier video en YouTube.

1. *iPhone:* _____

2. *Skype:* _____

3. *FaceBook:* _____

4. *iPod:* _____

5. *Twitter*: _____

6. Página web: _____

7. Wifi: _____

8. DVR:_____

9. Blog: _____

Noun clauses of doubt, denial, and possibility

Subjunctive in these sentences is similar to the subjunctive in the volitive and evaluative sentences that we've seen to this point. A few additional inductors which will signal the subjunctive are:

dudar, es posible, es probable

It is also possible to negate some words to create this effect. The most common of these are the verbs CREER and PENSAR. When they are negated (no creo que, no pensamos que, etc.) they often create a meaning of doubt and denial (as you advance in Spanish you will learn to distinguish the difference between the subjunctive and indicative meanings, but for now just go with the norm and use the subjunctive). Therefore, when these verbs are used in the main clause, use the subjunctive form in the subordinate clause as shown below:

Yo dudo que . . . . Juan **salga** de viaje a Guatemala hoy.
Ella no cree que . . . . todos nosotros **podamos** recibir el pasaporte a tiempo.
Es posible que. . . . . **lleguemos** antes de las tres de la tarde, pero es dudoso.
Es probable. . . . . que **lleguen** todas las maletas con nosotros, pero no es seguro.

A practicar 6.4: las dudas

A. *Escribe 5 oraciones (1 para cada verbo en la columna 1) según el modelo.* Make sure that you conjugate the inductors *creer, dudar,* and *pensar* for your sentences.

Modelo: Es probable que un agente de viajes pueda hacer una reserva para usted.

Es probable que	un agente de viajes	saber
No creer que	el botones	manejar
Dudar que	mi hermano	empacar
Es posible que	mis padres	llevar
No pensar que	mi profesor	llegar
	tú	volar
	el piloto	pasar por la aduana
	Etc.	Etc.

1. _____

2. _____

3. _____

4. _____

5. _____

B. Escribe 6 oraciones, 3 deben ser verdaderas y 3 deben ser falsas. Intenta incluir una palabra de la lista de vocabulario del capítulo en cada oración. Léele tus oraciones a un/a compañero/a de clase y él/ella puede tratar de adivinar cuáles son las oraciones verdaderas y cuáles son las falsas.

Modelo: —*Puedes viajar por avión con una maleta de cien kilos sin problema.*
—*No creo que puedas viajar por avión con una maleta de cien kilos.*

1. _____
2. _____
3. _____
4. _____
5. _____
6. _____

Una mujer con muchas maletas. ¿Puede viajar con todas?

The present perfect (el pretérito perfecto)

The present perfect tense in English—I have written, you have written, he has written, etc., is formed with the present tense of 'have' combined with the past participle. In Spanish the present perfect tense is similar in that it combines a conjugation of 'haber' with a past participle. The meaning most often associated with this form is similar to that of English: it is an expression of the past tense with relevance in the present. That is, if I say *yo he comido—I have eaten*, I am emphasizing that I already ate, and that because of that, I am currently feeling quite satisfied and don't need to eat right now. We will learn and practice two additional past tense forms in Chapters 7–9.

For the purposes of this chapter we will cover both the present perfect indicative and the present perfect subjunctive forms. You will learn the rest of the conjugations for *haber* in the future.

HABER		
	Present Indicative	**Present Subjunctive**
Yo	he	haya
tú	has	hayas
Ud./él/ella	ha	haya
nosotros/nosotras	hemos	hayamos
vosotros/vosotras	habéis	hayáis
Uds./ellos/ellas	han	hayan

While there are a few irregular participles, the vast majority of participles are formed by the following formulae:

A. *-ar* ending verbs drop the *–ar* ending of the infinitive and add *-ado*

ayudar	→ ayud-ar	→ ayud–ado	→ ayudado
bajar	→ baj–ar	→ baj–ado	→ bajado
desgargar	→ descarg–ar	→ descarg–ado	→ descargado

B. *–er* and *–ir* ending verbs drop the *–er* and *–ir* endings and add *-ido*

ir	→ -ir	→ -ido	= ido
ser	→ s-er	→ s–ido	= sido
vivir	→ viv-ir	→ viv–ido	= vivido

Note: when the *i* in the *–ido* endings comes after an unstressed vowel, it will carry a spoken and written accent: **í**.

caer	→ ca-er	→ ca-ido	= caído
leer	→ le-er	→ le-ido	= leído

C. There is also a short list of verbs which take on an irregularly formed past participle. The following list includes some of the most frequently used of these irregular forms:

abrir → abierto	descomponer → descompuesto
decir → dicho	devolver → devuelto
escribir → escrito	hacer → hecho
morir → muerto	poner → puesto
romper → roto	ver → visto
volver → vuelto	

A practicar 6.5: past participles; indicative and subjunctive present perfect

A. Write the correct form of the past participle of each verb. If the infinitive below is not in the list of verbs with irregular participles above, in this exercise, as with the overwhelming number of other infinitives, you can be sure it has a regular participle.

modelos: encontrar: <u>encontrado</u>

cerrar: _____   cambiar: _____

enviar: _____   tener: _____

escurrir: _____   oír: _____

enseñar: _____   correr: _____

comer: _____   comprar: _____

B1. According to the subject, write the correct form of the **present perfect indicative**.

Modelos: (ella) haber revisar:
<u>ha revisado</u>

(tú) haber trabajar _____

(ustedes) haber borrar _____

(vosotros) haber sacudir _____

(nosotros) haber ayudar _____

(mi hermano) haber ver _____

(yo) haber recibir _____

(los pobres) haber morir _____

(Ana y Marta) haber estar _____

(ellos) haber romper _____

(yo) haber descomponer _____

B2. According to the subject, write the correct form of the **present perfect subjunctive**.

Modelos: (yo) haber revisar:
<u>haya revisado</u>

(tú) haber leer _____

(nosotros) haber limpiar _____

(Luis y John) haber sacudir _____

(mis hermanos) haber barrer _____

(vosotros) haber ver _____

(tú) haber volver _____

(el pez dorado) haber morir _____

(Ana) haber estar _____

(ustedes) haber romper _____

(el gato) haber dormir _____

C. ¿Qué has hecho? Forma oraciones usando las palabras de abajo con el verbo en el pretérito perfecto (present perfect). Añade artículos, preposiciones y otras palabras para crear oraciones completas y lógicas.

Modelo: El profesor/leer/periódico/internet.
*El profesor **ha leído** el periódico por Internet.*

1. Mis amigos/hablar/*Skype*/tres horas. _____

2. Yo/escribir/entradas/mi blog. _____

3. Mi compañero de cuarto/perder/mi computadora. _____

4. Mi hermana/no/poner/discos/página Web. _____

5. Julian/copiar/documentos/laboratorio. _____

6. Tú/subir/fotos digitales/*iPhoto*. _____

7. Mi primo y yo/ver/videos/*YouTube*. _____

8. Uds./recuperar/tarjeta de crédito/banco. _____

D. Ahora escribe otra oración en la que des tu evaluación de la situación explicada en los ejercicios de arriba en los ejercicios (C). No es necesario que los pongas en el orden de arriba.

Modelo: Es interesante que... ...hayamos leído un periódico de Paraguay en el internet.

1. No me gusta que _____

2. La profesora se alegra de que _____

3. Me da rabia que _____

4. Me molesta que _____

5. Nos sorprende que _____

6. Me gusta que _____

7. Es bueno que _____

8. Estoy contento que _____

E. *Cada oveja con su pareja.* Choose one of the items from column A and B and form a complete sentence using the present perfect indicative or subjunctive verb form in the subordinate clause appropriately according to context. Be sure to add a subject to the subordinate clause.

*Modelo: Yo estoy seguro que **mis amigos han chateado** con los desconocidos en línea.*

Columna A
A. Yo estoy seguro que
B. Es lógico que
C. Es interesante que
D. Mis padres creen que
E. Es cómico que
F. Todos saben que
G. Ella piensa que
H. Nos sorprende que
I. Le da rabia a mi amigo que
J. Me choca que

Columna B
pasar demasiado tiempo en *Facebook* y *YouTube*
pagar tanto por el servicio de Internet
copiar documentos sin el permiso escrito
comprar tantas cosas por *eBay*
tomar exámenes por *Blackboard*
perder los archivos adjuntos
ser fácil hablar con amigos en Europa por *Skype*
nunca usar una computadora
no saber usar blogs
chatear con los desconocidos en línea.

F. *A preguntar y responder.* Working with a partner, or in a class activity in which you walk around the room talking to as many people as you can, alternate asking each other the following questions. Be prepared to share your findings with the class.

Modelos: ¿Ha chateado con alguien por Internet? ¿Qué programas ha usado?
   *Sí, **he chateado** con mis amigos por Facebook chat.   o   No, no **he chateado** nunca.*

   ¿Cuál es una cosa que usted ha hecho que todavía te hace estar contento/a?
   Estoy contento que mis amigos hayan puesto tantas fotos en Facebook.

1. ¿Les ha escrito correos electrónicos a algunos hispanohablantes? ¿A quiénes?

   _____

2. ¿Ha trabajado en una tienda de computadoras? ¿Cómo se llama la tienda?

   _____

3. ¿Cuál es una cosa que ha ocurrido en el pasado que es muy importante?

   _____

4. ¿Ha puesto un artículo de venta en *eBay*? ¿Qué cosas ha vendido por Internet?

   _____

5. ¿Cuál es una cosa que ha ocurrido en el pasado que te fascina?

   _____

6. ¿Con quién ha hablado más por celular? ¿De qué han hablado Uds.?

   _____

7. ¿Qué ha hecho para practicar el español en el internet? ¿Es bueno o malo que usted haya hecho esto?

   _____

Sendero 4:
A desarrollar, escribir y compartir

Antes de leer

In the following *lectura*, Vanessa writes in her blog what it is like to go to a restaurant in Spain. Since she has been a server in a café in the United States, she makes a few comparisons (perhaps you can relate to her experience). *Las siguientes palabras pueden ayudarte a entender más fácilmente la lectura. Estúdialas antes de leer.* This doesn't talk about technology, but it is a use of technology, which is the point of this exercise. Plus it will give you a chance to observe and practice some grammar constructions. Hopefully it will give you an idea of what you will write a blog about.

la cuenta—the bill, the check (in a restaurant)
la propina—tip
camarero/a—server (waiter/waitress)
contar chistes—to tell jokes
atender—to attend to (someone's needs)

charlar—to chat, to talk
fumar—to smoke
ganar—to earn (also: to win)
tratar bien/mal—to treat well/badly
tratar de—to try to

🔊 *Audio 6.8:* Escucha y practica la pronunciación de la siguiente lectura.

Ejercicios de comprensión

A. *Comprensión—Cierto/Falso*

1. Cierto   Falso   En España la cuenta no incluye la propina.
2. Cierto   Falso   Vanessa piensa que los servicios son buenos en España.
3. Cierto   Falso   En España los camareros siempre vuelven a la mesa para atenderte muchas veces.
4. Cierto   Falso   Vanessa ha trabajado en un café en los Estados Unidos.
5. Cierto   Falso   Vanessa trata a sus clientes bien y conversa con ellos.
6. Cierto   Falso   A Vanessa no le molestan los cigarrillos.
7. Cierto   Falso   En España se permite fumar en los restaurantes.

A leer: La entrada (de blog) de Vanessa—"La calidad del servicio"

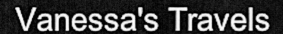

Vanessa's Travels

JUEVES, 3 DE SEPTIEMBRE DE 2009

La calidad del servicio

Hemos comido en diferentes restaurantes desde mi llegada a España y he notado unas diferencias entre los restaurantes estadounidenses y españoles. La primera es la propina. Sé que en Europa la cuenta incluye la propina. Mi padre siempre me dice, "El servicio es malo porque recibes lo que pagas". Los camareros aquí no tratan a los clientes super-bien porque saben cuánto dinero van a ganar antes de comenzar. Me interesa porque soy camarera en los Estados Unidos en un café. Todo el tiempo estoy amable y trato de contar chistes y charlar con los clientes. No es para ganar una mejor propina, es que quiero que la experiencia sea buena para los clientes. Cuando trabajo en el café les pregunto si la comida está bien y si necesitan algo. En mi trabajo, siempre vuelvo a la mesa unas veces. Aquí en España si necesito más servicio necesito levantar la mano para llamar la atención del camarero.

Algo que me molesta son los cigarrillos. En mi cafetería favorita, hay un camarero que fuma y da la cuenta a una mesa...¡al mismo tiempo! En muchos estados de los Estados Unidos, es prohibido fumar en los restaurantes, pero fumar es completemente aceptable en España.

Vanessa   10:16

M ☐ t ⓕ ⊚ 8+1 Recomendar esto en Google

No hay comentarios:

Publicar un comentario en la entrada

B. Comprensión—libre

1. Los restaurantes estadounidenses y españoles son diferentes. Vanessa ha notado que la cuenta incluye _____

2. El papá de Vanessa dice que _____ porque recibes lo que pagas.

3. Los camareros no _____ bien porque saben lo que van a ganar antes de comenzar su trabajo.

4. Vanessa trabaja en un café en los Estados Unidos y ella _____

5. Cuando trabaja, ella siempre les pregunta a sus clientes: _____

6. En España, si ella necesita más servicio, _____

7. También en España a Vanessa le molesta _____

8. En los Estados Unidos, es prohibido _____

C. *¿Y tú?*

1. ¿Has trabajado en un restaurante? ¿En qué restaurante?

2. ¿Qué deben hacer y cómo deben ser los camareros con los clientes?

3. ¿Qué opinas de las propinas?

4. ¿Cuánto debe ser una propina?

5. ¿Crees que se debe permitir que se fume en un restaurante? ¿Por qué?

Courtesy of Kelly Taveras

Un anuncio en un restaurante en Colombia. ¿Qué opinas?

Antes de escuchar

Daniel talks to us about his observations of how often other people seem to use their electronic devices. All of the vocabulary that you will hear has been covered, but the following are some constructions that will aid in your comprehension. Specifically note the reciprocal usage of *se* and *nos* in the audio selection and in the comprehension questions to express the idea of 'to each other':

Muchas personas están usando—Many people are using
Nos comunicamos—We communicate with each other
Se comunican—They communicate with each other
Nos mandamos textos—We send texts to each other
Se mandan textos—They send texts to each other
Nos hablamos cara a cara—We talk to each other face to face
Se hablan cara a cara—They talk to each other face to face

A escuchar: Daniel y lo que ha visto

🔊 **Audio 6.9:** Go to the course website and listen to the recording Audio 6.9—*Daniel y lo que ha visto* then proceed to answer the questions in *Ejercicios de comprensión* based on what you hear on the recording.

Ejercicios de comprensión

1. Los padres de Daniel opinan que su relación con sus amigos es mayormente una relación _____.
   - (a) buena
   - (b) interesante
   - (c) virtual
   - (d) peculiar
   - (e) rara

2. Sus padres le dicen a Daniel que él y sus amigos solo _____ y _____.
   - (a) se textean
   - (b) se hablan por teléfono
   - (c) se comunican a través los medios sociales
   - (d) se ven en la pantalla de su *Smartphone*
   - (e) deben hablarse cara a cara

3. ¿Qué ha dudado Daniel al principio?
   - (a) ...que sus amigos se hablen
   - (b) ...que sus padres tengan razón
   - (c) ...que sus padres nunca texteen

4. ¿Qué piensa Daniel después de sus experiencias?
   - (a) ...que sus amigos se hablan
   - (b) ...que sus padres tienen razón
   - (c) ...que sus padres siempre textean

5. ¿Cuáles son los lugares donde Daniel ve a personas usando sus aparatos electrónicos? (los que menciona específicamente)

____ una cafetería	____ un cine	____ dando un paseo en la calle
____ un teatro	____ un partido de fútbol	____ un partido de básket
____ unas clases	____ un partido de béisbol	____ una biblioteca
____ un restaurante	____ una discoteca	____ un autobús

6. ¿Qué le gusta a Daniel? _____

7. ¿Qué le preocupa a Daniel? _____

B. *¿Y tú?*
   1. *¿Cuál es tu opinión sobre este tema?*

A escribir y compartir

Escriba una composición de 125 a 150 palabras sobre...

The following are possible composition ideas. Follow the direction of your *profesor* or *profesora* to know which to do. Share the topic or topics you choose with the class by posting it (or them) on your blog. Then in class take about 10 minutes, more if there is time, and go from person to person reading your composition to someone, and having them read theirs to you. You should be able to talk to 3 to 5 other classmates. Then report in class on those that you have talked to during a class discussion.

A. Escribe 'una entrada' para responder a lo que Vanessa ha escrito. Publica 'tu entrada' en tu propio blog de la clase.

B. Escribe sobre el mensaje del foto que acompaña el audio de Daniel: *No tenemos Wifi. Hablen entre ustedes.* Incluye unas construcciones de evaluación (por ejemplo: es bueno que, me frustra que, es cómico que, es triste que, etc.)

C. Escribe una composición sobre el tema de cómo los cambios tecnológicos te han cambiado la vida a ti y/o al mundo.

D. If it can be arranged, become a Facebook friend with a native speaker and have a few exchanges with that person in Spanish (and in the spirit of fairness a few in English so that they can practice too). Take some screen shots of those exchanges and post them on your class blog. Also, either bring the appropriate electronic device to class, or copy your blog entries so that you can share your 'exchanges' with others in the class.

Capítulo 7
¿Qué pasó? Eventos familiares y del mundo

Courtesy of the authors

Pastel de boda: ¡el mejor postre!

◼ Objetivos

Habilidades Prácticas	Talk about past occurrences
Vocabulario	Extended family, weddings, educational system, personal experiences
Pronunciación	More on stressed vowels and written accents
Gramática	Preterit verb tense and its primary usages
Cultura	Cuba, Argentina, Uruguay, Guatemala; Immigration to the US; educational values

163

Sendero 1: A repasar y preparar

The following vocabulary focuses largely on families, and activities and events that are important to families, such as weddings, baptisms or christenings and school achievements. Many of the examples and activities in this text reference these acivities, but other events in the past are also talked about. Much of the vocabulary for discussing those other events has been covered in the previous chapters, so this will be a good review, but if you need new words to express your thoughts, look them up and add them to your personal vocabulary list.

Vocabulario

 Audio 7.1: Escucha y practica la pronunciación de estas palabras de vocabulario.

La familia

la esposa—wife
el esposo—husband
el marido—husband
el nieto—grandson
la nieta—grandaughter
el primo—male cousin
la prima—female cousin
la sobrina—niece
el sobrino—nephew
la tía—aunt
el tío—uncle

la cuñada—sister-in-law
el cuñado—brother-in-law
la nuera—daughter-in-law
el yerno—son-in law
la suegra—mother-in-law
el suegro—father-in-law
el padrastro—stepfather
la madrastra—stepmother
el hermanastro—stepbrother
la hermanastra—stepsister

Matrimonio y las relaciones

el amor—love
el anillo—ring
el beso—kiss
la boda—wedding
el compromiso—engagement, commitment
la despedida de soltero/a—bachelor/ bachelorette party
el divorcio—divorce
la felicidad—happiness
la luna de miel—honeymoon
la madrina—godmother, matron of honor

el matrimonio—marriage
el novio—boyfriend/groom
la novia—girlfriend/bride
el noviazgo—engagement, courtship
la pareja—couple
el padrino—godfather, best man
el ramo de novia—wedding bouquet
soltero—single man
soltera—single woman
el velo—veil
el vestido de novia—wedding gown/dress

Adjetivos

casado/a—married
cariñoso/a—kind, caring
gracioso/a—funny
comprometido/a—engaged
divorciado/a—divorced
enamorado/a—in love
enojado/a—angry
emocional—emotional

feliz—happy
prestado/a—loaned, lent
matriculado—matriculated, enrolled
romántico/a—romantic
separado/a—separated
tranquilo/a—calm
travieso/a—mischievious
unido/a—united or close

La educación

el aula/las aulas—classroom/s
la asignatura—class, course
el bachillerato—high school or
    college degree
la beca—scholarship
el curso—course time period; term,
    semester, year
el doctorado—Doctorate Degree

la facultad—college within a university
la maestría—Masters Degree
la meta—goal
el promedio de calificaciones—GPA
la solicitud—application
la escuela secundaria—high school
el instituto—high school

Verbos

abrazar—to hug
acabar de—to have just finished
amar—to love
besar—to kiss
brindar—to give a toast, to offer
cumplir—to complete

crecer—to grow up
disfrutar de—to enjoy
encontrar (o > ue,o)—to find
nacer—to be born
perder—to lose, to miss, (a meeting,
    class, etc.)

Reflexive verbs

afeitar(se)—to shave (oneself)
maquillar(se)—to put on one's make up
poner(se)—to put on (oneself)

quitar(se)—to take off (of oneself)
vestir(se) (i,e)—to get dressed

Meaning changing verbs

casar(se)—to get married
despedir(se)—to say good-bye
divorciar(se)—to get divorced
enamorar(se)—to fall in love

graduar(se)—to graduate
reunir(se)—to get together
matricular(se)—to become matriculated,
    to get enrolled

A practicar 7.1

A. *¿Quién es?* Escribe la palabra más apropiada según el contexto.

1. La esposa de mi hermano es mi _____.

2. El hermano de mi madre es mi _____.

3. La hija de tu tía es tu _____.

4. El padre de nuestra madre es nuestro _____.

5. El esposo de tu hermana es tu _____.

6. La madre de tu esposa es tu _____.

7. La hija de mi madrastra es mi _____.

8. La hija de mi abuela puede ser mi _____ o mi _____.

9. El esposo de tu hija es tu _____.

10. La hija de mi hermano es mi _____.

11. El padre de tu hermanastro es tu _____.

12. La esposa de mi hermano es la _____ de mi mamá.

B. *El matrimonio.* Asocia las palabras a la derecha con las definiciones a la izquierda.

_____	1. La boda	a.	Tipo de acuerdo entre dos personas.
_____	2. El divorcio	b.	Lo que llevan muchas mujeres en el Islam.
_____	3. La madrina	c.	El viaje que hacen los novios después de la boda.
_____	4. La luna de miel	d.	Resultado de un mal matrimonio.
_____	5. El velo	e.	La mujer que acompaña a la novia en la boda.
_____	6. El noviazgo	f.	Una fiesta de solo mujeres antes de la boda.
_____	7. La despedida de soltera	g.	Algo que uno lleva puesto en el dedo.
_____	8. El anillo	h.	Una ceremonia religiosa o civil.
_____	9. El compromiso	i.	El tiempo que lleva la pareja antes de casarse.

C. *Todo sobre mi familia.* Lee cada oración y escribe la palabra más apropiada. Todas las palabras están en su forma musculina y singular. Si es necesario, cambia las palabras para que haya concordancia de género y número en la oración. No repitas ninguna palabra.

feliz   enamorado   separado   comprometido   enojado
travieso   tranquilo   gracioso   prestado   cariñoso

1. A mi familia le gusta ver el programa "The Cable Guy." Es tan _____ que nos hacer reír.

2. Mi tío Gabriel no está casado, pero es _____ y tiene una novia muy simpática.

3. Mi cuñada está _____ de mi hermano. Pronto van a divorciarse. Es un caso complicado.

4. Luis es el novio de mi prima Ana. Los dos están muy _____ y piensan casarse algún día.

5. Ana y Luis están _____. Van a casarse el próximo mes.

6. Quiero mucho a mi abuela. Ella es muy _____ conmigo. Siempre me ayuda con todo.

7. Mi sobrina es muy _____. Siempre está contenta y parece que nada le molesta.

8. Mis padres están un poco _____ porque mi hermanito acaba de comprar una motocicleta y ellos piensan que esto es peligroso.

9. Mi primo Jorge va a usar un carro _____ para llevar a su novia a Colorado.

10. A mis hijos les gustan las aventuras y las bromas. Son algo _____, pero también son divertidos

D. *¿Qué me dices sobre tu familia?* Hazle las siguientes preguntas a un/a compañero/a de clase y luego contéstalas cuando tu compañero/a te las haga. Después, ponte de pie (como todos en la clase) y hazles preguntas a las personas que puedas y responde a las preguntas que ellas te hagan. Al final comparte lo que aprendas con el resto de la clase.

1. ¿Cómo es tu familia? ¿Qué hacen Uds. cuando están juntos?

2. ¿Quién es la persona más generosa/cariñosa/traviesa de tu familia?

3. ¿Está/n casado/a/s tu/s hermano/a/s? ¿Tiene/n hijos?

4. ¿Cómo son tus sobrinos? ¿Dónde viven? ¿Con qué frecuencia los ves?

5. ¿Tienes novio/a? ¿Cómo es? ¿Conoces a sus padres?

6. ¿Cuántos tíos/as tienes? ¿Cómo son?

7. ¿Quién es tu tío/a favorito/a? ¿Por qué lo/la quieres tanto?

8. ¿Tienes primos? ¿Cuándo los ves?

9. ¿Qué opinas del matrimonio?

10. ¿Estás enamorado/a de alguien? ¿De quién? ¿Lo sabe esta persona?

11. En tu opinión, ¿qué se necesita para ser feliz en la vida?

12. Agrega más de tus propias preguntas para aprender más de tu compañero/a.

Preterit indicative—Regular verbs

There are a variety of verb forms that can be used to express the past tense in Spanish. We have already reviewed and practiced the *pretérito perfecto* (present perfect) form. The next two past tense forms you will need to become familiar with are the preterit indicative (*el pretérito*) and the imperfect indicative (*el imperfecto*). The difference between these forms is largely one of grammatical aspect or point of view. In the following section we will review the preterit conjugations. To get a head start on understanding when to use the preterit, try to identify meanings and the point of view of the sentences as you practice the conjugations, but for now it is okay to focus on the conjugations. The usages and grammar of the preterit will be explained in SENDERO 3.

The verb endings for the regular preterit forms are as follows:

PRETERIT INDICATIVE VERBS
Regular verb conjugations: Stem + Endings

-ar	-er	-ir
TRABAJAR	APRENDER	VIVIR
trabajé	aprendí	viví
trabajaste	aprendiste	viviste
trabajó	aprendió	vivió
trabajamos	aprendimos	vivimos
trabajasteis	aprendisteis	vivisteis
trabajaron	aprendieron	vivieron

A practicar 7.2: Conjugación de verbos regulares en el pretérito

Completa las siguientes oraciones con la forma correcta del pretérito.

A. *Conjugaciones.* Completa el cuadro abajo con las formas apropiadas de los verbos en el pretérito. Después, practica los otros verbos de la misma manera.

	yo	tú	él/ella/usted	nosotros/as	vosotros/as	ustedes/ellos/as
comer	comí	comiste	comió	comimos	comisteis	comieron
lavarse	me lavé	te lavaste	se lavó	nos lavamos	os lavasteis	se lavaron
casarse	me _____	_____ casaste	se _____	_____ casamos	os _____	_____ casaron
asistir	asistí	_____	asistió	_____	asisisteis	_____
salir	_____	saliste	_____	salimos	_____	salieron
terminar	terminé	_____	terminó	_____	terminasteis	_____
cantar	_____	cantaste	_____	cantamos	_____	cantaron
reunirse	me _____	_____ reuniste	se _____	_____ reunimos	os _____	_____ reunieron
estudiar	_____	_____	_____	_____	_____	_____
etc.	_____	_____	_____	_____	_____	_____

B. Completa las oraciones con los verbos correctos en el pretérito.

1. El mes pasado mi familia _____ (asistir) a la boda de mi primo en Colorado.

2. Mi mamá le _____ (acompañar) a mi hermana al salón de belleza.

3. Los invitados _____ (comer) algunos platillos típicos de México en la recepción.

4. No _____ (comenzar) ellos la ceremonia hasta las cinco de la tarde.

5. ¿A qué hora _____ (terminar) la ceremonia? —A las siete.

6. Antes de ir a la iglesia, nosotros _____ (reunirse) en la casa de nuestros abuelos.

7. Mi hermano _____ (casarse) con su novia Ana María la semana pasada.

8. Los novios _____ (cantar) y _____ (bailar) muy bien en la fiesta.

9. El autobús que _____ (subir) al pueblo en las montañas y _____ (regresar) a las seis.

10. Anoche yo _____ (salir) con mi novio y _____ (llegar) a mi casa tarde.

C. *Lo que hicimos.* Un grupo de estudiantes habla de lo que cada uno de ellos hizo en su tiempo libre. Completa las oraciones con la conjugación de un verbo apropiado según el contexto.

acompañar ayudar bailar cantar caminar gustar
empezar leer ensayar comer salir

Estudiante A: Al ir hiking con mis amigos el sábado, nosotros _____ por los bosques.

Estudiante B: El viernes después de terminar la tarea yo _____ en la discoteca cerca de mi casa.

Estudiante C: A mí me _____ mucho viajar con mis amigos en marzo. Ellos me _____ a México.

Estudiante D: Toco en un conjunto musical. Nosotros _____ dos veces la semana pasada.

Estudiantes E: Yo _____ dos canciones en la boda de mi hermano el jueves pasado.

Estudiante F: —¿A qué hora _____ ustedes el partido ayer? —A la una de la tarde.

Estudiante G: Mis amigos y yo _____ en un restaurante italiano muy bueno ayer.

Estudiante H: Mi madre me _____ a hacer una piñata para el cumpleaños de mi mejor amiga.

Estudiante I: Mi familia _____ para una fiesta de graduación pero yo me quedé en casa.

Estudiante: J: ¿Y tú? ¿_____ un libro interesante?

Preterit indicative—Irregular verbs

Just as with the present tense verbs, some of the verbs in the preterit tense do not follow the usual conjugation format. Below are some common irregular forms. After observing the verb forms, answer the questions to help you understand the variations in the conjugations.

Since *ser* and *ir* have the same preterit conjugation, how can you tell the meaning of the verb form?

| Ser | → | fui, fuiste, fue, fuimos, fuisteis, fueron |
| Ir | → | fui, fuiste, fue, fuimos, fuisteis, fueron |

In what way/s do the following verbs vary from the regular conjugation? In which persons are the forms regular? In which persons are the forms irregular?

dormir	→	dormí, dormiste, **durmió**, dormimos, dormisteis, **durmieron**
divertirse	→	me divertí, te divertiste, **se divirtió**, nos divertimos, os divertisteis, **se divirtieron**
mentir	→	mentí, mentiste, **mintió**, mentimos, mentís, **mintieron**
morir	→	morí, moriste, **murió**, morimos, moristeis, **murieron**
pedir	→	pedí, pediste, **pidió**, pedimos, pedisteis, **pidieron**
servir	→	serví, serviste, **sirvió**, servimos, servisteis, **sirvieron**

In what way/s do the following verbs vary from the regular conjugation? Can you determine a pattern for the irregular stem? What is the pattern for the boldfaced verbs?

| destruir | → | destruí, destruiste, **destruyó**, destruimos, destruisteis, **destruyeron** |
| leer | → | leí, leíste, **leyó**, leímos, leísteis, **leyeron** |

In what way/s do the following verbs vary from the regular conjugation? Can you determine a pattern for the irregular stem? What is the pattern for the endings?

decir	→	dije, dijiste, dijo, dijimos, dijisteis, dijeron
estar	→	estuve, estuviste, estuvo, estuvimos, estuvisteis, estuvieron
hacer	→	hice, hiciste, hizo, hicimos, hicisteis, hicieron
venir	→	vine, viniste, vino, vinimos, vinisteis, vinieron
tener	→	tuve, tuviste, tuvo, tuvimos, tuvisteis, tuvieron
traer	→	traje, trajiste, trajo, trajimos, trajisteis, trajeron
poner	→	puse, pusiste, puso, pusimos, pusisteis, pusieron
poder	→	pude, pudiste, pudo, pudimos, pudisteis, pudieron
saber	→	supe, supiste, supo, supimos, supisteis, supieron

A practicar 7.3: Conjugación de verbos irregulares en el pretérito

A. *Ahora escribe 9 oraciones según el modelo,* but feel free to use any combination of subject, verb, and object; they are not intended to be done in the order listed.

Modelo: Yo   poner   las flores: Yo puse las flores en la mesa.

Yo	decir	más bebidas…
Mi abuelo	tener	al bautizo…
Mis hermanos	saber	el vestido de novia…
Tú y yo	traer	una piñata…
Uds.	hacer	lo que pasó…
Tú	venir	en la discoteca…
Mis amigos	pedir	la mentira…
Vosotros	estar	los regalos…
Juan y Fran	leer	el periódico…

1. _____
2. _____
3. _____
4. _____
5. _____
6. _____
7. _____
8. _____
9. _____

A practicar 7.4: Verbos irregulares (y también unos regulares) en el pretérito

A. *El bautizo de mi hija.* Completa las oraciones con los verbos correctos en el pretérito.

El sábado pasado (1) _____ (ser) el bautizo de mi hija Marta. Yo
(2) _____ (ir) con mi marido a la iglesia unos días antes para hablar con
el Padre sobre la ceremonia del bautizo. El Padre nos (3) _____ (decir)
todo lo que teníamos que hacer y todo (4) _____ (salir) muy bonito. La
misa (5) _____ (empezar) a las diez de la mañana. Después, nosotros
(6) _____ (ir) a la casa a comer y (7) _____ (divertirse)
mucho. Mis hermana Antonia y Lucía (8) _____ (hacer) un gran banquete
para todos. Mis padres, hermanos, tíos y algunos primos (9) _____ (venir)
a celebrar con nosotros, pero mi abuela no (10) _____ (poder) venir porque
estaba enferma. Muchos de los invitados (11) _____ (traer) regalos muy
bonitos a Marta.

B. *¿Lo que pasó en el mundo en muy pocas palabras?* Completa 'las noticias' con los verbos en el pretérito.

1. En 2005 el huracán Katrina _____ (pasar) por Nueva Orleans, Louisiana. La catástrofe natural _____ (destruir) muchas ciudades y pueblos.

2. En agosto de 2007 hubo un terremoto en Pisco, Perú. Más de 350 personas _____ (morir) con 1000 más heridas. Muchos gobiernos del mundo _____ (ofrecer) a Perú su ayuda.

3. La tragedia del 11 de septiembre de 2001 _____ (tomar) lugar en Nueva York. Los terroristas _____ (atacar) las Torres Gemelas de Nueva. _____ (Ser) un día más que _____ (cambiar) el mundo.

4. El 29 de septiembre de 2006 *el Vuelo 1907 de Gol* _____ (sufrir) un accidente aéreo cerca de Brasilia en Brasil. El avión no _____ (poder) aterrizar con seguridad. Los reportes indicaron que el equipo de rescate _____ (tener) mucha dificultad de llegar a la zona amazónica por el bosque. Por fin, confirmó que 154 víctimas _____ (fallecer—to pass away/to die) en el accidente.

5. Unas lluvias muy fuertes _____ (causar) inundaciones en África. Muchas personas _____ (perder) sus casas y algunas la vida. La Cruz Roja _____ (enviar) un equipo de rescate a Uganda, Togo y Ghana para ayudar a los habitantes.

C. *¡A ti te toca¡* Busca 'unas noticias' recientes en el internet, y escribe tu propia versión en 30 palabras o menos. En una actividad con toda la clase, comparte estas noticias con tus compañeros. Primero, lee lo siguiente:

***Hace* + *time period* = time period + 'ago'**

Hace + *time period* in Spanish is equivalent to *time period* + *ago in English*. It doesn't really matter what the time period is, it can be minutes, hours, weeks, months, years, etc. A few examples are:

Hace 3 días regresamos de nuestra luna de miel.	*Three days ago we returned from our honeymoon.*
El sacerdote llegó hace 5 minutos.	*The priest arrived 5 minutes ago.*
Yo conocí a mi novio hace tres años.	*I met my boyfriend three years ago.*

You can use this any time you want to say 'ago', but one common way of asking for 'how long ago did something happen' is to say: *¿Cuánto hace que tú...?* (*How long ago is it that you...*)

A practicar 7.5: ¿Hace cuánto....

Contesta las siguientes preguntas al responder a 'how long ago you did something.' Usa una forma del pretérito en tu respuesta.

Modelo: —¿Cuánto hace que se casaron tus padres?
        —Se casaron hace 25 años.

1. ¿Cuánto hace que empezaste a estudiar en la universidad?
2. ¿Cuánto hace que conociste a tu mejor amigo/a? (novio/a, cualquier otra persona)
3. ¿Conoces a una persona famosa? ¿Quién es? ¿Cuánto hace que lo/la conociste?
4. ¿Cuánto hace que te graduaste de la secundaria? ¿Qué secundaria?
5. ¿Cuánto hace que hiciste ejercicios? ¿Dónde los hiciste?
6. ¿Cuánto hace que hablaste con tu madre? (padre, abuelo, abuela, etc.)
7. ¿Cuánto hace que fuiste al médico? (dentista)
8. Antes de esta clase, ¿hace cuánto que tuviste una clase de español?
9. Forma más de tus propias preguntas y házselas a otros compañeros de clase.

A pronunciar—más sobre los acentos

In Chapter 2 we introduced the idea of spoken accents in Spanish and the importance of placing the proper stress on the proper vowel in a word or phrase when you speak. In Spanish an overwhelming quantity of words are *palabras llanas*, which means that the stress falls on the *penúltima*, or next to the last syllable. The next most numerous type of words are *palabras agudas*, which means that the stress falls on the last syllable. During the early development of the Spanish language, patterns were established with respect to these tendencies with regard to written Spanish and written accents. As we learn and use the preterit verb form you will find that stress patterns will become crucial since the difference between many words is determined by the placement of stress (i.e. *hablo* means 'I speak' and *habló* means 'he/she/you spoke'). For a review of when and where to place accents in your writing, refer back to *el Capítulo 2*. In this chapter we will work mostly on how to properly place the stress on words whose only difference is where the stress is placed. We will also give some attention to some Spanish/English cognates that are remarkably similar except for where the stress is placed when the words are pronounced.

Pay attention to the differences in meaning caused by a change to which vowel is stressed. Especially common are the differences between the *yo/usted, /él/ella* present subjunctive and *yo* preterit indicative forms; and the *yo* present indicative form and the *usted/él/ella* preterit indicative form. Also included are a few words that tend to give problems to English speakers who are learning Spanish.

Audio 7.2: Escucha y practica la pronunciación de estas palabras.

Presente de subjuntivo	Pretérito	Presente de indicativo	Pretérito	Confusing pronunciations due to English influence
cante	canté	amo	amó	difícil
hable	hablé	escucho	escuchó	fácil
divorcie	divorcié	limpio	limpió	oportunidad
abrace	abracé	beso	besó	presidente
brinde	brindé	ayudo	ayudó	profesor
cante	canté	celebro	celebró	funeral
llegue	llegué	estudio	estudió	sentimental

Identifica y escribe abajo un mínimo de 10 grupos de palabras que se deletrean (are spelled) de la misma manera, excepto por la diferencia de acentuación. Después, practica la pronunciación de tu nueva lista de palabras. (Examination of the conjugations of any regular—AR verb will give you quick and easy options.)

1. _____ _____   6. _____ _____

2. _____ _____   7. _____ _____

3. _____ _____   8. _____ _____

4. _____ _____   9. _____ _____

5. _____ _____   10. _____ _____

 Audio 7.3: Escucha y practica la pronunciación de esta selección. Presta atención especial a las letras 'y', 'll', and 'l'.

Yo amo y ella amó, pero ya no.

Yo como y el presidente comió.

Yo llegué hace una hora y espero que la profesora llegue pronto.

Yo estudio historia y mi padre estudió ingeniería.

Yo canto mucho y me gustó que usted cantó con gusto.

Hablé en español todo el día; es difícil que ella lo hable tanto.

Tarea para grabar y enviar

Ahora graba tu propia recitación de la selección arriba y mándasela a tu profesor/a.

■ Sendero 2—A comprender

One of the most exciting events of a person's life is his or her wedding day, but this is an important day for more than just the bride and the groom. Family and friends also share in the joy, and sometimes stress, of this day. The following *lectura* describes a couple's wedding from the point of view of a friend, an invited guest at their wedding. In addition to the audio version, you can also find on the website for this text an accompanying powerpoint presentation with photos of the wedding celebration. The following vocabulary will help you fill in gaps and understand the *lectura* more easily.

los pétalos de flor—flower petals
los novios—the bride and groom
tirar—to throw
felicitar—to extend good wishes,
    to congratulate

el venado—venison
el cangrejo—crab
los camarones—shrimp
las almejas—clams
los mejillones—mussels

© Olbyy/Shutterstock.com

Una boda en la iglesia del pueblo.

A leer: *Una entrada de blog de Josh—Verónica y Manuel se casaron el 17 de abril—un día para recordar*

🔊 *Audio 7.3:* Además de leerla, para practicar un poco extra escucha y practica la pronunciación de la siguiente lectura. Te invitamos también a ver la presentación de Powerpoint con fotos y narración del texto.

Verónica y Manuel nos invitaron a su boda el sábado pasado. La boda tomó lugar en una antigua iglesia en un pueblo que está a una hora de nuestro apartamento. No tenemos coche y por eso, nuestro amigo Paco nos recogió y nos condujo a la boda. La ceremonia de boda fue muy bonita, reverente y emocional. Me encantó. Después de la ceremonia todos salimos de la iglesia para esperar a los novios. Cuando salieron de la iglesia los saludamos con gritos y les tiramos un montón de arroz y pétalos de flor. Todo me pareció cómico y divertido. Entonces todos los invitados fuimos a una gran recepción. En esa recepción nos sirvieron queso, jamón, pan y varias frutas. Comimos de todo. También nos ofrecieron cerveza, vino y agua mineral, pero solo bebimos el agua mineral. Para terminar esa primera recepción, que duró más de una hora y media, todos nostros, cientos de personas, brindamos a los novios, subimos las escaleras y entramos en un gran salón donde nos sentamos a una mesa para almorzar. Allí conocimos a unos amigos de Verónica, unas personas muy amables. Fue increíble la cantidad de comida que nos llevaron los camareros. Primero, nos dieron una ensalada, quesos, jamón y pan con tomate. De segundo plato, nos trajeron un plato de marisos con cangrejo, camarones, almejas y mejillones. Después comimos un sorbet para limpiarnos el paladar. De tercer plato, nos siverieron pescado con yuca. De cuarto plato comimos venado con patatas y zanahorias. Comimos y hablamos con los nuevos amigos por más de 4 horas. Por fin terminamos con un postre de torta, helado y frutas. Jamás he comido tanta comida en toda la vida. Después de comer, nosotros tuvimos que esperar en una cola muy larga para saludar y felicitar a los novios, Verónica y Manuel. Mi esposa y yo los besamos (en las dos mejillas al estilo español), los abrazamos y les dimos un regalo. Muchas personas se quedaron más horas para bailar y festejar más, pero nosotros nos despedimos de los novios y de los nuevos amigos y salimos por el jardín. Llovió unos minutos, pero eso no causó ningún problema. Una hora más tarde llegamos a casa otra vez. Fue en día para recordar para siempre.

Ejercicios de comprensión

1. ¿Dónde tomó lugar la boda de Verónica y Manuel?
2. ¿Por qué recogió Paco a Josh y su esposa?
3. ¿Cómo fue la ceremonia de la boda?
4. ¿Qué pasó cuando los novios salieron de la iglesia?
5. ¿Qué les tiró la gente a los novios?
6. ¿Qué comieron todos en la recepción?
7. ¿Qué tuvo Josh de beber en la recepción?
8. ¿Qué hicieron cientos de invitados para terminar la recepción antes del almuerzo?
9. ¿Cuántos platos sirvieron en el almuerzo?
10. ¿Qué comidas comieron todos ese día?
11. Después del almuerzo, ¿qué hicieron los invitados?
12. Josh, su esposa y Paco volvieron a casa después de dar su regalo. ¿Qué hicieron los invitados que se quedaron?
13. ¿Cuáles son otros detalles?

Antes de escuchar

Sometimes weddings take place on a grand scale. Sometimes they are small and private. The following audio selection includes mention of a small ceremony. Having studied all of the vocabulary in the text so far, you should know all of the words in the audio selection. Answer the *ejercicios de comprensión* after you listen to the audio.

A escuchar: *Luisa y por qué se mudó a Estados Unidos*

◀)) **Audio 7.4:** Go to the course website and listen to the recording *Audio 7.4—Luisa y por qué se mudó a Estados Unidos* then proceed to answer the questions in *Ejercicios de comprensión* based on what you hear on the recording.

1. Luisa nació en:
    (a) California
    (b) Francia
    (c) Uruguay
    (d) Inglaterra

2. Luisa creció en:
    (a) Francia
    (b) Uruguay
    (c) California
    (d) Inglaterra

3. Luisa vino a Estados Unidos por:
    (a) un proyecto
    (b) su vida personal
    (c) idealismo interior

4. Luisa se casó con un:
    (a) americano
    (b) español
    (c) francés
    (d) inglés

5. Luisa conoció a su esposo en:
    (a) Uruguay
    (b) Estados Unidos
    (c) Francia
    (d) Inglaterra

6. Antes de ir a Francia, Luisa fue a:
    (a) Alemania
    (b) Inglaterra
    (c) California
    (d) Italia

7. La ceremonia de boda de Luisa fue:
    (a) pequeña
    (b) privada
    (c) grande

8. Luisa dijo que no tuvo un plan para venir a Estados Unidos:
    (a) porque quiso estar en Uruguay
    (b) porque fue a estudiar en Francia
    (c) que simplemente pasó

9. ¿Hay más detalles que quieres destacar y compartir con la clase?

■ Sendero 3: A enfocar y abundar

El pretérito (de indicativo)

While you were doing the conjugation exercises for the preterit you may have noticed that in all of the sentences you were communicating the idea of something that you did, that someone else did, or something that happened at a particular point in time. In some exercises this meant a certain day of the week; a previous week, month, or year; yesterday, last night, this morning; etc.; regardless of how long ago this may have happened. For the purposes of you beginning to use the preterit to communicate past occurrences, keep in mind the following concepts:

Primary usage concepts of the preterit: beginning, end, or both

The preterit tense carries with it a *perfective aspect* or *point of view* and therefore is used to express actions which are begun, completed, or both begun and completed, in the past as seen in the following examples:

Begun:	*Mi sobrina caminó a los nueve meses.*	(My niece began walking at nine months of age.)
Completed:	*Se graduó de la universidad hace un año.*	(She graduated from the university a year ago, but obviously did not begin her studies a year ago.)
Both:	*Hizo un pastel de manzana esta mañana.*	(She made a pie yesterday morning: she began and completed making the pie)

Don't worry if you can't always tell which of these is being expressed, sometimes the difference is philosophical. The important thing is that there is completion somewhere in the meaning, it doesn't matter where. Inherent in this definition is that actions or states of verbs expressed in the preterit do not co-occur; that is, they either happen independently of other verbs or occur in a sequence, in chronological order. These three usage situations will be explained separately and will be accompanied by numerous practice exercises over the next several pages.

The first usage situation

The preterit is used to express as non-sequential, that is, independent and unrelated, occurrences completed in the past (individual or in lists).

A. Single event:

Mi hermana vio una película el martes.

B. A list of independent and non-related events: (can be a series of subjects or about one subject)

    1. *El martes mi hermana vio una película, yo estudié para un examen y nuestro hermano trabajó.*

    2. *El semestre pasado tomé clases en biología. También fui a Costa Rica para las vacaciones de primavera. Cumplí veinte y un años. Me gradué de la universidad.*

A practicar 7.6: eventos y procesos comunicados como independientes, y no en orden

A. Escribe una lista de 5 eventos que pasaron en el mundo durante los últimos diez años. Usa el pretérito para comunicar esas ocurrencias no relacionadas. No repitas los sujetos en tus oraciones. (Once you have used a subject in a sentence, do not repeat it—New England Patriots once, your sister once, Barack Obama once, etc.)

Modelo: 1. Los Patriots de Nueva Inglaterra ganaron el Superbowl.
2. Susana, mi hermana mayor, tuvo a un hijo. Ahora tengo un sobrino.
3. Barack Obama fue elegido presidente de los Estados Unidos.
4. Etc.

1. _____

2. _____

3. _____

4. _____

5. _____

B. Escribe una lista de cinco eventos no-relacionados que tú hiciste durante el período de tiempo indicado. Usa diferentes eventos. No repitas verbos. Prepárate para compartir lo que escribas con la clase.

Modelo: el verano pasado

1. **_Participé_** *en un programa de inmersión en Costa Rica.*
2. **_Estuve_** *en la universidad por seis semanas.*
3. **_Trabajé_** *con los niños en una comunidad local en Cholula.*
4. *Etc.*

a) ayer   (b) la semana pasada   (c) el mes pasado   (d) el año

C. *¿Cuándo fue la primera o la última vez que…?* Contesta las siguientes preguntas y luego, en una actividad con toda la clase, pregúntales a unos compañero/as de clase las mismas preguntas. Prepárate a compartir lo que aprendas con la clase.

1. ¿Cuándo fue la primera vez que besaste a alguien? ¿A quién besaste?

_____

2. ¿Cuándo fue la última vez que bailaste en una fiesta? ¿Dónde fue la fiesta?

_____

3. ¿Cuándo fue la última vez que cantaste Karaoke? ¿Qué canción cantaste?

_____

4. ¿Cuándo fue la primera vez que manejaste un carro? ¿Qué carro?

_____

5. ¿Cuándo fue la última vez que visitaste a un pariente? ¿A quién visitaste?

_____

6. ¿Cuándo fue la última vez que comiste en un restaurante? ¿En qué restaurante? ¿Qué comiste? _____

_____

7. ¿Cuándo fue la última vez que fuiste a un concierto? ¿De quién? ¿Con quién?

_____

8. ¿Cuándo fue la última vez que viajaste a o viviste en otro país? ¿En qué país estuviste?

_____

9. Inventa más de tus propias preguntas:

D. *¿Qué hiciste ayer?*: Contesta las siguientes preguntas con una respuesta breve.
1. ¿Cuántas horas dormiste anoche?
2. ¿A qué hora te acostaste anoche?
3. ¿A qué hora te levantaste ayer?
4. ¿Cuál es una cosa poco común que hiciste ayer?
5. ¿Qué desayunaste ayer?
6. ¿Qué almorzaste ayer?
7. ¿Qué cenaste ayer?
8. ¿Qué deportes jugaste ayer?
9. ¿Qué programas de televisión viste ayer?
10. ¿Cuántas horas estudiaste en total ayer?
11. ¿Qué clases asisiste ayer?
12. ¿Cuántas horas pasaste en Facebook o Instagram ayer?
13. ¿Cuántos textos mandaste ayer? ¿Cuántos recibiste?
14. ¿Cuántos tuiteos mandaste ayer? ¿Cuántos recibiste?
15. ¿Qué más hiciste ayer?
16. Haz tus propias preguntas adicionales.

The second usage situation

The preterit is used to express the idea of sequence, that is, it is used to express a series of events in chronological order. First one occurs, then the next, then the next, etc.

> *Esta mañana me levanté a las nueve y media, me vestí, corrí con prisa de mi dormitorio y llegué temprano a mi clase a las diez. Saludé a unos compañeros de clase. Entonces llegó el profesor y la clase comenzó.*

A practicar 7.7

Cuenta en orden cronológico siete cosas que hiciste durante el período de tiempo indicado.

> *Modelo: Tu cumpleaños*
>
> *El día de mi último cumpleaños **me levanté** temprano como siempre. **Comí** mi desayuno preferido—pancakes con jaroba de arce, tocino y huevos. Después, yo **fui** al trabajo y **trabajé** ocho horas. Por la noche mi familia y yo **cenamos** en el restaurante Las Palmas. Luego, **regresamos** a casa y **abrí** unos regalos.*

   a. ayer (levantarse, ducharse, comer, ir, trabajar, salir, ver, hablar, escribir, escuchar, llamar, tener, etc.)
   b. El Año Nuevo pasado (viajar, estar, pasar, visitar, leer, ir, divertirse, cantar, recibir, dormir, etc.)
   c. cualquier otro día de tu selección

The third usage situation

When the preterit is used to express stative verbs it adds an extra dimension to the verb: it momentarily lends action to a verb that otherwise has no action, which causes a meaning change in the verb.

Stative verbs are verbs that describe states or conditions. These are verbs such as *saber, conocer, poder, querer, ser, estar, tener, sentir, pensar, creer, etc.* Normally these verbs cannot and do not express action. However, when they are expressed in the preterit, these verbs become active for an instant, while entering into or exiting from the state or condition, or while exhibiting an effort or intent to demonstrate the commitment to that state. This of course results in a change of perspective and even meaning.

For example:

> *Yo sé* = I know
>
> *Yo supe* = I entered into the state of knowing = I found out, I learned
>
> *Tú conoces* = you are familiar with
>
> *Tú conociste* = you entered into the state of being familiar with someone or something = you became familiar with something or met someone
>
> *El quiere* = he wants = is in the mental state of wanting
>
> *El quiso* = he wanted it so much that he made the effort to make it happen
>
> *El no quiso* = he so didn't want it that he actively kept from doing it = he refused to do it
>
> *Nosotros podemos* = we are able to do it = are in the condition of being able
>
> *Nosotros pudimos* = we were able and made the effort to actually do it
>
> *Nosotros no pudimos* = we were not able to achieve a desired result but we made an active attempt

Given the context, sometimes these preterit forms focus on how the state no longer exists. For example:

> *Ellas piensan* = the think = they are in the state of thought
>
> *Ellas pensaron* = they thought as in: (a) the thought struck them (entered their consciousness), or (b) they once thought a certain way, but no longer do.

Yo tengo frío = I am cold.

Yo tuve frío = either (a) I noticed or began to feel the cold, or (b) I was cold earlier but no longer am.

A practicar 7.8

Completa cada oración con un verbo en el pretérito según las palabras indicadas en inglés.

1. Intentó conseguir una banda de jazz para la boda pero no _____ (he could not, but he did try).

2. (We met for the first time) _____ a los otros estudiantes el primer día de clases.

3. Jorge (found out) _____ esta mañana que su ex-novia se enamoró de su mejor amigo.

4. Cuando oí de los terremotos en Chile _____ (I immediately thought about) en mi hermana porque ella está estudiando allí este semestre.

5. Anoche ella me dijo que (refused to) _____ ir a la boda de su exnovio.

6. La novia de Jorge (wanted to and made an attempt to) _____ venir a verlo, pero al final (she couldn't—failed to do so) _____.

7. Nosotros (found out) _____ que la boda se canceló a las tres de la tarde pero algunos invitados no (they did not find it out) _____ hasta más tarde.

8. Anoche dejé las ventanas abiertas y cuando me desperté esta mañana _____ (I was really cold—I felt the cold at that moment).

■ Sendero 4: A desarrollar, escribir y compartir

Una balsa de llantas y maderas.

The purpose of this chapter is to introduce the preterit so that you can learn the forms and become generally aware of how to express completed actions and sequences of completed actions in the past. For this reason the examples and *lecturas* have been selected and or designed to focus on the sequences in the past. Remember this as you read the following *lecturas* and listen to the audio exercise. Then when you begin to write your assignments, keep things simple and focus on expressing either a series or sequence of events without worrying about developing them. You will be able to do that in the future after learning another past tense form that performs that function.

Antes de leer

Las siguientes palabras te pueden ayudar a entender las lecturas. Estúdialas antes de escuchar y leer las lecturas.

crecer—to grow up
forzar—to force
pasar—to spend
recoger—to pick up
las balsas—rafts

cámaras de carro—tire inner-tubes
el gobierno—government
el guardacostas—Coast Guard
los jóvenes—youth, young people
las maderas—wood boards

A leer: José y la balsa

🔊 *Audio 7.5:* además de leerla, para practicar un poco extra escucha y practica la pronunciación de la lectura *A leer: José y la balsa.*

Con la situación muy mala en Cuba me junté a un grupo de jóvenes y decidimos hacer una manifestación en contra del gobierno de Fidel Castro el 5 de agosto de 1994. Para nosotros la manifestación fue un triunfo porque mostramos al mundo que no estábamos de acuerdo con el comunismo. Pero hicimos todo muy desorganizadamente y después de la manifestación el gobierno empezó a perseguir a muchos jóvenes que participaron en la manifestación y nos forzaron a salir. Salimos de Cuba en balsas hechas de maderas y cámaras de carro. El Guarda Costas de los Estados Unidos nos recogió a unos 15 millas, pero se perdieron unos 6 mil jóvenes en el mar. Yo tuve mucha suerte porque aunque pasé tres días en mi balsa sin comida y sin agua el guardacostas nos encontró y nos salvó.

Ejercicios de comprensión

A. *Comprensión*

1. ¿Con que se juntó José? _____

2. ¿Qué decidieron hacer ellos? _____

3. ¿Cuándo lo hicieron? _____

4. ¿Fue un éxito la manifestación? _____

5. ¿Cómo hicieron la manifestación? _____

6. ¿Qué hizo el gobierno después de la manifestación? _____

7. ¿En qué salieron de Cuba los jóvenes? _____

8. ¿A cuántas millas recogió el guardacostas a los jóvenes? _____

9. ¿Cuántas personas se perdieron en el mar? _____

10. ¿Por qué dijo José que tuvo mucha suerte? _____

B. *¿Y usted?*

1. ¿Viniste a Estados Unidos de otro país? ¿Cuándo viniste? ¿Cómo viniste?
2. ¿Conoces a otra persona que vino a Estados Unidos de otro país? ¿Cuándo y cómo vino?
3. ¿Viajaste en el mar alguna vez? ¿Por cuánto tiempo? ¿En qué?
4. ¿Casí te moriste alguna vez? ¿Cuándo? ¿Qué pasó?

A leer: Mi hermano Esteban y la universidad

🔊 *Audio 7.6:* Además de leerla, para practicar un poco extra escucha y practica la pronunciación de la lectura.

© Rawpixel/Shutterstock.com

Mi hermano Esteban disfrutó de su tiempo en esta universidad pero el proceso de llegar aquí le estresó mucho. Durante su último año de instituto mandó solicitudes a cinco universidades con la esperanza de ser aceptado por su primera preferencia. Se preparó bien en la secundaria. Estudió mucho, participó en actividades extracurriculares, consiguió un promedio de calificaciones muy alto. Sacó unas notas muy altas en sus exámenes SAT o ACT. Cumplió con éxito los requisitos en matemáticas, ciencias, inglés, lengua e historia. Desafortunadamente no lo aceptó su primera preferencia y estuvo triste unos días, pero recibió una beca de su segunda opción y se lo pasó muy bien en sus años aquí. Hizo muchos amigos nuevos, aprendió mucho y después de graduarse siguió con la maestría. Después de seis años en la universidad, ahora tiene un buen trabajo. Ahora esta universidad es mi primera opción y acabo de matricularme. No puedo imaginar una situación mejor que ésta.

Ejercicios de comprensión

A. *Comprensión*

1. ¿Qué le causó estrés a Esteban?
2. ¿A cuántas universidades solicitó Esteban?
3. ¿Qué hizo Esteban para prepararse para matricularse en la universidad?
4. ¿Cómo fueron las notas en sus exámenes de SAT y ACT?
5. ¿Qué universidad no aceptó a Esteban?
6. ¿Qué universidad lo aceptó?
7. ¿Qué le dio esta universidad a Esteban?
8. ¿Qué le pasó a Esteban al final?
9. ¿Qué acaba de hacer el hermano de Estaban?
10. ¿Tienes más comentarios?

B. *¿Y tú?*

1. ¿Te causó estrés el proceso de escoger una universidad?
2. ¿A cuántas universidades solicitaste? ¿Cuáles?
3. ¿Qué hiciste para prepararte para matricularte en la universidad?
4. ¿Tomaste el SAT o el ACT? ¿Qué tal las notas?
5. ¿Tienes más comentarios?

Audio 7.7: Go to the course website and listen to the recording *Audio 7.7: Cristina y su día en Sevilla* then proceed to answer the questions in *Ejercicios de comprensión* based on what you hear on the recording. Te invitamos también a ver la presentación de Powerpoint con fotos y narración del texto.

A escuchar: Cristina y su día en Sevilla

Ejercicios de comprensión

A. *Comprensión*

1. Cristina fue a Sevilla el _____ de abril.
   - (a) 15
   - (b) 20
   - (c) 22
   - (d) 26
2. Primero Cristina visitó _____.
   - (a) el Alcázar
   - (b) la Torre de Oro
   - (c) la catedral
3. Cristina pasó _____ horas en el Alcázar.
   - (a) 1
   - (b) 2
   - (c) 3
   - (d) 4

4. Cristina almorzó _____ .
    (a) churros
    (b) paella
    (c) pescado
    (d) tortilla española

5. Después de la corrida de toros _____ .
    (a) merendó
    (b) visitó la Torre de Oro
    (c) volvió al hotel

6. ¿Qué más hizo Cristina en Sevilla? _____

B. *¿Y tú?*

1. ¿Qué sabes de la Feria de abril en Sevilla?

2. ¿Has estado en Sevilla alguna vez? ¿Por cuánto tiempo? ¿Qué hiciste allí?

A escribir y compartir

Escriba una composición de 100 a 125 palabras sobre...

The following are possible composition ideas. Follow the direction of your *profesor* or *profesora* to know which to do. Share the topic or topics you choose with the class by posting it (or them) on your blog. Then in class take about 10 minutes, more if there is time, and go from person to person reading your composition to someone, and having them read theirs to you. You should be able to talk to 3 to 5 other classmates. Then report in class on those that you have talked to during a class discussion.

A. Escribe una composición en la que describas los eventos de uno de los siguientes temas:

1. Unas vacaciones interesantes

2. El día más feliz de tu vida (o por lo menos un día muy feliz)

3. Un día festivo

4. Un evento importante en tu vida

5. Tu boda o la boda de un amigo o persona de tu familia

6. Tu visita a otro país

7. El proceso de tu selección de esta universidad

B. Después de la corrección de tu composición, prepara una presentación (de Powerpoint o simplemente ponla en tu blog) sobre el tema que escogiste en tarea (A) arriba. Debes preparar una versión abreviada de tu composición. Pon un máximo de 11 diapositivas con descripción en español en cada diapositiva. Pon tu presentación en tu blog.

Capítulo 8
Un mundo internacional: Las bellas artes y el bilingüismo

Disfrutando del arte: Un salón de la Casa Museo de Jaoquín Sorolla

■ Objetivos

Habilidades Prácticas	Discuss basic concepts and people related to art, music, and literature
Vocabulario	Arte, música y literatura
Pronunciación	Diptongos and hiatos: *ia* and *ía*
Gramática	Imperfect indicative conjugations and usage; present and imperfect progressives
Cultura	Art, music, literature; artists, musicians, authors; Bilingualism—assimilating into a new country

■ Sendero 1: A repasar y preparar

Las siguientes son palabras que tienen que ver con el arte, la música, y la literatura. Revísalas, apréndelas y luego continúa con los ejercicios para practicarlas.

Vocabulario

 Audio 8.1: Escucha y practica la pronunciación de estas palabras de vocabulario.

Los artistas

el/la artista—artist
el bailarín/la bailarina—dancer
el/la cantante—singer
el/la compositor/a—composer
el/la escritor/a—writer

el/la escultor/a—sculptor
el/la músico/a—musician
la orquesta sinfónica—symphonic orchestra
el pintor/la pintora—painter
el trovador/la trovadora—troubadour

Instrumentos musicales

el bajo—bass
el clarinete—clarinet
la flauta—flute
la guitarra—guitar
las marimbas—marimbas
el oboe—oboe
el flautín—piccolo
el saxofón—saxophone

el tambor—drum
la trompeta—trumpet
el trombón—trombone
la tuba—tuba
la viola—viola
el violín—violin
el violoncello—cello
la voz—voice

El arte y sus productos

la acuarela—water color
el álbum/el élepe—album
el autorretrato—self portrait
el baile—dance
el carbón—charcol drawing
el concierto—concert
el cuento corto—short story
el dibujo—drawing

el disco compacto—CD
el DVD (de-uve-de)—DVD
la escultura—sculpture
el óleo—oil painting
la pintura—painting
el retrato—portrait
la tira cómica—comic strip
el tocadiscos—record player

Los conceptos

la armonía—harmony
el fondo—background
el folklore—folklore
la luz—light
la melodía—melody
la obra—work (art, music.etc.)

la realidad—reality
el reflejo—reflection
el ritmo—rhythm
el símbolo—symbol
el sonido—sound

Tipos de música

el bolero	la ópera
la cumbia	el reggaeton
el jazz	el rock
la música clásica	la salsa
la música folklórica	el merengue

Verbos

analizar—to analyze	grabar—to record
cantar—to sing	imitar—to imitate
componer—to compose	interpretar—to interpret, act out
copiar—to copy	pintar—to paint
dibujar—to draw, to sketch	recitar—to recite
disfrutar—to enjoy	sacar fotos—to take photos
ensayar—to practice (an instrument)	tocar—to play (instrument)
expresar—to express	usar—to use

Tipos de programa de televisión

un programa de juegos—TV game show	la telerealidad—reality television
un sitcom/una comedia—sitcom	la telenovela—soap opera
un reality—reality television show	

Géneros de película—film genres

las películas de acción— action movies	las películas de terror—terror/horror
las películas de amor—romance movies	un corto—a short
las películas de aventuras—adventure movies	un drama—a drama
las películas de dibujos animados—cartoons	un musical—a musical
las películas de ciencia ficción—science fiction	un thriller—a thriller

A practicar 8.1

A. Según el contexto completa las oraciones con las palabras más adecuadas.

> tambor   obra   trompeta   voz   tocadiscos
> fondo   oboe   salsa   luz   murales

Una orquesta sinfónica tocando en un concierto al aire libre frente a la catedral'

1. La _____ es un tipo de música muy conocido en los países latinos. También es un condimento muy rico.

2. Yo toco un instrumento musical de viento; toco el _____ en la orquesta sinfónica.

3. El pintor Diego Rivera pintó muchos _____. Uno es "*Automotive Assembly Line*" que se encuentra en el *Detroit Institute of Arts*.

4. *Las Meninas* es la _____ maestra de Diego Velázquez.

5. Paloma San Basilio tiene una _____ muy bonita. Ella interpretó el papel de Eva Perón en la primera actuación en español del musical *Evita*. Creo que cantó *No llores por mi Argentina* y las otras canciones muy bien.

6. Chris Botti es un músico contemporaneo que toca muy bien la _____ y es muy conocido por su música. Toca la música de compositores de muchos países y también invita a cantantes de muchos países a cantar en sus albumes.

7. Antes la gente usaba mucho el _____ para escuchar la música pero hoy en día los jóvenes usan *iPods* o su smartphone.

8. Esta pintura es sobre la naturaleza con un _____ de una playa enorme sin cielo.

9. Uno de los instrumentos musicales que se usa mucho en la música africana es el _____.

10. La _____ es esencial para sacar buenas fotos y también en el enfoque del pintor luminista Joaquín Sorolla en sus cuadros.

B. *Los artistas.* Asocia los artistas a la izquierda con sus obras, música o instrumentos musicales a la derecha.

_____ 1. Alejandro Sanz

_____ 2. Vincent Van Gogh

_____ 3. Plácido Domingo

_____ 4. Enrique Iglesias

_____ 5. Diego Velázquez

_____ 6. Carlos Santana

_____ 7. The Beatles

_____ 8. Taylor Swift

_____ 9. El Greco

_____ 10. Jennifer López

a. Conjunto de rock británico; los Fab Four

b. Famoso guitarrista, pionero en la fusión de la música Rock y latinoamericana

c. Pintor de cuadros al óleo; pintó el famoso cuadro *The Starry Night*

d. Cantante español; canta en muchas óperas y zarzuelas famosas

e. Cantante popular de la música 'country'; es de Estados Unidos

f. Cantante y actriz: interpretó a Selena Quintanilla en la película *Selena*

g. Pintor español del período barroco; su obra más conocida es *Las Meninas*

h. Pintor de España; su obra maestra *El entierro del Conde de Orgáz*

i. El cantante español con el mayor número de premios *Grammy*

j. Ha seguido los pasos de su padre Julio y ahora es otro de los cantantes más famosos que cantan en español e inglés

C. *Sobre la música.* Házle a tu compañero/a de clase las siguientes preguntas.

1. Qué tipo de música escuchas más? ¿Cuáles son unos ejemplos? ¿Cuáles son algunos de tus conjuntos o cantantes favoritos?

2. ¿Tocas algún instrumento musical? ¿Qué tocas?

3. ¿Cuándo comenzaste a tocar _____ (el instrumento que indicaste en la pregunta anterior)?

4. ¿Qué sabes de la música latina? ¿A qué artistas conoces? ¿A qué artistas escuchas?

D. *Sobre el arte y la escultura.* Házle a tu compañero/a de clase las siguientes preguntas.
1. ¿Te gusta el arte? ¿Qué tipo de arte te gusta más?
2. ¿Quién es uno de tus pintores favoritos? ¿Por qué te gusta su arte? ¿Tienes alguna obra favorita?
3. ¿Tienes talento para pintar o dibujar? ¿Cuáles son tus especialidades? Queremos que lleves un ejemplar a clase para que lo veamos. ¿Lo puedes llevar a la próxima clase?
4. ¿Qué sabes del arte hispánico? ¿A qué artistas conoces?

E. *Sobre la literatura y el cinema/la televisión.* Házle a tu compañero/a de clase las siguientes preguntas.
1. ¿Qué género de literatura prefieres? ¿Las novelas? ¿La poesía? ¿Los cuentos cortos? ¿El teatro? ¿Otro?
2. ¿Prefieres leer libros de ficción o de no-ficción?
3. ¿Quiénes son algunos de tus autores favoritos?
4. ¿Qué tipo de película prefieres?
5. ¿Prefieres películas de ficción o documentales?
6. ¿Qué sabes de las literaturas española e hispanoamericanas.

The imperfect indicative

The imperfect indicative is another past tense verb form and is used primarily for continuous or ongoing actions in the past. This will be explained later in the chapter in *el SENDERO 3*. It is a simpler verb form to learn than the preterit because **ALL** verbs follow a regular pattern except for three verbs: *ir, ser, ver.*

The (only) 3 irregular imperfect indicative verbs

IR	SER	VER
ibas	era	veía
ibas	eras	veías
iba	era	veía
íbamos	éramos	veíamos
ibais	erais	veíais
iban	eran	veían

All the rest of the imperfect verbs are regular as shown below. The imperfect is formed with the infinitive stem and their corresponding endings. The *–ar* verbs have their endings and the *–er* and *–ir* endings have their same endings as shown below.

Imperfect Indicative Verbs
Regular verb conjugations: Stem + Endings

-ar	**-er**	**-ir**
TRABAJAR	APRENDER	VIVIR
trabaj*aba*	aprend*ía*	viv*ía*
trabaj*abas*	aprend*ías*	viv*ías*
trabaj*aba*	aprend*ía*	viv*ía*
trabaj*ábamos*	aprend*íamos*	viv*íamos*
trabaj*abais*	aprend*íais*	viv*íais*
trabaj*aban*	aprend*ían*	viv*ían*

A practicar 8.2: verbos del imperfecto de indicativo

A. Completa las oraciones con las conjugaciones correctas en el imperfecto.

1. Yo _____ (divertirse) con frecuencia en las exposiciones de arte con mis abuelos.

2. Mis padres siempre nos _____ (conducir) a los ensayos los sábados.

3. Mi novia y yo _____ (salir) para ver algún concierto cada dos semanas.

4. La familia no _____ (poder) venir con nosotros para ver las obras de Goya.

5. ¿_____ (pensar) ustedes asistir al concierto de *Juanes*?

6. Los jóvenes _____ (pedir) las entradas porque _____ (tener) muchas ganas de ver el drama/musical *Mujercitas* por Luisa May Alcott.

7. Recuerdo que la orquesta sinfónica de Granada _____ (tocar) casi todos los viernes en el otoño porque _____ (ir) regularmente con mi familia.

8. Mientras nosotros _____ (escuchar) las canciones de *Elvis Presley* _____ (recordar) el tiempo cuando _____ (vivir) en Tennessee.

9. Cuando nosotros _____ (ser) jóvenes, siempre _____ (ir) al teatro con nuestro tío.

10. El otro día mis primos _____ (ver) las fotos de *Ansel Adams* mientras yo _____ (dibujar) un retrato de mi papá.

B. *Mi niñez.* Completa el ejercicio con los verbos del imperfecto.

Tengo muchos recuerdos bonitos de mi niñez. Cuando yo _____ (1. ser) niña, mis padres siempre nos _____ (2. llevar) al Circo Fantástico en San Antonio, Texas. Para llegar nosotros _____ (3. ir) en el viejo coche de mi papá. Por supuesto, en verano siempre _____ (4. hacer) mucho calor y por eso mi mamá siempre nos _____ (5. comprar) paletas que _____ (6. tener) sabores tropicales. Mi sabor favorito

_____ (7. ser) mango con chile. ¡Deliciosa!

En el circo, cada año nosotros _____ (8. ver) tigres, elefantes, monos y más. Además de animales _____ (9. haber) muchos tipos de acróbatas, ciclistas y trapecistas. A mí me _____ (10. gustar) más que nada los payasos. Parece que el circo ya no es tan popular hoy en día y no he ido durante muchos años, pero nosotros _____ (11. estar) muy contentos por el espectáculo y todavía hablamos de nuestras muchas visitas al circo.

Íbamos al circo con toda la familia.

C. *Las dos Fridas.* Completa el ejercicio usando el imperfecto.

Antes me _____ (1. gustar) las pinturas de Frida Kahlo mucho y mi pintura favorita _____ *Las dos Fridas.* Esta pintura fue pintada en 1939, el año en que Frida se divorció de Diego Rivera. En esta pintura, la Frida que _____ (2. vestirse) del traje tradicional mexicano todavía _____ (3. estar) enamorada de Diego. La Frida que _____ (4. tener) un corazón roto y herido ya no _____ (5. amar) a su sapo príncipe. Para Frida, Diego _____ (6. ser) todo. Esta pintura me _____ (7. inspirar) mucho cuando yo _____ (8. asistir) a la escuela secundaria y todavía _____ (9. estudiar) el arte. Yo _____ (10. querer) ser como Frida. Mis amigos _____ (11. pensar) que yo _____ (12. estar) loca. Como nosotros _____ (13. vivir) en Nueva York, _____ (14. ir) al museo con mucha frecuencia para ver y estudiar sus obras.

Frida Kahlo

D. *María también aprendía a hablar inglés.* Completa el ejercicio usando el imperfecto.

Mi hermana y mi hermano son diez años mayor que yo y ya _____ (1. hablar) mucho inglés cuando yo _____ (2. ser) chica porque ellos _____ (3. asistir) a la escuela. Mi mamá no les _____ (4. entender) muy bien cuando _____ (5. decir) cosas en inglés y mi papá _____ (6. traducir) para ella. Cuando _____ (7. estar) muy chica yo tampoco les _____ (8. comprender) cuando _____ (9. conversar) en

Madre e hija: el monolingüismo y el bilingüismo en la misma familia.

inglés porque yo _____ (10. quedarse) en casa mi mamá y
_____ (11. escuchar) español todo el día. Yo no _____ (12. ir)
a la escuela pero _____ (13. comenzar) a hablar inglés en casa
porque _____ (14. querer) ser como mis hermanos. Al principio yo no _____ (15. saber) muchas palabras, pero ellos me
_____ (16. ayudar). A veces cuando yo _____ (17. usar) inglés
mi mamá me _____ (18. decir): "Mi hijita, ¿qué dices? Háblame en español."
Eso le _____ (19. frustrar) bastante porque yo _____ (20. ser)
su niña, la más chica, la última en aprender inglés. Ahora le hablo a mi mamá y a algunos
tíos y tías en español, pero con mis hermanos y amigos casi siempre hablamos inglés.

E. *Actividad*: Lleva una foto (o más si quieres) de ti en la que tú estás haciendo algo que
hacías con frecuencia durante alguna época de tu vida. Enséñales la foto a unos compañeros de clase y explícales lo que es que hacías. Puedes escribir un bosquejo o unos
apuntes para ayudarte con tu explicación.

The presente progressive indicative

The present progressive in Spanish allows you to emphasize an event in its exact moment of
occurrence, (i.e. *Estoy estudiando el arte de México → I am studying Mexican Art.*) The conjugation is formed by joining the present tense of the verb estar with the present participle.

The present participle is usually formed as follows:

−ar verbs: the stem + ando → habl + ando → hablando
−er or *−ir* verbs: the stem + iendo → com + iendo → comiendo
                 the stem + iendo → viv   + iendo → viviendo

While most present participles are regular, some irregular forms do exist. These tend to be
the same verbs which have a stem change similar to the irregular verbs forms found in the 3rd
person singular form in the preterit which change from *e* to *i* or which change from *o* to *u*:

pedir   → **pid**ió   → pidiendo (instead of pediendo)
dormir → **dur**mió → durmiendo (instead of dormiendo)
repetir → **repit**ió → repitiendo (instead of repetiendo)
decir   → **dij**o   → diciendo (instead of deciendo)

Hence, the present progressive is formed by the proper conjugation of estar plus the present
participle:

Escuchar → **Estoy escuchando** un disco compacto de Juanes. Cállate!

Comer   → Tú **estás comiendo** mi pizza. ¿Por qué?

Tocar   → Mi hermano **está tocando** la trompeta ahora. Escúchalo!

Ver   → **Estamos viendo** televisión ahora. No queremos salir a jugar.

Pintar   → Ellos **están pintando** los retratos. ¡No los molestes, por favor!

A practicar 8.3

A. Contesta las preguntas con un verbo en el presente del progresivo.

1. No quiero molestar a mis hermanos ahora porque ellos _____ (ensayar) con su banda de rock.

2. ¡Silencio por favor! El guía _____ (decir) algo muy importante.

3. Yo _____ (memorizar) la letra de una canción de Enrique Iglesias.

4. Nosotros _____ (analizar) *El viejo y el mar*, una novela de Hemingway, en mi clase.

5. Ellos dicen que tú _____ (componer) unas nuevas canciones para el concierto en diciembre. ¿Cómo son?

6. —¿Qué _____ (hacer) tú ahora?
   —_____ (leer) algo sobre el debate del presidente.

B. *Actividad de actuación: Ahora interpreta (act out) algunos verbos mientras un compañero/a de clase los adivina (o todos en la clase los adivinan) usando el presente del progresivo.* Make guesses while the person or persons are 'performing' to emphasize the current and ongoing active. Respond to the question: *¿Qué está haciendo esa persona?*

The imperfect progressive indicative

The imperfect progressive works the same as the present progressive except that the verb *estar* is conjugated in the imperfect instead of in the present. It emphasizes the ongoingness of an action in the past:

Yo **estaba haciendo** mis maletas para salir de viaje anoche a las 11:00.

Ellos **estaban hablando** por teléfono ayer a las ocho.

Nosotros **estábamos volviendo** de Boston ayer a las 5:00 de la tarde.

A practicar 8.4

A. Inventa y escribe lo que hacía (estaba haciendo) la persona indicada a esas horas de los días indicados. Pon énfasis en la acción por expresarlo en el imperfecto progresivo.

1. El sábado a las 8:00 de la mañana yo _____

2. El lunes a las 10:30 de la mañana tú _____

3. El domingo a las 3:00 de la tarde David _____

4. Ayer a la 1:30 de la tarde mi familia _____

5. El martes a las 10:00 de la noche ustedes _____

6. El jueves a las 7:30 de la noche Luis y yo _____

B. *Actividad de actuación: Ahora interpreta (act out) algunos verbos mientras un compañero/a de clase los adivina (o todos en la clase los adivinan) usando el imperfecto del progresivo. This time don't make guesses until the person or persons have stopped 'acting'. Then respond to the question: ¿Qué estaba haciendo esa persona?*

A pronunciar: diptongos y hiato—ia and ía

When an unstressed *i* is next to another vowel a diphthong will be formed which means that the *i* and the *a* will be in the same syllable. This creates the *diptongo 'ia'* and the result is that the *i* somewhat resembles a '*y*' sound in the English word 'yes'. Examples of this are words such as:

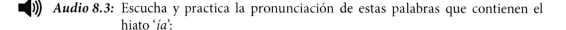 **Audio 8.2:** Escucha y practica la pronunciación de estas palabras que contienen el diptongo 'ia':

piano	*hacia*	*seria*	*iglesia*
tiara	*salvia*	*euforia*	*marciano*
cristiano	*Asia*	*rubia*	*obvia*

In contrast a *hiato* occurs when a stressed *i* is combined with an *a* in the conditional and imperfect verb forms as well as many other words which require that the *i* and the *a* be in two separate syllables written as 'ía':

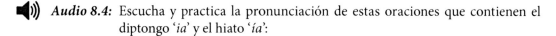 **Audio 8.3:** Escucha y practica la pronunciación de estas palabras que contienen el hiato 'ía':

Condicional	Imperfect	Other
cantarías	*recibía*	*panadería*
analizaría	*vivías*	*librería*
serían	*hacíamos*	*heladería*
estaría	*respondía*	*melodía*
compraría	*comía*	*pastelería*

🔊)) **Audio 8.4:** Escucha y practica la pronunciación de estas oraciones que contienen el diptongo 'ia' y el hiato 'ía':

1. *Sería una mujer muy seria. Se decía que ella vivía, comía y dormía con las melodías de su piano.*
2. *Era obvia la euforia que sentía la muchachita cuando se le ponía la tiara.*
3. *Ya sabía que la rubia y el rubio se casaron en una iglesia cristiana en Asia.*

Tarea para grabar y entregar

Ahora graba tu propia recitación de la selección arriba y en *Audio 8.4* y mándasela a tu profesor/a.

■ Sendero 2: A comprender

Antes de leer

Many say that music is a universal language that all can understand. Besides all of the other positive effects of singing, playing, or listening to music, listening to music in a language other than your own can help you to become familiar with and facilitate your learning of that language. That is what Arturo discovered as he explains in the following lectura. You already know most of the words, but a few that you may not have seen before are included below for your convenience. There are also a few new concepts that will not be explained here, but you can look them up to see what they are all about (for example: *la música Nueva Trova*).

 Audio 8.5: Escucha y practica la pronunciación de la siguiente lectura.

A leer: Arturo—la música y la nueva trova

Puede que esto sea algo superficial para usted, pero por mi conexión con la música, es importante para mí. Yo nací en Puerto Rico, pero cuando tenía 7 años, mi papá estaba en la mili de los Estados Unidos, y tuvimos que mudarnos a El Paso, Texas. Cuando vivíamos en El Paso fui con toda mi familia para ver a Elvis (Presley). Todavía recuerdo la primera vez que lo vi cantar. Eso me impresionó y tuvo un impacto muy grande en mi vida. Fue eso lo que me motivó a tener una carrera en la música. Luego regresamos a Puerto Rico, pero nunca me olvidé de esto. Aunque la música que yo cultivaba muchos años después era la música puertorriqueña, la música de mis raíces, todo comenzó con este concierto de Elvis. Por 10 años en Puerto Rico yo participé con un conjunto musical que comenzó una nueva tendencia musical en Puerto Rico que se llamaba "la nueva trova" o "la nueva canción" que básicamente era de actualizar el folklore tradicional. Es decir, hacíamos que esta música respondiera a los temas de actualidad. Casi todos sentíamos la influencia del rock y los Beatles y (Bob) Dylan y todos esos tipos de influencia en los sesenta. Así que traíamos elementos de rock, jazz, la música tradicional y a consecuencia, al final formamos un nuevo neocrilloísmo, un nuevo *folklore*. Otra cosa que le puede interesar es que cuando me mudé aquí a Estados Unidos el inglés ya era familiar porque yo siempre escuchaba la música en inglés y ya entendía mucho. Cuando escuchaba la música en inglés aprendía inglés sin saber que lo aprendía. Desde mi niñez la música ha sido una parte de mí.

Ejercicios de comprensión

A. *Cierto/Falso*

1. Cierto   Falso   Arturo es de Puerto Rico.
2. Cierto   Falso   Cuando tenía 7 años, Arturo quería ir para ver a Bob Dylan.
3. Cierto   Falso   Elvis Presley le motivó a Arturo a seguir una carrera en la música.
4. Cierto   Falso   Arturo participó en una nueva tendencia musical que se llamaba la nueva trova.
5. Cierto   Falso   Después de la edad de 10, Arturo nunca escuchaba la música en inglés, solo la música en español.

B. *Para Responder*

1. ¿Dónde nació Arturo?
2. ¿Dónde vivía Arturo cuando tenía 7 años?
3. ¿Qué recuerda Arturo todavía hoy?
4. ¿Qué música cultivaba Arturo? ¿Por qué cultivaba esa música?
5. Básicamente, ¿qué era "la nueva trova" o "la nueva canción"?
6. ¿Por qué le era familiar a Arturo el inglés cuando vino a los Estados Unidos?
7. ¿Qué ha sido siempre una parte de Arturo?

Antes de escuchar

Listening to music is a plus when it comes to learning a new language, and so is watching television. A lot of our movies and shows made in the United States are voiced over or have subtitles in other languages, including Spanish. Anita talks about the role of watching television in English in helping her to learn English (of course, the same can work for us as we watch programs in Spanish). You will know most of the words, but here are a few new ones.

Soy tímida—I am timid
Equivocarme—make a mistake
Las novelas (telenovelas)—soap operas

Los realities—reality shows
Mi mejor aliado—my best ally
Las palabrotas—cuss words

A escuchar: Anita y su aliado la televisión

🔊)) *Audio 8.6:* Go to the course website and listen to the recording *Audio 8.6—Anita y su aliado la televisión* and then proceed to answer the questions in *Ejercicios de comprensión* based on what you hear on the recording.

Ejercicios de comprensión

1. Anita vive en Estados Unidos ahora, pero orignalemente es de…
   (a) Honduras
   (b) la República Dominicana
   (c) Costa Rica
   (d) Chile

2. Cada día Anita aprende…
   (a) nuevas palabras en inglés
   (b) nombres de sus vecinos
   (c) maneras de estudiar inglés

3. Anita tiene miedo de…
   (a) los maestros
   (b) su jefe
   (c) cometer errores
   (d) decir palabrotas
   (e) tomar exámenes

4. El mejor aliado de Anita…
   (a) son sus libros
   (b) es la televisión
   (c) son sus amigos y familia
   (d) es su computadora

5. Los dos tipos de programas de televisión favoritos de Anita son…
   (a) los sitcoms
   (b) las novelas
   (c) los realities
   (d) las noticias
   (e) las películas

6. Dos cosas buenas que Anita ha aprendido de la televisión son _____ y
   _____.
   (a) la pronunciación
   (b) mucha cultura
   (c) mucha geografía
   (d) un vocabulario variado

7. Dos cosas malas que Anita ha aprendido de la televisión son _____ y
   _____.
   (a) escándalos de mucha gente
   (b) insultos
   (c) maneras de perder el tiempo
   (d) muchas palabrotas

8. ¿Tienes más comentarios que quieres destacar?

■ Sendero 3: A enfocar y abundar

The imperfect indicative

While you were doing the conjugation exercises for the imperfect and answering the questions about the content for the readings, you may have noticed that in the different sentences, you were communicating the idea of something that you were doing at a particular moment or that you usually, repeatedly, or customarily did over a period of time. These usages are the two most important overriding meanings for the imperfect indicative. A third usage is to express the idea of something that 'was going to happen.' Conceptually, this means that the imperfect indicative expresses the past as it was occurring or developing, without time limits and restraints and that verbs in the imperfect can co-occur, or simply put, they can happen at the same time. Let's take a look at each of these three usage concepts individually.

Primary usage concepts

The first imperfect usage situation

The imperfect is most often used to express co-occurrence (things going on at the same time) in:

1. Actions and states which are ongoing or in progress at a given point in time (without reference to beginning or end).

   a. Comíamos pizza mientras estudiábamos para el examen.
      (The actions of both the eating and the studying were going on at the same time.)

   b. Eran las diez de la tarde y tenía sueño.
      (It was 10:00 and I was sleepy—both ongoing at the same time in the past.)

   c. Pensábamos que era difícil ser bilingüe.
      (We were thinking that being bilingual was difficult, ongoing at that moment.)

A practicar 8.5

A. Completa las siguientes oraciones con un verbo en el imperfecto según el contexto indicado.

*Modelo: No podíamos entender toda la película porque **dos chicos hablaban casi continuamente todo el tiempo.***

1. Espero que esté bien contigo, pero mientras trabajabas, nosotros _____

   _____

2. Al caminar al museo de historia natural mis amigos y yo también _____

   _____

3. El guía en el museo de arte creía que nuestro grupo _____

   _____

4. Mientras la orquesta sinfónica tocaba el Réquiem por Mozart, el público _____

   _____

5. Eran las nueve de la noche y la gente en el museo todavía _____

   _____

6. No estoy seguro pero yo creo que el autor de esta novela sufría de algo cuando

   _____

7. Yo quería ver los murales de José Clemente Orozco pero mi novio _____

   _____

8. El en concierto, mientras el cantante cantaba, el público _____

   _____

9. Mientras leía el periódico el domingo por la mañana mis compañeros de cuarto

_____

10. Mientras preparábamos la cena ellos _____

_____

11. ¡Qué molestia! Anoche mientras yo estudiaba para mis examen, mis vecinos

_____

B. *¿Qué hacías a las…?* Contesta las siguientes preguntas y luego, en una actividad con toda la clase, pregúntales a unos compañero/as de clase las mismas preguntas. **Después comparte lo que aprendas con la clase para ver qué hacían las personas en la clase a la misma hora.**

1. ¿Qué hacias hoy a las seis de la mañana? …a las 8 de la mañana? (o cualquier otra hora)

2. ¿Qué hacía ayer a las siete de la mañana? …a las tres de la tarde? …a las nueve de la noche? (o a cualquier otra hora).

3. ¿Qué hacías el sábado pasado a las ocho de la mañana? …a las cuatro de la tarde? …a las ocho de la noche? (o a cualquier otro día u hora)?

The second imperfect usage

The imperfect form can also describe and convey repeated or customarily performed actions over a period of time (with emphasis on the repeated or habitual nature of the action—not merely that it is in the past).

a. Frecuentemente íbamos a la playa.
   (Frequently we went—no comment on current frequency of trips to the beach)

b. Leíamos mucho en el pasado porque teníamos más tiempo libre.
   (We used to read a lot in the past—no comment on reading habits now.)

c. Siempre se levantaba temprano en la secundaria.
   (He always got up early in high school—no comment on when he got up before or after his high school years)

A practicar 8.6

A. *¿Qué hacías cuando…?* Contesta las siguientes preguntas y luego, en una actividad con toda la clase, pregúntales a unos compañero/as de clase las mismas preguntas. Prepárate a compartir lo que aprendas con la clase.

1. ¿Con qué frecuencia ibas a la playa cuando eras chico/a? _____

_____

2. ¿A qué hora te levantabas los lunes el semestre pasado? _____

_____

3. ¿Qué comida no te gustaba comer cuando eras niño/a? _____

_____

4. ¿Con qué frecuencia ibas a museos o exhibiciones de arte cuando eras niño?_____

_____

5. ¿Qué deportes practicabas en la secundaria? _____

_____

6. ¿Qué instrumentos musicales tocabas en la secundaria? _____

_____

7. ¿Con qué frecuencia ibas al cine cuando estabas en la secundaria? _____

_____

8. ¿Con qué frecuencia hacías senderismo cuando estabas en la secundaria? _____

_____

9. Cuando eras niño o niña, ¿quién te leía los libros o cuentos? _____

_____

10. En la secundaria, ¿cuántas horas pasabas en el internet y/o con tu teléfono? _____

_____

11. Forma más de tus propias preguntas.

B. *Tus preferencias*: en una actividad con toda la clase, pregúntales a unos compañero/as de clase las siguientes preguntas. Prepárate a compartir lo que aprendas con la clase.
   1. ¿En tus clases de inglés en la secundaria preferías leer poesía, novelas, ensayos o cuentos cortos?
   2. ¿Qué libros preferías leer (o escuchar, si tus padres o hermanos te leían) cuando tenías 5 años?
   3. ¿Qué escritores eran tus preferidos en la secundaria?
   4. ¿Qué cantantes o conjuntos musicales escuchabas más cuando tenías 10 años? ¿Cuándo tenías 15 años?
   5. Cuando eras niño/a ¿qué preferías hacer durante tus vacaciones familiares: visitar museos y otros sitios históricos, ir camping, visitar a tus parientes, o no salir lejos y tener tiempo para jugar con tus amigos?
   6. ¿Qué programas de televisión preferías ver cuando tenías _____ años? (pon una edad)
   7. ¿Qué actividades acuáticas perferías hacer cuando eras más chio/a? (pon una edad)
   8. ¿Qué más te gustaba hacer cuando eras más jóven cuando hacía mucho calor? …cuando hacía mucho frío?…cuando estaba lloviendo?…cuando estaba nevando? …cuando tenías tiempo libre?

The third imperfect usage

The imperfect form can also describe anticipated events from a past perspective (these will largely be limited to *ir + a + infinitive* constructions, with *ir* in the imperfect indicative tense, but a simple indicative can also be used.) This is less common, but it does happen, so be on the lookout for it.

    a. Iba a comprar entradas para el concierto ayer, pero lo voy a hacer hoy.
       (I was going to buy tickets for the concert yesterday, but I will do it today.)

    b. Nosotros íbamos a leer *Zorro* por Isabel Allende durante las vacaciones.
       (We were going to read *Zorro* by Isabel Allende during our vacation.)

    c. Mis padres iban a viajar a Puerto Rico este año, pero lo van a hacer el año que viene.)
       (My parents were going to travel to Puerto Rico this year, but they will do it next year.)

A practicar 8.7

A. *My dashed plans*: Indica lo que ibas a hacer (o lo que iba a hacer otra persona) en el futuro, pero agrega un cambio de planes o circunstancias porque ya no puedes hacerlo.

Modelo: el sábado/mi tío

    Mi tío **iba a comprar** entradas para ir al teatro el sábado, pero no quedaba ninguna.

1. nosotros/para la Navidad _____

    _____

2. yo/para las vacaciones de primavera _____

    _____

3. ellos/el verano que viene _____

    _____

4. el artista/en noviembre _____

    _____

5. mis amigos/mañana _____

    _____

B. *¿Qué ibas a hacer...qué no has hecho todavía?* Make a list of 6 things that you were going to do by now, and then tell when you are going to do them. Share your list with others in the class to see if anyone wants to do any of the the same things that you want to do.

Ejemplo: Yo iba a correr un maratón, pero no lo he hecho. Lo voy a hacer en noviembre.

Más ejercicios: el presente y el imperfecto de indicativo

It is important to remember that most conversations and exchanges that matter include more than one tense. We have been talking about the imperfect indicative, but it is common to follow up questions like the ones that we have been practicing with sentences in the preterit or the present. However, for now, we will ask follow up questions in the present to see if you still feel how you felt at some earlier point in your life.

A practicar 8.8 ¿Cuándo eras más joven…y ahora?

1. Cuando eras más joven, ¿querías ser pintor o escultor? ¿Quieres ser pintor o escultor ahora? Comparte unos detalles.

2. Cuando eras más joven, ¿querías ser actor (o actriz) de televisión o de cine? Quieres ser actor (o actriz) de televisión o de cine ahora? Comparte unos detalles.

3. Cuando eras más joven, ¿querías ser músico? ¿Quieres ser músico ahora? Comparte unos detalles. (¿cantante? ¿compositor? ¿instrumental? ¿qué instrumento?)

4. Cuando eras más joven, ¿querías ser deportista profesional? ¿Quieres ser deportista ahora? Comparte unos detalles.

5. Cuándo eras más joven, ¿querías ser autor o compositor? ¿Quieres ser autor o compositor ahora? Comparte unos detalles. (¿novelas? ¿cuentos cortos? ¿teatro?)

6. ¿Qué profesión o profesiones querías tener cuando eras más joven? ¿Todavía quieres tener esa o esas profesiones? Comparte unos detalles. (¿médico? ¿dentista? ¿abogado? ¿ingeniero? ¿científico? ¿maestro? ¿político? Etc.)

■ Sendero 4:
A desarrollar, escribir y compartir

Antes de leer

Sometimes when we think of artists, musicians, and authors we think of them as belonging to our culture, but in reality, they belong to more than just one culture; they 'belong' to everyone. Many authors and composers, whether from long ago or currently publishing, have had their works translated into other languages. Painters and artists have had their works on exhibit, or are even permanently housed in foreign lands for others to study and enjoy. The following reading is longer than usual, but is divided into three sections. Keep the sections separate according to topic and you will find that it is very manageable. The listening selection is shorter and contains some important food for thought. No extra vocabulary is provided for you to understand the readings. You should know the words already or be able to figure them out as cognates or though context. The imperfect indicative is not emphasized in these readings; they deal more with the vocabulary topics. However, you may find that some questions and answers will require the imperfect.

Monumento a Don Quijote y Sancho Panza en la Plaza de España en Madrid, España.

© Efired/Shutterstock.com

Mural de 'An Automotive Assembly Line' por Diego Rivera en el Detroit Institute of Arts.

© James R. Martin/Shutterstock.com

A leer: El multiculturalismo del arte, de la literatura y de la música

🔊)) *Audio 8.7:* Además de leerla, para practicar un poco extra escucha y practica la pronunciación de la lectura *A leer: El multiculturalismo del arte, de la literatura y de la música.*

Hay autores y artistas de todo tipo que son para todos nosotros en todo el mundo. Miguel de Cervantes es un autor para todos. Su novela *El ingenioso hidalgo don Quijote de La Mancha* es una de las obras más importantes y traducidas de la literatura mundial. Lo mismo es verdad con Shakespeare y sus obras. Es igual con Mark Twain y su novela *Huckleberry Finn* and Luisa May Alcott con su novela *Mujercitas* [Little Women] que han sido traducidas a más de 50 lenguas. Hoy en día las obras de muchos autores tales como Gabriel García Márquez (Colombia), Isabel Allende (Chile), Dan Brown (Estados Unidos) y J.K. Rowling (Inglaterra) han sido traducidas a muchas lenguas también y son leídas por lectores de muchas lenguas y culturas. Estos son solo unos pocos ejemplos. ¿Sabes de más?

Salvador Dalí es uno de los españoles que todo el mundo considera como gran artista. Muchas de sus obras están es Europa, pero también hay un museo, *The Salvador Dalí Museum*, en St. Petersburg, Florida. Este museo contiene la colección más grande de sus obras fuera de Europa e incluye 7 de sus 'obras maestras' más importantes. Hay otros artistas que también tienen sus obras aquí en Estados Unidos. José Clemente Orozco tiene unos murales que se llaman the *Epic of American Civilization*, en la Baker Library en Dartmout College. Diego Rivera pintó el mural *Detroit Industry*, en el *Detroit Institute of Arts*. Además, podemos ver la serie *Visión de España* por Joaquín Sorolla en *The Hispanic Society of America* en la ciudad de Nueva York. ¿Cuáles son otros ejemplos?

Hay muchos artistas que han compuesto o han cantado en más de una lengua. Por ejemplo Mozart escribió el libreto (las palabras) de sus óperas en italiano o alemán. Handel tiene obras con letra en inglés, italiano, alemán y latín. Otros artistas más contemporáneos como el trompetista Chris Botti tocan y graban la música de muchos países y culturas. En la música popular de las últimas décadas otros cantantes han cantado y/o compuesto sus canciones en más de una lengua. Artistas como Julio Iglesias y ahora su hijo Enrique, Gloria Estefan Y Miami Sound Machine, Shakira, Ricky Martin y más que han cantado y grabado discos en español e inglés. También estamos viendo ejemplos de coloboración entre artistas con dúos de cantantes famosos de dos culturas, por ejemplo Blake Sheltoon y Shakira con la canción *Medicine*, con la letra en inglés. Otros tienen otro tipo de colaboración con parte de la letra en español y otra parte en inglés. Hay varios ejemplos, pero un dúo con mucho éxito fueron Alicia Keys y Alejandro Sanz con la canción *Looking for Paradise*. Escucha esta canción y muchas más en *YouTube*. A ver si te gustan.

Ejercicios de comprensión

A.

1. ¿Cuáles son los ocho autores mencionados en la lectura que tienen sus obras traducidas a muchas lenguas? ¿De dónde son ellos?

2. ¿Cuáles son los cuatro artistas de otros países mencionados en el artículo que tienen un museo o colecciones permanentes en Estados Unidos?

3. ¿En qué lenguas escribió Mozart la letra de sus óperas?

4. ¿En qué lenguas puso Handel la letra de sus obras?

5. ¿Cómo se llama el trompetista que toca música de muchas culturas?

6. ¿Quiénes son unos cantantes que han grabado canciones en inglés y español?

7. ¿Quiénes formaron el dúo para cantar *Looking for Paradise*?

Alicia Keys durante un concierto.   Alejandro Sanz en uno de sus conciertos.

B. *¿Y tú?*

1. ¿Has leído algunos libros de los autores mencionados en la lectura?

2. ¿Has leído libros, cuentos, poemas, etc., originalmente escritos en español y traducidos al inglés? ¿Cuáles?

3. ¿Has visto las obras de los cuatro pintores mencionados en la lectura? ¿Qué opinas de las obras?

4. ¿Cuáles son otros artistas de Latinoamérica o España con museos o colecciones pemanantes en Estados Unidos?

5. ¿Escuchas música en español? ¿A qué conjuntos musicales o cantantes escuchas?

6. Escucha el video YouTube de *Looking for Paradise*. ¿Cómo es la canción y el video? ¿Te gusta?

7. ¿Cuáles son otros cantantes u otras canciones que conoces en solo español o en inglés y español? Comparte esta información con la clase y si deseas, lleva un disco o ven a clase con la dirección de YouTube para que todos puedan escuchar estas canciones.

A escuchar: Liliana y la lectura

🔊 *Audio 8.8:* Go to the course website and listen to the recording *Audio 8.8—Liliana y la lectura* then proceed to answer the questions in *Ejercicios de comprensión* based on what you hear on the recording.

Ejercicios de comprensión

A. Comprensión

1. ¿Qué le importa mucho a Liliana?

2. ¿Qué pueden hacer los libros?

3. ¿Adónde pueden llevarnos los libros?

4. ¿Cuál era la actitud de Liliana sobre los americanos cuando ella llegó al país?

5. ¿Qué le decía el esposo de Liliana a ella sobre esa actitud?

6. ¿Qué libro acaba de leer Liliana con su hija?

7. ¿Para qué clase leía la hija de Liliana ese libro?

8. ¿Sabes tú quién es Atticus en la novela *To Kill a Mockingbird*? ¿Quién es?

B. *¿Y tú?*

1. En tu opinión, ¿cuál es la importancia de leer?

2. ¿Quieres leer una novela en español? ¿Cuál?

3. ¿Piensas que es una buena idea leer un libro en español que fue escrito originalmente en inglés, solo para practicar el español?

4. ¿Tienes otros comentarios?

A escribir y compartir

The following are possible composition ideas for a composition of 125 to 150 words. Follow the direction of your *profesor* or *profesora* to know which to do. Whichever topic or topics you choose to write about, share it with the class by posting it (or them) on your Blog. Then in class take about 10 minutes, more if there is time, and go from person to person reading your composition to someone, and having them read theirs to you. You should be able to talk to 3 to 5 other classmates. Then report in class on those that you have talked to during a class discussion.

A. Write a short composition in which you relate at least <u>ten things</u> that happened in one of the following scenarios. Be prepared to share orally the rest of the situations.

1. Lo que hacían 10 diferentes personas (amigos y familiares) ayer a las tres de la tarde.

2. Todo lo que pasaba en su apartamento o casa mientras hacías tu tarea para hoy.

3. Un día normal de tu primer semestre en la universidad.

4. Un día normal de tu visita a otro país (o mientras vivías allí).

5. ¿Cómo pasabas los veranos cuando eras chico/a?

B. Describe cualquier otro día festivo (Día de Acción de Gracias, cumpleaños, Labor Day, Memorial, Day, Día de San Valentín, etc.) cuando eras chico/a. Incluya por lo menos 10 verbos en el imperfecto.

C. Expand on the *¿Y tú?* questions from la lectura 'El multiculturalismo del arte, de la literatura y de la música' and investigate any one of the authors, artists, or musicians included in the reading, or any others of your choice who have some sort of relationship with Spanish and English bilingualism or maintain a cross cultural exchange. Write a brief essay to share about some specific aspect of that person's life or works.

D. Albert Einstein dijo: "La lógica nos permite ir de A a B. La imaginación nos puede llevar a donde sea." Escribe un ensayo sobre esta idea. Incluye la importancia de la imaginación en la vida.

E. Dos de las lecturas de este capítulo tratan la idea de que mirar televisón o esuchar música en español o leer libros en español pueden ser una ayuda tremenda. ¿Cuál es tu opinión? Da unas sugerencias en tu ensayo.

Capítulo 9

Mis recuerdos y cuentos favoritos

Courtesy of the authors

El Alcázar de Segovia: ¿de un cuento de hadas?

◼ Objetivos

Habilidades prácticas	Improved strategies for listening comprehension and production of personal events, stories, and legends
Vocabulario	Fables, legends, stories, and accounts
Pronunciación	Linking and pauses
Gramática	Preterit and imperfect indicative compared
Cultura	Legends and stories known in the United States and the Hispanic World

Tiempo de calidad: el abuelo y los niños leyendo juntos.

■ Sendero 1: A repasar y preparar

Aprende y estudia las siguientes palabras y practícalas al hacer los ejercicios en el capítulo.

Vocabulario

🔊 *Audio 9.1:* Escucha y practica la pronunciación de estas palabras de vocabulario.

Sustantivos

la alegría—joy, happiness
la aventura—adventure
la carretera—the highway
el castillo—castle
el cuento—story
el cuento de terror—scary story
el cuento de hadas—fairy tale
la esperanza—hope
la fábula—fable
el fantasma—ghost
la leyenda—legend
la literatura infantil—children's literature
la magia—magic

el mago—magician
la narración—narration
el/la narrador/a—narrator
el personaje principal—main character
el personaje secundario—secondary character
la piedra—stone, rock, tombstone
la princesa—princess
el príncipe—prince
la reina—queen
el rey—king
la tristeza—sadness

Adjetivos

ambicioso/a—ambitious
bello/a—beautiful
bondadoso/a—kind
cariñoso/a—affectionate
confiable—reliable, trustworthy
espantoso/a—frightful
fiel—faithful
folclórico/a—folkloric
hermoso/a—beautiful

infiel—unfaithful
mágico/a—magic
malvado/a—wicked, evil
misterioso/a—mysterious
noble—noble
profundo/a—profound
talentoso/a—talented
tramposo/a—cheater, trickster
travieso/a—naughty, mischievous

Adverbios

además—besides, apart from
al día siguiente—on the next day
al principio—at the beginning
apenas—hardly

casi—almost
de repente—suddenly
por fin—finally
sin embargo—nevertheless

Expresiones útiles

Erase una vez—once upon a time
Vivieron felices y comieron perdices—They lived happily ever after

A practicar 9.1: Vocabulario

A. Indica las respuestas correctas de las opciones dadas.

1. —¿Quiénes vivían en un (*castillo, argumento, placer*) grande?
   —El rey, la reina y sus 4 hijos.

2. Cuando yo era niño, mi mamá siempre me leía (*una bruja, un cuento, un argumento*)
   por la noche.

3. Don Quijote era un hombre que siempre buscaba más (*aventuras, magia, tristeza*).

4. "Paul Bunyon" es una (*fábula, leyenda, novela*) americana muy conocida.

5. Cuando hay (*tristeza, aventura, esperanza*), hay felicidad en la vida.

6. Los esclavos sufrían mucho y no tenían la (*aventura, tristeza, libertad*) para
   hacer nada.

7. El (*placer, fantasma, narrador*) de la ópera era un hombre que llevaba una máscara
   y no podía mostrarle su cara al público.

8. El príncipe sentía una gran (*tristeza, alegría, aventura*) porque no se casó con la
   princesa.

9. El (*argumento, placer, personaje*) principal de la novela "Cien Años de Soledad"
   es Macondo.

10. El (*narrador, mago, príncipe*) Merlín llevó al niño Arturo al castillo a educarlo.

B. ¿Cómo son los personajes en los cuentos? Escribe el adjetivo más apropiado de los adjetivos abajo para describir cada personaje en los cuentos de hadas. Cambia el género y/o número si es necesario.

malvado   mágico   profundo   tramposo
hermoso   espantoso   talentoso   bondadoso

1. El lobo en *Caperucita Roja* era muy _____. La niña estaba en peligro.

2. Por fin, *el Patito Feo* se convirtió en un _____ cisne después de un
   invierno duro.

3. La Hada Madrina con su varita _____ transformó a *Cenicienta* en una
   maravillosa joven.

4. Los siete _____ enanitos encontraron a *Blancanieves* en el bosque y la
   llevaron a su casa.

5. El hombre _____ hizo un muñeco de madera y lo llamó *Pinocho*.

6. La *Bella Durmiente* entró en un sueño _____ y quedó dormida por cien años.

7. En *El Rey León* Scar era _____ y quería matar a su sobrino Simba.

8. La cara de la *Bestía* era _____ pero tenía un corazón muy noble. Por fin, la *Bella* se enamoró de él.

C. *Los cuentos favoritos.* Con un/a compañero/a de clase, haz y luego contesta las siguientes preguntas.

1. Cuando eras niño/a, ¿quién te contaba cuentos por la noche?
2. ¿Cuál era tu cuento favorito? ¿Con qué frecuencia lo leías? ¿Cuántas veces lo leíste?
3. ¿Dónde ocurrió ese cuento?
4. ¿Quiénes eran los personajes?
5. ¿Quién era el personaje principal? ¿Cómo era?
6. ¿De qué se trataba el cuento?
7. ¿Creías en las hadas? ¿Quién era tu hada preferida?
8. ¿Leías los cuentos de terror o de brujas?
9. ¿Les tenías miedo a los fantasmas?
10. Haz más de tus propias preguntas

A pronunciar

Linking word-final consonants to word initial vowels:

🔊 *Audio 9.2:* Escucha y practica la pronunciación de estas oraciones con los ejemplos del enlace.

For more clear and flowing pronunciation, you should anticipate situations in which a word that ends in a consonant is directly followed by a word that begins with a vowel, and link these two words together. For example, if you are going to say or read:

Blancanieves es una muchacha...   (Snow White is a girl...)

You should say: *Blancanieve se suna muchacha...*

rather than,   *Blancanieves es una muchacha...*

Furthermore, if a consonant ends a word and the next word begins with that same sound, you will pronounce the phrase as if it had only the one single sound at the beginning of the second word:

*Ellos **canta nueve** canciones en su show* (instead of *Ellos **cantan nueve** canciones en su show*).

*Los **cuento son** divertidos.* (Instead of *los **cuentos son** divertidos.*

More examples include:

a. *So ninteresantes los cuentos de hadas.*
   (son interesantes los cuentos de hadas)
b. *Lo senanos que viven con Blancanieves so nombres raros.*
   (Los enanos que viven con Blancanieves son hombres raros)

🔊 *Audio 9.3:* Escucha las siguientes oraciones en *Audio 9.3* y luego repítelas. (Note the 'linking hints' below each sentence. Since the 'h' is not pronounced, it has been deleted in the 'hint'.) Escucha y practica la pronunciación de estas palabras.

    a. El hombre fue con una mujer al baile.
        (E lómbre fué co nuna mujé ral báile.)
    b. Ellos entraron antes de las ocho. Creo que salieron unas horas después.
        (Éllo sentráro nantes de la sócho. Créo que saliéro nuna sóras después.)
    c. Parece que las princesas siempre tienen problemas al principio de los cuentos.
        (Paréce que las princésa siémpre tiénen probléma sal princípio de los cuéntos.)

Tarea para grabar y enviar

Ahora graba tu propia recitación de la selección contenida en *Audio 9.3* y mándasela a tu profesor/a.

◾ Sendero 2: A comprender

In a departure from previous chapters, in *el Capítulo 9* we include a much longer lectura and no listening exercise. There is an accompanying audio for this version of the urban legend *María y la chaqueta*, so listen to it for extra practice. Our word of advice is to not let the length intimidate you. You know these words, just have the perseverance to get through the length. The story flows, and perhaps you have heard another version of the story already, which will also be a help to you.

© *Sandra Cunningham/Shutterstock.com*

🔊 *Audio 9.4:* Además de leerla, para practicar un poco extra escucha y practica la pronunciación de la siguiente lectura—*Ross nos cuenta la leyenda de María y la chaqueta.*

A leer: Ross nos cuenta la leyenda de María y la chaqueta

Les voy a contar una historia que siempre me contaba mi tía. Yo creo que es una leyenda, nada más, pero ella es de Kingsville y dice que realmente pasó. Así va:

No hace mucho tiempo había un hombre que iba a los bailes en Kingsville todos los fines de semana para escuchar música y bailar. Un viernes a fines de octubre ese hombre hacía lo que siempre hacía los viernes por la tarde; manejaba a Kingsville para ir al baile. Mientras pasaba por el pueblo de Rivera, el hombre vio en la oscuridad a una mujer bella de unos veinte años que caminaba a solas por la carretera. El pensó, "No es bueno que ella camine sola por la carretera. Yo no tengo prisa esta noche, voy a parar y ayudarla." Y él paró su auto y le dijo que podía llevarla a su casa si quería. Ella respondió que no iba a su casa, que iba a un baile en Kingsville para encontrarse con su novio, y que ese hombre no tenía por qué preocuparse por ella. Después de unas preguntas más el hombre supo que ella iba al mismo baile y le dijo que ella podía ir al baile con él si quería. Por fin, ella aceptó la ayuda y subió al carro. Manejaron a Kingsville y cuando llegaron al baile, María, que era el nombre de la mujer, no pudo encontrar a su novio. Como María no tenía ni compañero ni dinero, pero si tenía hambre y un deseo de bailar, el hombre le compró la cena y luego bailó con ella el resto de la noche. Por fin, ella anunció que se hacía tarde y que necesitaba regresar a Rivera. Cuando llegaron al mismo lugar donde el hombre la vio por primera vez, ella dijo: "Quiero bajarme aquí mismo."

El hombre le dijo que no le causaba ningún inconveniente llevarla hasta su casa y acompañarla hasta la puerta, y la verdad es que quería muchísimo hacerlo, pero ella le dijo que no. Sin embargo, como hacía frío, le dio su chaqueta a María y le dijo que iba a regresar el domingo para recogerla. Dos días más tarde el hombre volvió a la casa y llamó a la puerta. Una mujer vieja la contestó. El hombre pensaba que seguramente era la abuela. Con simpatía el hombre preguntó si estaba su nieta María. Con muy poca paciencia, la mujer le respondió: "¿Quién es usted y por qué ha venido a mi puerta?" El hombre explicó que venía a recoger la chaqueta que María usaba el viernes antes. "Es imposible," lloró la anciana, "María murió hace cuarenta años en un accidente mientras iba a un baile en Kingsville con su novio, Pablo. ¿Entiende usted, señor? ¡Ella está muerta!" Por supuesto, el hombre no pudo creerlo y demandó ver a María. En silencio la anciana le guió al camposanto cerca de la casa. Después de caminar unos momentos más, ella le dirigió hacia una piedra que llevaba el nombre "María" y dijo, "Allí, señor, yace mi María." Y sobre la piedra estaba la chaqueta del hombre.

1. La _____ de Ross le contaba este cuento con frecuencia.
   (a) tía
   (b) abuela
   (c) hermana
   (d) mamá

2. Mientras manejaba a un baile en Kingsville, el hombre vio _____.
   (a) un accidente de carros
   (b) una muchacha muerta
   (c) una mujer joven y bella

3. La mujer buscaba a su _____.
   (a) gato
   (b) novio
   (d) hermano
   (c) padre

4. El hombre y la mujer _____ esa noche.
   (a) gritaron y lucharon
   (b) besaron y abrazaron
   (c) comieron y bailaron

5. Cuando regresaron a Rivera la mujer _____ el hombre la acompañara a su casa.
   (a) esperaba que
   (b) no quiso que
   (c) le pidió a(l)

6. Cuando el hombre regresó a la casa por su chaqueta una mujer vieja dijo que
   _____.
   (a) María estaba muerta
   (b) María no quería verlo
   (c) María regresaba en una hora

Ejercicios de comprensión

A. *Comprensión*

1. ¿Quiénes son los dos personajes principales? _____

2. ¿Quiénes son los dos personajes secundarios? _____

3. ¿Con qué frecuencia iba el hombre a Kingsville? _____

4. ¿Por qué iba el hombre a Kingsville? _____

5. Un viernes mientras pasaba por el pueblo de Rivera, ¿qué vio el hombre? _____

6. ¿Qué hacía el hombre esa noche? _____

7. ¿Cómo era la mujer? _____

8. ¿A dónde iba la mujer? _____

9. ¿Con quién iba a encontrarse la mujer? _____

10. ¿Cómo se llamaba la mujer? _____

11. Cuando el novio no se presentó, ¿qué hicieron el hombre y la mujer? _____

12. ¿Por qué necesitaba regresar María a casa? _____

13. cuando llegaron el hombre y María al mismo lugar donde se conocieron, ¿qué dijo María? _____

14. ¿Qué tiempo hacía esa noche? _____

15. ¿Qué le prestó el hombre a María? _____

16. ¿Cuándo regresó el hombre a la casa de María? _____

17. ¿Con quién habló el hombre? _____

18. ¿Dónde encontró el hombre su chaqueta? _____

B. *¿Y tú?*

1. ¿Qué piensas de este cuento? ¿Es solo un cuento o es más? _____

_____

_____

2. ¿Has escuchado una versión semejante? _____ ¿Dónde? _____

_____

3. ¿Qué piensas de la gente que piensa que es solo un cuento o leyenda? _____

_____

4. ¿Qué piensas de la gente que piensa que es verdadero y realmente pasó?_____

_____

■ Sendero 3: A enfocar y abundar

El pretérito y del imperfecto de indicativo—los usos y significados comparados

In this section we will review in part the uses of the preterit and imperfect indicative verb forms as well as a little of the present tense. The main purpose of this grammar section, however, is to review with you briefly how each of these tenses works, and then give you plenty of practice in observing, integrating, and using the past tenses together.

While this is a undoubtedly a simplified explanation, the primary difference between using the preterit and the imperfect when describing a past occurrence is one of perspective. As reviewed below the preterit emphasizes the beginning and/or end of an action or state that is NOT co-occurring with another event or state. By contrast, the imperfect emphasizes a past occurrence or state as ongoing or co-occurring with another occurrence or state.

Preterit

1. Beginning or end of a single occurrence as in the past.
2. List of completed events, may be a chronological list or simply a series of unrelated events in the past.
3. Stative verbs can be made active as the preterit allows for them to enter into or exit out of that state.

Imperfect

1. Ongoing events or states in the past.
2. Customary or habitually repeated events in the past.
3. Anticipated events from a perspective in the past.

Given these perspective differences you can now begin to advance your writing and speaking technique by using the preterit verbs to move the action along and then use the imperfect to expand upon your message by pausing to fill-in the story with an assortment of ongoing and co-occurring elements, or to talk about what was at one time customary or oft repeated.

Observe the following examples:

Example 1

If someone asked you what you did last night you could say:

> Anoche me *quedé* en mi apartamento para estudiar, pero mi amigo *llamó* y me *invitó* a un concierto de un grupo acapella de la universidad. Por supuesto *fui*.

All of these preterit verbs move the action along in chronological order. The message of what you did is communicated. However, you could change some preterits to imperfects or simply add some imperfect verbs to show additional development if you wanted to.

> Anoche **yo iba a quedarme** en mi apartamento para estudiar. **Mientras estudiaba** mi amigo llamó y me invitó a un concierto de un grupo acapella de la universidad. **Sabía que el grupo cantaba muy bien y era muy divertido**. Por supuesto fui.

<u>Example 2</u>

If someone asked what you did last Monday you could say:

Me levanté a las ocho

Fui a mis clases

Estudié en la biblioteca

Comí en la cafetería

Hablé con unos amigos en la cafetería

Fui con David a un concierto de la orquesta sinfónica de la universidad

Después, **regresé** a mi apartamento y **me acosté a** las 11:30 de la noche.

This would give the person you are talking to a basic idea of how your day went. You haven't been able to develop the day, but you have included the main events. If you use the imperfect, even at a very simple level, you can add some depth to what you say or write. You may even add a few more preterit verbs, as seen below:

Me levanté a las ocho.

> ***Iba a llegar tarde a mi clase a las ocho y diez si desayunaba bien y por eso solo agarré una manzana y la comía mientras corría a clase.***

Fui a mis clases.

> ***Después de mi última clase, como yo tenía mucha tarea, fui y.***

Estudié en la biblioteca.

> ***Después de estudiar unas horas vi que eran las cinco y media y por eso fui para comer.***

Comí en la cafetería.

> ***Mientras estaba en la cafetería, David me invitó a salir con él a un concierto. En vista de que unos amigos míos tocaban en la orquesta, acepté su invitación y...***

Fui con él al concierto.

Después, regresé a mi apartamento y me acosté a las 11:30 de la noche.

You are not expected to master the integration of the preterit and imperfect and present tenses just yet. That comes with practice and experience. Observe the patterns you see in the following examples as you practice the conjugations of the present, preterit, and imperfect separated one from another. Your professor can help answer your questions and will help you understand how these tenses work. As you practice, the meanings and usages will become more familiar and apparent to you, but it will take time. No worries, you will get more instruction and practice with this as you continue on to the next level of Spanish.

Note: Before you begin the practice exercises, there is something that you should know. Trying to learn and master preterit and imperfect usage by filling in the blanks is difficult and problematic because the answer is so dependent on the perspective of the speaker. Sometimes either form could be used with fine results, it's just that the meaning would be different. Still, it can be an effective exercise for beginners, so we do it. However, after each '*lectura*' in A *practicar 9.2*, you will be asked to explain the ambiguities and multiple answers that you might see. For example, the lectura *Ross cuenta la leyenda de María y la chaqueta* begins:

> *Les voy a contar una historia que siempre me contaba mi tía.*

In this sentence the word *siempre* is key because it lends itself to the interpretation of:

> "I'm going to tell you a story that my aunt always used to tell me."

Without the word *siempre* this interpretation would be essentially the same because the word *contaba* already means to 'habitually or frequently tell' the story. If *siempre* is omitted and you are asked to fill in the blank, you could have put either *contó* or *contaba* and given a grammatically appropriate response. We already know what *contaba* means, but using *contó* would require a translation of:

> "I'm going to tell you a story that my aunt told me once."

Neither of these is better or worse than the other from a grammatical standpoint, but only one of them is correct in terms of what you want to say. Don't overthink these situations, for now just be on the lookout for them so that you can better communicate your thoughts and understand what others say and write to you.

A practicar 9.2

A1. *Comiendo conejo:* Selecciona la forma más apropiada según el contexto de todos los verbos en la siguiente historia contada por una estudiante de intercambio en España.

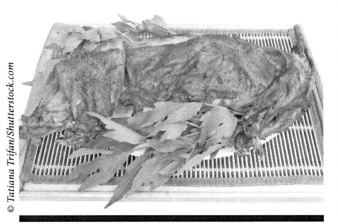

Conejo asado. ¿Piensas que sabe a pollo?

Yo soy estudiante de los Estados y estoy en España para estudiar español este semestre. Esta es mi primera semana en España y ya hago y veo cosas que para mí parecen ser muy diferentes. Algunas de estas cosas diferentes tienen que ver con la comida. Por ejemplo, en Estados Unidos excepto por el pollo, como muy poca carne. Aquí ya veo que todos comen mucho pescado, jamón y otros tipos de carne y los comen muy a menudo. Ahora les cuento lo que me (**1. pasó/pasaba**) en un almuerzo esta semana. Este almuerzo (**2. ocurrió/ocurría**) hace dos días, y yo estoy segura que no voy a olvidarlo nunca.

Cuando yo (**3. me senté/me sentaba**) a la mesa con mi familia española, yo no (**4. supe/sabía**) qué tipo de carne (**5. tuve/tenía**) en mi plato. Mientras yo la (**6. miré/miraba**), sin duda un poco confundida, mi nueva madre española (**7. dijo/decía**) , "Es conejo. ¿Sabes lo que es?" Yo (**8. entendí/entendía**) sus palabras, pero antes de este día no había comido nada de conejo en toda la vida. Yo (**9. Decidí/decidía**) probarlo y ¡me (**10. gustó/gustaba**)! Para mí (**11. supo/sabía**) (*tasted like*) a pollo, mi comida favorita. Después de comer pescado y carne de res los primeros días, por fin (**12. estuvo/estaba**) comiendo algo que me (**13. gustó/ gustaba**). Pero, justo después que yo (**14. decidí/decidía**) que el conejo (**15. fue/era**) una comida buena, mi madre española (**16. preguntó/preguntaba**): "¿Y quien quiere la cabeza?" Mi 'hermana' menor, Marina, (**17. respondió/respondía**) con entusiasmo: "Yo. Yo. Yo. ¡Yo la quiero! ¡Yo la quiero!" Y, mientras yo le (**18. miré/miraba**), ella (**19. se comió/se comía**) la cabeza entera: los ojos, los sesos, todo. Como (**20. dije/decía**) antes, es un almuerzo que no voy a olvidar nunca.

A2. ¿Hay unos verbos que pueden fácilmente ser o pretérito o imperfecto? ¿Cuáles y por qué? Escribe algunas posibilidades y compártelas con la clase.

B1. *La Cenicienta*: Ahora, en vez de leer y comentar una experiencia personal, lee el siguiente cuento bien conocido pero muy abreviado. Según el contexto, selecciona las formas correctas y luego justifica tu razón.

Érase una vez, en una ciudad muy lejana de aquí (**1. vivió / vivía**) una muchacha guapísima. Se (**2. llamó/ llamaba**) Cenicienta, porque (**3. durmió / dormía**) junto al fuego en la cocina y siempre (**4. tuvo / tenía**) la cara manchada de cenizas. (**5. Tuvo / Tenía**) dos hermanastras muy feas y una madrastra muy cruel. Un día, (**6. vino / venía**) un representante del Rey y (**7. anunció / anunciaba**) que habría un gran baile en el palacio. ¿Por qué (**8. se organizó / se organizaba**) este baile? Porque el Rey (**9. quiso / quería**) que su hijo conociera a su futura esposa. Todas las jóvenes del reinado (**10. empezaron / empezaban**) a prepararse para el baile. Pero la pobre Cenicienta no (**11. hizo / hacía**) nada; ya (**12. supo / sabía**) que no (**13. tuvo / tenía**) tela para hacerse un vestido. ¡Pobre chica! La noche del baile, (**14. fue / iba**) al jardín a llorar sola. En ese momento, (**15. apareció / aparecía**) la Hada Madrina. La Hada Madrina (**16. llevó / llevaba**) una vara mágica, y le (**17. dio / daba**) a la Cenicienta un vestido magnífico, unos zapatos de cristal, y hasta un carruaje para llevarla al palacio. Así que (**18. fue / iba**) al baile y el Príncipe (**19. se enamoró / se enamoraba**) de ella nada más con verla. Por fin, (**20. se casaron/ se casaban**) y vivieron felices y comieron perdices.

B2. ¿Hay unos verbos que pueden fácilmente ser o pretérito o imperfecto? ¿Cuáles y por qué? Escribe algunas posibilidades y compártelas con la clase.

Sendero 4:
A desarrollar, escribir y compartir

© ShaunWilkinson/Shutterstock.com

Antes de leer

As with the *lectura* in SENDERO 2, *María y la chaqueta,* the *lectura* that you are about to read, *El múcaro,* is rather long. Again, don't let the length intimidate you, and you will learn how the owl got his beautiful coat of feathers. You should know most of the words, but there are a few words we have not covered previously that will help you. As always, *haz los ejercicios de comprensión después de leer la lectura.*

el múcaro—owl
el guaraguao—a type of hawk
conseguir—to get, to obtain
el ruiseñor—nightengale
entregar—to hand over to
la vestimenta—clothing
el nido—nest
la reunión—meeting

A leer: El Múcaro

Cuando era niña en Puerto Rico mi papá siempre nos contaba leyendas y otras historias a nosotros los niños. Una de mis favoritas era de cómo el múcaro consiguió su vestimenta. La leyenda era así:

Era que había una reunión de todos los pájaros donde decidieron hacer planes para hacer una gran fiesta. Iban a invitar a todos los pájaros. Todos tenían que estar allí. Iba a ser un gran espectáculo, y todos los pájaros iban a vestirse de su mejor vestimenta. Pero un pájaro, el Ruiseñor, observó que no estaba el Múcaro. Entonces todos recordaron que el Múcaro era el único pájaro que no tenía vestimenta elegante, de hecho, no tenía nada que ponerse, él estaba completamente desnudo dentro de su nido. Como el Múcaro no estaba presente el Ruiseñor fue para visitarlo e invitarlo a la fiesta. Cuando llegó a la casa del Múcaro el Ruiseñor le dijo:

—¡Oye! —dijo el Ruiseñor— Yo vengo a entregarte una invitación porque tenemos una gran fiesta para todos los pájaros y queremos que tú vengas.
—Ay, ¡qué problema tengo yo! —respondió el Múcaro.
—¿Problema? ¿Por qué? —preguntó el Ruiseñor.
—Porque yo no tengo ropa —lamentó el Múcaro— Yo no tengo vestimenta para ir al baile. Estoy en mi nido completamente desnudo y no puedo salir.

Entonces, el Ruiseñor salió y fue para encontrar al Guaraguao y le dijo—Mira, yo fui para visitar al Múcaro, le hablé y le entregué una invitación, pero yo creo que no va a poder venir al baile.

—Pero, ¿por qué? —dijo el Guaraguao.

—Pues, porque no tiene vestimenta. —contestó el Múcaro.

—Bueno, antes de la fiesta, vamos a invitar a todos los pájaros y vamos a donar una pluma cada uno. Todos vamos a prestarle una pluma para que se haga un traje —le dijo el Guaraguao.

Bueno, pues, todos hicieron la reunión. Todo el mundo se sacó una pluma y se la dieron al Ruiseñor para que fuera y se la llevara al múcaro.

—Mira, yo vengo a traerte unas plumas para que tú te hagas un traje. Pero, lo hago con la condición de que cuando se acabe el baile, tú nos devuelvas las plumas. Tú tienes que devolvernos las plumas a cada uno —le demandó el Ruiseñor.

—Eso lo haré. Con una hermosa vestimenta voy a la fiesta —anunció el Múcaro.

Pues, cogió las plumas y se hizo su traje y se fue a mirarse en el espejo pensando que era muy guapo. Así se fue para la fiesta. Entonces, allí estaba todo el mundo bailando, y el pobre múcaro pensaba—Yo no quiero volver otra vez a quedarme desnudo. —Yo no voy a perder mi traje.

Entonces, él esperó que los demás pájaros estuvieran distraídos y regresó volando a su nido. Por eso el múcaro no sale de día, sino de noche, cuando los demás pájaros están durmiendo. Porque si sale de día, el múcaro teme que los demás pájaros le quiten las plumas.

Ejercicios de comprensión

A. Comprensión

1. ¿De dónde es la narradora? _____

2. ¿De qué se trata la leyenda que cuenta la mujer? _____

   _____

3. ¿Quién era el Ruiseñor? _____

4. ¿Qué iban a tener los pájaros? _____

5. ¿Por qué no estaba el Múcaro en la reunión? _____

6. ¿Qué decidieron hacer los pájaros para ayudar al Múcaro? _____

   _____

7. ¿Qué debía de hacer el Múcaro después de la fiesta? ¿Lo hizo? _____

   _____

8. El Múcaro volvió a su nido pero nunca salió de día. ¿Por qué? _____

   _____

9. En tu opinión, ¿cuál es la moraleja del cuento? _____

   _____

B. *¿Y tú?*

1. ¿Conoces otra leyenda/fábula americana? ¿Cómo se llama?

2. ¿De qué se trata? ¿Quiénes son los personajes principales y secundarios?

3. ¿Cómo empieza y termina esa leyenda/fábula?

4. ¿Cuál es la moraleja de esa leyenda/fábula?

5. ¿Crees en las leyendas? ¿Crees que esa leyenda es verdadera? ¿Por qué sí o no?

6. ¿Son importantes los cuentos/leyendas para los niños? ¿para los adultos? ¿Por qué?

A ver y escuchar

Now, as a class (with help from the professor), select a movie to watch in Spanish. Your professor will have plenty of ideas and will also know what is available (and legal—there are coyright issues to consider) to watch. It can be any kind of movie and can have subtitles or not. Develop some kind of assignment that is most appropriate for the the movie itself and your situation as a class: a reaction paper, a quiz, discussion group presentations, etc. The choice is yours (and, of course, the professor's). The idea is to have the experience of watching a full length movie and to be able to talk about it as a class.

A escribir y compartir

The following are possible composition ideas. This composition should be about 150 to 175 words. Follow the direction of your *profesor* or *profesora* to know which of the following options to do. Whichever topic or topics you choose to write about, share it (or them) with the class by posting it (or them) on your Blog. Then in class take about 10 minutes, more if there is time, and go from person to person reading your composition to someone, and having them read theirs to you. You should be able to talk to 3 to 5 other classmates. Then report in class on those that you have talked to during a class discussion.

A. Recuenta brevemente un cuento que tus padres o abuelos te contaban con regularidad (o puede ser cualquier relato de ficción que leías (algo como lo que leímos en 'la Cenicienta"). Ponlo como otra entrada en tu blog y ven a clase preparado a compartirlo con la clase.

B. Ahora cuenta una breve historia personal de algo sorprendente que te pasó alguna vez (algo como lo que leímos en 'Comiendo conejo"). Ponla como otra entrada en tu blog.

C. Cuenta brevemente una 'leyenda urbana' y luego indica si es verdadera o falsa. Ponla como otra entrada en tu blog.

Capítulo 10
Soñando y abriendo nuevas puertas

Courtesy of Michael Andrew Clauss

Aldabas de San Juan, Puerto Rico.

■ Objetivos

Habilidades Prácticas	Giving and accepting advice about what to pack and some pointers on how to act on short and long trips to another country
Vocabulario	Travel preparations and packing; experiences abroad
Pronunciación	p, c/qu
Gramática	Subjunctive, conditional, and indicative 'if' clauses and 'cuando'
Cultura	Overview of Chile—travel tips and showing respect for others

◼ Sendero 1: A repasar y preparar

Our final chapter deals with themes of dreaming, discovering, and doing. Grammatically speaking, this means using *when* and *if*, or more appropriately stated, *cuando* and *si*. The overriding topic is one of travel. Why? Because we hope that you will go someplace and use your Spanish, and learn even more. Maybe that means using it right in your own community, your family, or your job. Maybe that means going abroad to study, to work, or to visit. The vocabulary here constitutes only a beginning core of travel words, but it is a start. The reality is that in major cities, airports, and train and bus stations you are likely to see multiple options of terms and languages, and English is generally one of those options. Of course it doesn't mean that everything you see in English is right; you will find translation errors, just like we have found them, as shown in the accompanying photo. Remember, they are trying their best too. So, now let's dream big and experience big.

Courtesy of the authors

Bueno, hay errores en el letrero, pero entendemos, ¿no?

So take a chance and use your Spanish! Often when you travel you will discover multiple meanings and variations in vocabularies from country to country and region to region. Some of these are noted in the vocabulary list (for example: *cuarto, habitación, recámara, dormitorio* all as possibilities for bedroom, etc.). As you read brochures or travel to different places, note these and other variations and make adjustments. These differences are minimal, but be flexible and go with what works for the places you visit.

Vocabulario

◀)) *Audio 10.1:* Escucha y practica la pronunciación de estas palabras de vocabulario relacionadas con los viajes.

Sobre el vuelo

la aduana—customs office
la aerolínea—airline
el aeropuerto—airport
la agencia de viajes—travel agency
el boleto de ida y vuelta—round trip ticket
el boleto sencillo—one way ticket
el equipaje—luggage
la ida—outbound flight or trip, departure
el itinerario—itinerary
la llegada—arrival
la maleta—suitcase

la marca—brand
la mochila—backpack
la oferta—special offer
el pasaje—ticket (for travel)
el/la pasajero/a—passenger
la sala de espera—waiting area
la salida—exit, departure
la tarjeta de embarque—boarding pass
la vuelta—return trip
la visita con guía—guided tour
el recorrido—tour, trip

Sobre los documentos y el dinero

el cajero automático—ATM
el cheque de viajero—travelers' checks
el dinero en efectivo—cash
el dinero contante—change (coins)
el carné/carnet de identidad—
    identification card

el pasaporte—passport
el seguro médico—medical insurance
la tarjeta de crédito—credit card
el visado—visa

Sobre el alojamiento

el aire acondicionado—air conditioning
el baño privado—private bathroom
la calefacción—heating
la casa de huéspedes—guest house

la habitación/el cuarto/la recámara—room
la piscina/la alberca—swimming pool
la terraza privada—private terrace
la reserva/la reservación—reservation

En la maleta

el abrigo—coat
la blusa—blouse
los calcetines—socks
la camisa—shirt
la camiseta—T-shirt, soccer jersey
la chaqueta—jacket
la falda—skirt

las gafas de sol—sun glasses
el gorro—hat
los pantalones—pants
las sandalias—sandals
el sombrero—hat with full wide brim
el traje de baño—swimsuit
los zapatos—shoes

Verbos

alquilar—to rent
aterrizar—to land (in an airplane)
comprar seguros—to buy insurance
despegar—to take-off (in a plane)
facturar el equipaje—to check in luggage
garantizar—to guarantee
hacer la maleta—to pack the suitcase
hospedar(se)—to lodge
llegar temprano—to arrive early
llegar a tiempo—arrive on time
llegar tarde—to arrive late

llegar con demora—to arrive after a delay
pasar por la aduana—go (pass)
    through customs
pasear(se)—to stroll/to take a walk
prestar—to lend
quedar(se)—to stay
recoger el equipaje—to pick up the luggage
recorrer—to travel around or throughout
    a place
volar—to fly

A practicar 10.1: Vocabulario

A. *Definiciones.* Escribe la palabra más adecuada para cada oración. No repitas las palabras, cada respuesta debe ser diferente.

1. _____ El documento que se necesita para viajar al extranjero.

2. _____ El lugar donde se encuentran los aviones.

3. _____ La cosa que se compra para viajar en avión, tren o autobús.

4. _____ El lugar donde se mete la ropa para llevar al viaje.

5. _____ La máquina donde se echa el dinero en efectivo.

6. _____ La oficina donde se controla el tráfico internacional de mercancías.

7. _____ La cosa que se usa en coche o casa cuando hace mucho calor en el verano.

8. _____ La persona que nos lleva las maletas a las habitaciones.

9. _____ Un listado que indica las actividades que uno hace en el viaje.

10. _____ El especialista que nos ayuda a conocer lugares históricos en el viaje.

11. _____ La cosa que se usa en la casa cuando hace mucho frío en el invierno.

12. _____ La ropa que se usa para nadar en la piscina.

B. *Todo sobre mi viaje.* De la lista de abajo, escribe una palabra adecuada para cada oración. No repitas ninguna palabra en tus respuestas.

hacer alojamiento hospedarse facturar aterrizar
autobús tomar aduana recorrer recoger

1. Mañana salgo para Ecuador. Esta noche voy a _____ mis maletas.

2. Los servicios y el precio son muy buenos. Vale la pena _____ en el *Hotel Sol* durante las vacaciones.

3. Ahora voy a llamar al Hotel Sol para reservar _____ por cuatro noches.

4. No puedo llevar todas las maletas al avión. Las voy a _____.

5. Casi llegamos a Buenos Aires. El piloto nos dice que falta media hora para _____.

6. Al llegar al aeropuerto, voy a la zona indicada para _____ el equipaje.

7. Antes de entrar en Nicaragua, tengo que pasar por la _____ y la inmigración en el aeropuerto.

8. El viaje a Mallorca es una maravilla. Voy a descansar y _____ el sol en las playas.

9. Para ir a Santiago de Valparaíso vamos en _____ en vez de avión porque no queda lejos.

10. Mi mejor amigo y yo vamos a _____ Centroamérica por 30 días.

C. *¿Qué me dices sobre el viaje?* Hazle las siguientes preguntas a un/a compañero/a de clase y luego contéstalas cuando tu compañero/a te las haga. Después, en una actividad con toda la clase, ponte de pie y hazles estas preguntas a tus compañeros de clase. Luego comparte las respuestas con el resto de la clase.

1. ¿Cómo prefieres viajar? ¿En avión o en coche?
2. ¿Te gusta viajar en avión o tienes miedo? ¿Por qué sí o no?
3. ¿Manejas motocicleta o escúter? ¿Qué marca?
4. ¿Llevas mucho equipaje cuando viajas?
5. ¿Qué cosas llevas en tus maletas para ir de vacaciones en (pon el lugar que desees)?
6. Cuando viajas en avión, ¿qué ropa te pones y que ropa empacas en las maletas?
7. ¿Dónde compras los boletos de avión?
8. ¿Cuál es la aerolínea que usas más?
9. ¿Has viajado al extranjero? ¿Adónde? ¿Cuándo?
10. ¿Qué país quieres visitar? ¿Por qué?
11. ¿Te has quedado en un hotel de cinco estrellas? ¿Qué tal la experiencia?
12. ¿Te quedaste en un hostal alguna vez? ¿Qué tal la experiencia?
13. ¿Usas el dinero en efectivo o la tarjeta de crédito cuando viajas?
14. Agrega más de tus propias preguntas para aprender más de tu compañero.

Imperfect subjunctive verb conjugations

In this chapter you will be introduced to some additional subjunctive usages, which will require your knowledge of 2 more verb forms, the imperfect subjunctive and the conditional. As you advance in other courses you will expand upon these verb forms and their accompanying usages. For now we will limit these to some of the very most common usages that you are most likely to encounter. Try to observe the grammatical and communicative uses of the practice exercises as you learn the conjugations. Keep in mind that we are presenting this imperfect subjunctive verb form so that you will have seen it and know that it exists when you move on to the next level Spanish course. You are not expected to master this form and all its usages at this time. The usages we will practice (contrary to fact 'IF clauses') will allow for you to talk about things that you would like to see happen; things that you can dream about. Here we will practice the conjugations and you will see a lot of examples, but how these constructions actually work will be explained later in SENDERO 3 of the chapter.

Imperfect subjunctive verb forms

The imperfect subjunctive can be constructed by:

1. identifying the 3rd person plural preterit form of each verb
2. taking off the –on ending of that preterit form
3. adding the following endings to the stem:

		new stem	+	
yo →		new stem	+	**a**
tú →		new stem	+	**as**
usted, él, ella →		new stem	+	**a**
nosotros →		new stem	+	**áramos**
vosotros →		new stem	+	**áis**
ustedes, ellos, ellas →		new stem	+	**an**

These stems will always be taken from the 3rd person plural preterit verb form and the endings will stay the same regardless of whether they are –ar, –er, or –ir verbs. Some of these verbs may appear to be irregular, but this is only because the preterit form is irregular. The following show how this process works.

3rd person preterit verbs:

		preterit form	stem for imperfect subjunctive
hablar	→	hablaron	hablar
vivir	→	vivieron	vivier
querer	→	quisieron	quisier
traer	→	trajeron	trajer
ir	→	fueron	fuer
estar	→	estuvieron	estuvier

Imperfect subjunctive:

		new stem	+	person ending
yo →		hablar	+	a
tú →		vivier	+	as
usted, él, ella →		quisier	+	a
nosotros →		trajér	+	amos
vosotros →		fuer	+	áis
ustedes, ellos, ellas →		estuvier	+	an

Some Common Imperfect Subjunctive Verb Forms

	yo	tú	Ud.,él,ella	nosotros	vosotros	Uds.,ellos/as
poder	pudiera	pudieras	pudiera	pudiéramos	pudierais	pudieran
tener	tuviera	tuvieras	tuviera	tuviéramos	tuvierais	tuvieran
saber	supiera	supieras	supiera	supiéramos	supierais	supieran
decir	dijera	dijeras	dijera	dijéramos	dijerais	dijeran
hablar	hablara	hablaras	hablara	habláramos	hablarais	hablaran
ser	fuera	fueras	fuera	fuéramos	fuerais	fueran
dar	diera	dieras	diera	diéramos	dierais	dieran

A practicar 10.2: El imperfecto de subjuntivo

Completa las oraciones de abajo con la conjugación del imperfecto de subjuntivo del verbo indicado. Fíjate en la contrucción y el significado de las oraciones porque sirven de ejemplo de 'contrary to fact sentences' que vamos a formar en el futuro.

Courtesy of the authors

1. Si yo _____ (ser) millonario, viajaría por el mundo.

2. Si mis amigos _____ (viajar) a Guatemala conmigo, visitaríamos la zona norte.

3. Si nosotros _____ (tener) más dinero, compraríamos unas talaveras en Puebla, México cuando estemos allí para estudiar en la universidad.

Unas talaveras—simples y elegantes.

4. ¿Irían Uds. a ver la Patagonia si _____ (estar) en Argentina o Chile?

5. Los pasajeros no estarían muy contentos si los vuelos _____ (llegar) con demora.

6. Si usted me _____ (dar) más tiempo, le buscaría boletos más baratos, pero si los necesitas ahora no puedo hacerlo.

7. Si yo _____ (poder), te llamaría en el aeropuerto en Miami.

8. Si ustedes _____ (hacer) la reserva, no tendrían que buscar el hotel en este momento.

9. Si tú _____ (visitar) Chichén Itzá en México, verías una de las nuevas maravillas del mundo. Ojalá puedas verlo algún día.

Conditional verb forms

In most cases, the conditional forms can be constructed by adding the following endings to the infinitive of each verb:

Imperfect subjunctive:

	infinitive	+	person ending
yo →	infinitive	+	ía
tú →	infinitive	+	ías
usted, él, ella →	infinitive	+	ía
nosotros →	infinitive	+	íamos
vosotros →	infinitive	+	íais
ustedes, ellos, ellas →	infinitive	+	ían

The conjugations of some regular verbs in the conditional are shown as follows:

Some Regular Conditional Verb Forms

	yo	tú	Ud., él, ella	nosotros	vosotros	Uds., ellos/as
alquilar	alquilaría	alquilarías	alquilaría	alquilaríamos	alquilaríais	alquilarían
ir	iría	irías	iría	iríamos	iríais	irían
ver	vería	verías	vería	veríamos	veríais	verían
viajar	viajaría	viajarías	viajaría	viajaríamos	viajaríais	viajarían
volar	volaría	volarías	volaría	volaríamos	volaríais	volarían

There are a few common irregular –er and –ir conditional forms (all –ar verbs are regular in the conditional) that you should be aware of and will use often. The ending will be the same, but rather than using the infinitive for the stem, you will have an irregular stem:

decir: dir	poder: podr	saber: sabr	tener: tendr
hacer: har	querer: querr	salir: saldr	venir: vendr

Some Irregular Conditional Verb Forms

	yo	tú	Ud.,él,ella	nosotros	vosotros	Uds.,ellos/as
decir	diría	dirías	diría	diríamos	diríais	dirían
hacer	haría	harías	haría	haríamos	haríais	harían
poder	podría	podrías	podría	podríamos	podríais	podrían
querer	querría	querrías	querría	querríamos	querríais	querrían
saber	sabría	sabrías	sabría	sabríamos	sabríais	sabrían
salir	saldría	saldrías	saldría	saldríamos	saldríais	saldrían
tendr	tendría	tendrías	tendría	tendríamos	tendríais	tendrían
venir	vendría	vendrías	vendría	vendríamos	vendríais	vendrían

A practicar 10.3: El condicional

A. Completa las oraciones con los verbos correctos en el condicional. La mayoría son formas irregulares, pero hay regulares también.

1. Si yo fuera usted, yo no _____ (salir) tan temprano. No hay mucho que hacer en ese pequeño pueblo. Yo _____ (dormir) un poco extra.

2. Yo no _____ (saber) qué hacer en esta situación.

3. Mis padres _____ (venir) a visitarme si yo viviera en una ciudad grande.

4. Mis hermanos me _____ (traer) las maletas si tuvieran tiempo.

5. —¿Qué _____ (hacer—tú) si tuvieras mucho dinero?
   —Yo viajaría por todo el mundo y _____ (ver) lugares exóticos como los Galápagos.

6. —¿Cuándo _____ (querer—Uds.) viajar a Chile?
   — _____ (preferir) en invierno.

7. Si me visitaran este mes, mis amigos _____ (comprar) artesanías y las _____ (poner) en una maleta grande para dármelas

8. —¿Te _____ (gustar) ir a Nueva York para las vacaciones de primavera

conmigo para ver un show de Broadway y hacer un recorrido por la ciudad. Tal vez

_____ (poder—nosotros) también ir de compras y pasar tiempo en

Times Square y Central Park.

—También me _____ (encantar) ver los cuadros *La visión de

España* por Joaquín Sorolla en la *Hispanic Society of America*. Además, yo

_____ (tener) interés en visitar el *Museo Metropolitano de Arte*

también. Esto _____ (ser) muy divertido, ¿no crees?

9. Si hiciera buen tiempo, _____ (ir) a visitar a los abuelos este fin de

semana. Estamos un poco frustrados que haya nevado tanto que no podemos ir.

A pronunciar: p, c, qu

The Spanish *p*, and *c*, *qu* are largely similar to their p and k counterparts in English words except that in Spanish there is no aspiration with these sounds while in English there is significant aspiration (this is especially true of the letters when they are the first letter in the word). Test this by putting your hand closely in front of your mouth and saying:

Penny Peoples put purple poppies on her poodle's puppies.

then say:

Kevin Klicker kicked a cart of cold carrots.

You will notice distinct puffs of air on your hand as you pronounce these sounds in English. However, to better approximate proper Spanish pronunciation, you will need to eliminate, or at least minimize your powerful bursts of air with these sounds.

Audio 10.2: *Escucha y practica la pronunciación de estas palabras con sonidos oclusivos.* As you practice, hold your hand closely in front of your mouth and repeat after the model. Try to eliminate or reduce the puffs of air when you speak.

p	c/qu	mixed
pasajero	quedarse	equipaje
pasaje	comprar seguros	poco
pasatiempo	camisa	copa
pantalones	carné	Pascuas
pasaporte	camisón	pintura
privado	etiqueta	picante

Audio 10.3: Escucha y practica la pronunciación de las dos trabalenguas abajo. Cuando estés listo, haz la tarea de grabación.

1. *Quien poco coco come, poco coco compra; el que poca capa se tapa, poca capa se compra. Como poco coco como, poco coco compro, y como poca capa me tapo, poca capa me compro.*

2. *Pepito Catopa quería mascota y Papá pensaba ¿por qué no? Pero Papá quería un perro y Pepito quería un pato. ¿Qué pasó? ¡Piénsalo! Pepito Cotapo ya tiene su pato.*

Tarea para grabar y entregar

Ahora graba tu propia recitación de la selección arriba y también grabada en Audio 10.3, y mándasela a tu profesor/a.

■ Sendero 2: A comprender

For most people, giving their opinion is one of the most enjoyable things that they do, especially when they are passionate about it. Carmen is a 25 year old resident of Granada, Spain who has strong opinions about students from the United States who go to study in her city. Her opinion is not much different from that of Anabel from Costa Rica that we heard from in in *el Capítulo 3*. Carmen is responding to the question: *Si pudieras decirles una cosa a los estudiantes que vienen a Granada, ¿qué dirías?* Carmen gave two responses instead of one, so we have divided them up. The first recommendation is in *la lectura* and the second is in the *parte aural*.

Antes de leer

egoístas—egotistical
el jabón—soap
el champú—shampoo
la última moda—the lastest style

los recuerdos—souvenirs
hojas para afeitar—razor blades
hilo dental—dental floss
guardar espacio—save room, save space

 Audio 10.4: Además de leerla, para practicar un poco extra, escucha y practica la pronunciación de la siguiente lectura—*Carmen—Su primera sugerencia.*

A leer: Carmen—Su primera sugerencia.

Si pudiera darles un consejo a los estudiantes que vienen aquí de Estados Unidos, yo les diría que no sean egoístas con nosotros. Estoy generalizando, pero muchos de los norteamericanos piensan que somos un país del tercer mundo, que aquí no pueden comprar las cosas que necesitan. Creen que tienen que llevar todo su jabón, champú, aspirinas, hojas para afeitar, y mucho más por los cinco meses que van a estar aquí. ¡Esto es ridículo! No es necesario que traigan como 4 pastas de dientes, 12 jabones, 3 botellas de champú, 40 hojas de afeitar, 4 cajas de hilo dental, etc. Tienen que entender que aquí pueden comprar de todo. Tampoco tienen que traer tanta ropa. No necesitan 8 o 9 pares de zapatos, 5 o 6 pantalones, 12 camisas, 3 o 4 chaquetas, 5 o 6 vestidos especiales. La verdad es que necesitan poca ropa y deben recordar que pueden comprar ropa de la última moda aquí en la ciudad. Además, ellos deben guardar espacio en sus maletas para poner los recuerdos, la ropa y otras cosas que seguramente van a comprar aquí. También me gustaría compartir una sugerencia más. ¿Me permite hacerlo?

Ejercicios de comprensión

1. ¿Qué les diría Carmen primero a los estudiantes?

2. Según Carmen, ¿qué piensan muchos norteamericanos de España y cuál es su reacción a esto?

3. Carmen dice que muchos estudiantes piensan que tienen que llevar muchas cosas innecesarias a España. ¿Cuáles son algunas de estas cosas?

4. ¿Por qué no es necesario que los estudiantes lleven estas cosas mencionadas en #3?

5. ¿Qué dice Carmen sobre la cantidad de ropa que muchos estudiantes llevan en sus mochilas?

6. ¿Qué tipo de ropa se puede comprar en España?

7. Según Carmen, ¿cuál es otra ventaja de no llegar a España con tanta ropa en las maletas?

8. Al final de la lectura, ¿qué le gustaría hacer a Carmen?

Antes de escuchar: Carmen—su segunda sugerencia

Before listening to the audio recording, note the following, including a few conditional forms that we practiced in SENDERO 1.

hablar castellano—hablar español	*cambiaría*—it would change
diría—I would say	*mejoraría*—it would make better

 Audio 10.5: Go to the course website and listen to the recording Audio 10.5— *Carmen—su segunda sugerencia*, then proceed to answer the questions in *Ejercicios de comprensión* based on what you hear on the recording.

Ejercicios de comprensión

1. Según Carmen, ¿dónde y cuándo es necesario que los estudiantes hablen español?

2. Para Carmen ¿cuál es la diferencia entre los turistas y los estudiantes?

3. ¿Cuál es la sugerencia de Carmen a los estudiantes?

4. ¿Qué va a pasar si los estudiantes hacen lo que dice Carmen?

■ Sendero 3: A enfocar y abundar

Si y cuando—If and when

The uses of subjunctive and indicative with *si* and *cuando* (*if* and *when*) are often percieved as counter-intuitive to English speaking learners of Spanish. Although even experienced speakers sometimes have trouble with these constructions, if you pay close attention to the contexts that they are in, they are quite simple and manageable. They are also very useful because they are very common.

Si with the present indicative

One major concept that is important to remember when you use 'si' in Spanish with the indicative is that the 'si' clauses in Spanish have a meaning along the lines of "*if A then B*". Let's break this down further to give you a more clear understanding, beginning with the present tense.

For example, when we want to say:

If I study diligently, things tend to go well and I get good grades.

we are really saying:

As I study diligently, meaning 'all the times I study diligently', the result is that things tend to go well and it always follows that I get good grades.

Which in Spanish is:

*Si **estudio** diligentemente, todo **tiende a salir** bien y **saco** buenas notas.*

In theses cases the indicative is used in Spanish when a present tense conjugation is used. There will be no present subjunctive usages in 'if clauses'. (Note: there is some subjunctive usage when the 'if clause' is preceded by a negated verb such as in *No sé si...* ('I don't know if') or if *si* is a phrase such as *por si* or *por si acaso*.)

El aeropuerto.

A practicar 10.4

A. *Si + presente de indicativo.* Completa las siguientes oraciones con la forma apropiada del presente de indicativo de los verbos entre paréntesis.

1. Si _____ (tener) todo en orden y _____ (declarar) todo lo que compraste durante tu viaje, te van a dejar pasar por la aduana sin problemas.

2. Si _____ (llevar) zapatos buenos que nos quedan bien, no nos duelen los pies cuando nos paseamos horas y horas en las ciudades y lugares que visitamos.

3. Si _____ (hablar) español todo el tiempo cuando está en Panamá, la gente te trata un poco mejor.

4. Si el avión _____ (despegar) y _____ (aterrizar) a tiempo, es decir, si _____ (salir) a tiempo y no _____ (llegar) con demora, _____ (haber) menos problemas para todos; para los pasajeros y la aerolínea.

5. Si usted _____ (facturar) las maletas, siempre es posible que las pierden en el camino y no las tiene por dos o tres días.

6. Si ustedes _____ (tener) dinero en efectivo del país y dos tarjetas de crédito, van a estar bien para comprar en cualquier lugar.

B. *¿Qué haces si...?* Contesta las siguientes preguntas y luego practícalas en clase con un compañero. Después, en una actividad con toda la clase, ponte de pie y hazles estas preguntas a tus compañeros. Estáte listo para compartir lo que aprendas con toda la clase.

1. ¿Qué haces mientras esperas si el avión sale tarde?
2. ¿Qué pides si tienes la opción de tener tu boleto de avión en papel o en tu teléfono?
3. ¿Qué haces si estás perdido mientras viajas?
4. ¿Qué haces si quieres hablar en español y no recuerdas una palabra esencial?
5. ¿Qué llevas si hace calor?
6. ¿Qué te pones si hace frío?
7. ¿Qué haces si vas a tu restaurante y tienes que esperar una mesa por una hora?
8. ¿Qué dices si alguien te pregunta: "¿habla usted español?"?
9. ¿Qué dices si alguien te pregunta: "¿Me puedes prestar tu laptop?" ?
10. ¿Qué dices si tienes la opción de ir en coche 22 horas o en avión 3 horas?
11. Si tienes la opción de mirar televisión o jugar videojuegos, ¿qué haces?

C. *A ti te toca.* Antes de llegar a clase, forma CINCO de tus propias preguntas. Luego, en una actividad con toda la clase, ponte de pie y hazles estas preguntas a tus compañeros. Luego comparte las respuestas con todos.

Contrary to fact 'if' clauses: Some past subjunctive and conditional verb forms

Contrary to fact 'IF' sentences are very different from the sentences we have just learned with the indicative. They can be very useful when you want to discuss things that you would do or that you would like to do if circumstances were different, but they also have the inherent meaning that they cannot be true, they are only hypothetical. In order to construct these sentences you will need the two new verbs forms we learned in SENDERO 1: the imperfect subjunctive and the conditional form. The imperfect subjunctive will be used in the "if" clause of the sentence and the conditional tense will be used in the other clause. For example:

<u>Imperfect Subjunctive</u>	<u>Conditional</u>
If I had the opportunity (although I do not) →	**I would go** to Puebla, Mexico this summer to study.
Si tuviera la oportunidad (pero no la tengo) →	este verano **iría** a Puebla, México para estudiar.

The order of these two clauses is variable, hence, either option is valid, with slightly more emphasis placed on the second clause:

Si tuviera la oportunidad, este verano **iría** a Puebla, México para estudiar.

Este verano **iría** a Puebla, México para estudiar, **si tuviera** la oportunidad.

At this point, we will limit our focus to answering and asking questions. For example, if someone asks:

What would you do if you had a million dollars (although you do not have that much money)?

Your response might be: 'I would travel the world', or 'I would buy my parents a new home', or 'I would pay all my debts,' or whatever it is that you would do.

In Spanish these would be done this way:

Question: *Si tuvieras un millón de dólares, ¿qué harías?*

Answer: *Si tuviera un millón de dólares, viajaría por todo el mundo.*
or *Si tuviera un millón de dólares, les compraría una nueva casa a mis padres.*
or *Si tuviera un millón de dólares, pagaría todas mis deudas.*

Now let's practice.

A practicar 10.5

A. Sigue el modelo para contester las preguntas. Primero, antes de llegar a clase contesta las siguientes preguntas con una respuesta propia. Después, en una actividad con toda la clase, ponte de pie y hazles estas preguntas a tus compañeros de clase. Luego comparte las respuestas con el resto de la clase.

Modelo: Si pudieras viajar por Europa por dos meses, ¿Cómo viajarías?
*Si pudiera viajar por Europa por dos meses **yo** viajaría en motocicleta.*
*Si pudiera viajar por Europa por dos meses **David** viajaría en coche.*
*Si pudiera viajar por Europa por dos meses **Luisa** viajaría en tren.*

Courtesy of Michael Andrew Clauss

Yo iría a México para ver las ruinas de las antiguas civilizaciones, ¿a dónde irías tú?

1. Alguien te regala cincuenta mil dólares (después de los impuestos), ¿qué harías con ese dinero?

   Si alguien me regalara 50 mil dólares, yo ――――――――――――――――――.

2. Si el dinero no fuera un límite, ¿a dónde irías para tus próximas vacaciones?

   Si el dinero no fuera un límite yo ――――――――――――――――――.

3. Si estuvieras en un accidente de avión y tuvieras que vivir en una isla abandonada del mar con solamente una persona más, ¿a quién escogerías?

Si tuviera que vivir en una isla abandonada del mar con solamente una persona más, yo

_____

4. Si recibieras una beca para estudiar en otro país, ¿a dónde irías?

Si recibiera una beca para estudiar en otro país yo _____

5. Si pudieras hablar con una persona, viva o muerta, en toda la historia del mundo, por una hora, ¿quién sería? ¿Qué le preguntarías o dirías?

Si pudiera hablar con cualquier pensona en toda la historia del mundo, me gustaría

hablar con _____. Yo le diría (o preguntaría) _____

_____

6. Si pudieras cambiar una cosa en el mundo, ¿qué sería esta cosa?

Si pudiera cambiar una cosa en el mundo, _____

B. Ahora con menos ayuda con la respuesta, contesta las siguientes preguntas. Después, en una actividad con toda la clase, ponte de pie y hazles estas preguntas a tus compañeros de clase. Luego comparte las respuestas con el resto de la clase.
1. Si pudieras hacer senderismo o andar en kayak, ¿qué harías?
2. Si pudieras comer helado o una fruta, ¿Qué comerías?
3. Si pudieras ir a la boda de un amigo o salir de vacaciones con otro amigo, ¿qué harías?
4. Si pudieras pasearte por el parque o ir a un museo, ¿qué harías?
5. Si pudieras ir a un concierto de música clásica o a una exhibición de arte, ¿a dónde irías?
6. Si pudieras comer sopa de langosta o sopa de verduras, ¿qué comerías?
7. Si pudieras comer en cualquier restaurante, ¿dónde comerías?
8. Si alguien te ofreciera un Mac o un PC, ¿cuál escogerías?

C. *A ti te toca.* Antes de llegar a clase, forma CINCO de tus propias preguntas estilo "CONTARY to FACT". Luego, en una actividad con toda la clase, ponte de pie y hazles estas preguntas a tus compañeros. Luego comparte las respuestas con todos.

Cuando—¿Con indicativo o subjuntivo?

Cuando is sometimes followed by a subjunctive usage and other times it is followed by an indicative usage. We will not deal with all usages here, but we will deal with the most common ones.

Cuando is followed by a subjunctive verb when it refers to an anticipated event, thought, occurrence, etc.

Vamos a salir **cuando llegue** el piloto.   (We are going to leave when the pilot arrives.)

Cuando is followed by an indicative verb when it refers to an ongoing, usual/customary, or past event, thought, occurrence, etc.

Ongoing: *Cuando estás aquí estoy más contento.*
(When you are here, I am happier.)

Usual: *Todos los viernes por la noche yo salgo con mi novia. Vamos al cine **cuando ella decide** lo que hacemos. **Cuando yo decido**, vamos a un restaurante y luego nos paseamos por la ciudad.*
(Every Friday night I go out with my girlfried. We go to the movies when she decides what we will do. When I decide what to do we go to a restaurant and for a walk in the city.)

Past: *Salimos cuando llegó el piloto.*
(We left when the pilot arrived.)

A practicar 10.6

Cuando…. Completa las oraciones con la forma apropiada del verbo (o presente de indicativo, presente de subjuntivo, o infinitivo) en paréntesis.

1. Cuando ellos _____ (llegar) al aeropuerto, van a ver a unos amigos que no han visto en años.

2. Ellos me hicieron una gran fiesta cuando _____ (regresar—nosotros) a su casa.

3. Espero que mis padres estén contentos cuando _____ (ver) mi promedio de calificaciones de este año.

4. Ojalá tú pongas unas fotos en Facebook cuando _____ (estar) los dos meses en Costa Rica.

5. Cuando yo _____ (comprar) las entradas para los museos, siempre pido un plano gratuito para guiarme.

6. Mi madre anfitriona _____ (llorar) cuando se despidió de mi en la estación de autobuses.

7. La abuela: —¿Cuándo vais a visitarnos?

   La nieta: —Vamos a visitaros cuando papá _____ (tener) las vacaciones de julio.

8. Nuria: ¿Cuándo te visitó tu hermano?

   Diego: Me _____ la semana pasada. Nos lo pasamos muy bien.

9. Jorge: —¿Cuándo vas a Honduras?

   Juan: —Voy cuando _____ (acabarse) el semestre de primavera.

■ Sendero 4:
A desarrollar, escribir y compartir

Antes de leer

Lee la siguiente lectura, escrita por un estudiante que ha pasado un año en Chile después de su regreso a Estados Unidos, y contesta las preguntas que la siguen. Antes de comenzar, repasa las siguientes palabras de vocabulario:

la cordillera—mountain range   *al pie*—at the foot (base) of
las salidas diarias—daily departures   *el lago*—lake
el bosque—forest   *destinos*—destinations

🔊)) *Audio 10.6:* Además de leerla, para practicar un poco extra, escucha y practica la pronunciación de la siguiente lectura—*Miguel y una vista panorámica de Chile.*

El Puerto de Valparaíso, Chile.

El Valle Elqui, Chile.

Yo pasé dos semestres en Chile y me encantó. Chile es un país muy largo y hermoso del continente sudamericano. La capital, Santiago, se encuentra en la región metropolitana, más o menos en el centro del país. Es una ciudad bastante grande al pie de la cordillera de los Andes. Desde Santiago es muy fácil viajar a las otras regiones del país. Tiene un aeropuerto moderno con salidas diarias para todos los destinos principales de Chile y del mundo. Chile también cuenta con un muy buen sistema de transportación pública. A un poco más de una hora de Santiago está la ciudad de Valparaíso. Antes de la construcción del canal de Panamá era el puerto más importante de Sudamérica. Todavía sigue siendo un puerto activo. Valparaíso es una ciudad muy pintoresca. Para conocerla bien recomiendo que pases unos días allá y que recorras los muchos cerros de la ciudad. Son 45 en total y cada uno tiene su encanto.

El país tiene una diversidad impresionante. Nunca estás lejos de las playas o de las montañas porque recorren el país entero. Es un lugar perfecto para los amantes de la naturaleza. En el norte se encuentra uno de los lugares más áridos del mundo, el desierto de Atacama. En el sur hay una abundancia de ríos, lagos, y bosques. Eso sí, que si piensas visitar al sur entre los meses de mayo y septiembre, acuérdate que por estar en el hemisferio sur va a ser invierno y es muy probable que haga mucho frío. Sería mucho mejor que viajaras allí en el verano (diciembre a febrero).

Chile es un país de muy buena comida y muy buena gente. Lo único malo es que sea un país tan largo que es casi imposible ver todo lo bueno que tiene.

—Miguel

Ejercicios de comprensión

A. *Cierto/Falso.* According to the reading, indicate if the statement is true or false. If it is false, correct the sentence.

1. _____ Chile es uno de los países de Centroamérica.

2. _____ Es fácil viajar a Santiago porque tiene un aeropuerto central.

3. _____ Valparaíso está lejos de Santiago pero cerca de Panamá.

4. _____ Hay 50 cerros muy bonitos en Valparaíso.

5. _____ Dicen que Chile tiene de todo y es un lugar perfecto para estar con la naturaleza.

6. _____ Es recomendable visitar Chile en el invierno porque no hace mucho frío.

Courtesy of Michael Andrew Clauss

Cuernos en la Patagonia, Chile.

B. Comprensión: *A responder*

1. ¿Cuál es la capital de Chile?
2. ¿Cómo es el aeropuerto en Santiago?
3. ¿Qué ciudad está a un poco más de una hora?
4. ¿Qué recomienda Miguel que nosotros hagamos si vamos a Valparaíso?
5. ¿Por qué está uno siempre cerca de una playa o montañas?
6. ¿Qué hay en el norte de Chile?
7. ¿Qué hay en el sur de Chile?
8. Miguel dice que hay una cosa mala de Chile. ¿Cuál es?

C. ¿Y tú?

    1. ¿Has viajado a Chile alguna vez?

    2. ¿Qué más sabes de Chile?

Antes de escuchar

In *el Capítulo 2* we read some fairly general details from Teresa about living in the jungles of Perú. This time we will hear from her again about a frightening but peaceful encounter she had with an anaconda. Now we know enough Spanish to understand a variety of tenses and constructions. Before you listen to the recording, learn the words below. Then answer the questions that follow.

absorber—to absorb	*los huesos*—bones
amarrar—to grab	*grueso/a*—thick
dar escalofríos—to give chills	*lento/a*—slow
romper—to break	*peligroso/a*—dangerous
la cabeza—head	*inmovilizado/a*—immobilized, frozen

🔊 *Audio 10.7:* Go to the course website and listen to the recording *Audio 10.7—Teresa y su encuentro con la anaconda*, then proceed to answer the questions in *Ejercicios de comprensión* based on what you hear on the recording.

Una anaconda en la selva del Perú. ¡No te vayas de paseo solo!

A escuchar: Teresa y su encuentro con la anaconda

A. Comprensión

    1. Teresa tiene otro nombre para la anaconda. También la llama la _____.
        (a) la bruja
        (b) la destructora
        (c) la matadora
        (d) la reina

2. La anaconda te amarra, te rompe los huesos y _____.
   - (a) te muerde
   - (b) te hace gritar
   - (c) te absorbe
   - (d) te hace sufrir

3. Cuando Teresa vio la anaconda ella _____ cerca del río.
   - (a) daba un paseo
   - (b) estaba pescando
   - (c) estaba nadando
   - (d) con unos amigos

4. Cuando vio la anaconda, Teresa hizo todo excepto _____.
   - (a) quedar inmovilizado
   - (b) estar casi paralizada
   - (c) estar tranquila
   - (d) gritar mucho

5. Cuando Teresa recuerda este episodio, ella _____.
   - (a) tiene miedo
   - (b) tiene escalofríos
   - (c) se ríe
   - (d) casi llora

B. *¿Y tú?*

1. ¿Te has encontrado con un animal silvestre alguna vez? ¿Qué animal? ¿Qué paso?
2. ¿Qué harías si te encontraras con una gigante anaconda durante un paseo?
3. Si estuvieras en Perú, ¿irías de paseo en la selva solito?

A escribir y compartir

The following are possible composition ideas for a composition of approximately 150 words. Follow the direction of your *profesor* or *profesora* to know which to do. Whichever topic or topics you choose to write about, share it with the class by posting it (or them) on your Blog. Then in class take about 10 minutes, more if there is time, and go from person to person reading your composition to someone, and having them read theirs to you. You should be able to talk to 3 to 5 other classmates. Then report in class on those that you have talked to during a class discussion.

A. Escribe los 'Top Diez' cosas en tu 'Lista de deseos' [Bucket List—las cosas que quieres hacer antes de morir]. Publica tu lista en tu blog y lee lo que digan los compañeros de clase en sus blogs. Ven a clase preparado a compartir tu lista y a hablar con los otros en la clase.

B. Cuenta una vivencia espantosa o emocionante (a wonderful or frightening, but always surprising, life experience) de unas 100 a 125 palabras. Publícala en tu blog y lee lo que digan los compañeros de clase en sus blogs. Ven a clase preparado a compartir tu vivencia y a hablar con los otros en la clase sobre sus vivencias.

C. FIESTA DEL FIN DEL CURSO—End of the semester party
Es hora de celebrar un poco. Con la ayuda de su profesor o profesora, planeen como clase una fiesta. Hagan todo en español para revisar y practicar lo que han aprendido este semestre. Piensen en los detalles. (Hay ayudas para planear una fiesta en el sitio web que acompaña este libro de texto.)

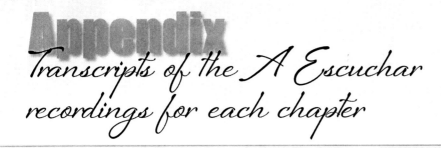

Capítulo 1: ¡A Comenzar y a conocernos!

Audio 1.15: El calendario

En gran parte el calendario de Estados Unidos y el calendario en los países hispanos es similar. Los dos calendarios tienen siete días a la semana, doce meses al año, y cada mes tiene el mismo número de días. Sin embargo, hay una diferencia muy grande. En el calendario en Estados Unidos el primer día de la semana es domingo y el último día es sábado. En los países hispanos es diferente; el primer día de la semana es lunes y el último día es domingo.

Audio 1.18: Milagros

Me llamo Milagros, pero mi nombre completo es Milagros Salazar Flores. Originalmente soy del Perú, de la ciudad de Cusco. Ahora vivo en Manchester. Tengo veinte y ocho años. Hay cuatro personas en mi familia: mi padre, mi madre, mi hermana Flor y yo. Mi teléfono es seis—cero—tres—ocho—seis—dos—nueve—siete—uno—cinco. Mi cumpleaños es el veinte y dos de noviembre. Soy maestra y doy tres clases de español este semestre.

Capítulo 2: ¿De dónde venimos y dónde vivimos?

Audio 2.7: Manuel de Colombia

Cuando escuchan la palabra "Colombia" muchas personas piensan en la violencia y en las drogas, pero en Columbia hay mucho más. Es un país hermoso y hay muchas cosas lindas para ver. Tiene muchos minerales. Es el primer productor del mundo de esmeraldas. Antes fue (was) el primer productor del mundo en oro y platino. Tiene contacto con dos mares, el Caribe, y también el Pacífico en donde está la producción del salmón. Tiene tres cordilleras donde todavía hay áreas fascinantes y vírgenes, sin las influencias de la civilización. Es el primer país productor de café del mundo y un enorme productor de banano y arroz. Es un lugar hermoso y fabuloso. ¿Puede haber un país más interesante en todo el mundo?

Audio 2.11: El otoño en Nueva Inglaterra

Ustedes están muy afortunados aquí en Nueva Inglaterra debido al cambio de color de las hojas en el otoño. Es algo que no vemos en los países tropicales, y para una persona que viene aquí por primera vez y ve ese colorido tan bello, pues, piensa que un pintor gigantesco pinta los colores en los árboles y en las hojas de los árboles y en la hierba verde que está cubierta de tantas hojas: anaranjadas, rojas, violetas, amarillas, y verdes. ¡Es un espectáculo bellísimo!

Capítulo 3: Mis intereses y pasatiempos recreativos

Audio 3.11: Christina de los Estados Unidos— Participating in Study Abroad in Granada, Spain

Es increíble ser estudiante en Granada. Todos los días es una aventura. Mientras camino a la universidad veo iglesias y edificios antiguos, y muchas plazas con estatuas y monumentos. Vamos a museos, al teatro en *Isabel la Católica*, a conciertos al aire libre en la plaza de la Catedral, a la *Alhambra*, y muchas otras cosas que no hago en Estados Unidos. También hay muchas actividades recreativas: montamos en bici en las montañas, jugamos al futbito y al voleibol, hacemos senderismo, y caminamos muchísimo. Por las noches salimos para ir a los bares o discotecas para bailar, cantar karaoke y estar con los amigos. Cuando me quedo en casa practico mi español con mi familia anfitriona y miro televisión con ellos. Estar en Granada es como estar en un paraíso.

Audio 3.14: Viaje de Linda y Natalie a Nueva York

Para mí el evento más esperado cada año es mi viaje anual a Nueva York para ir a un teatro y ver un concierto también. Me reúno con mi amiga Natalie y pasamos dos días juntas. Nos paseamos por las calles, comemos comida deliciosa en excelentes restaurantes, vamos de compras y hablamos mucho. Este año vamos a ver el show *Aladín* el martes y vamos a un concierto de los *Piano Guys* el miércoles. Vuelvo a casa el jueves temprano por la mañana. Es muy breve esta excursión, pero estoy segura que va a ser fantástica.

Capítulo 4: Actividades y horarios diarios

Audio 4.8: Alejandro—originalmente de Colombia, ahora vive en España

Por supuesto esto puede variar de familia a familia, pero nosotros comemos 5 veces al día. Comenzamos con el desayuno a las siete de la mañana. El desayuno es algo ligero. A veces es de unas galletas o un pan con leche caliente o yogur; a veces es pan con tomate y un zumo. Almorzamos a las tres de la tarde. El almuerzo es la comida más grande del día y consiste en un primer plato, una ensalada o una sopa; un segundo plato, con carne o pescado y arroz o patatas; y un tercer plato, un postre, normalmente helado, flan o una fruta. A las nueve de la noche cenamos. La cena es como el almuerzo, pero con porciones más pequeñas. Cuando mi tía nos visita de Colombia, ella piensa que cenamos muy tarde; a ella le gusta cenar más temprano. También comemos dos meriendas, una entre el desayuno y el almuerzo, y la otra entre el almuerzo y la cena. La merienda es algo ligero: un pastel o una fruta, con algo para beber.

Audio 4.11: Tomás y la Feria de la Manzana

En el pueblo donde vivo, cada año hay una fiesta donde se celebra la manzana. La fiesta es siempre el primer sábado de octubre. El día comienza a las ocho de la mañana con una carrera de cinco kilometros y hay otros juegos y actividades con temas de la manzana. Hay muchas personas allí para vender sus obras de artesanía. Mucha de la artesanía se basa en temas de la manzana pero no toda. También van muchas personas para vender sus delicadezas de manzana: tartas, pasteles, tortas, salsas, y comidas principales con manzana. Se venden solo dos bebidas: el agua y el jugo de manzana. La Feria termina a las cinco de la tarde. Me encanta la fiesta y todo es divertido y delicioso.

Capítulo 5: Fiestas y celebraciones (deseos e instrucciones)

Audio 5.5: La piñata original

Hoy en día, las piñatas vienen en muchas formas, pero la piñata original de México es algo diferente. La piñata original está hecha de una olla de barro que está cubierta con un papel brillante como el papel de aluminio. Sobre esta base hay siete conos que también están cubiertos de papel. Estos siete conos representan los siete pecados capitales. Cuando se rompe la piñata es simbólico por destruir los pecados capitales, entonces, tiene uno recompensas de otro tipo. Originalmente en México lo que ponían en las piñatas era fruta. Esas frutas representan las recompensas que recibe la gente por destruir los pecados capitales.

Audio 5.8: Marie y el Día de las Brujas

En los Estados Unidos se celebra el Día de las Brujas cada 31 de octubre. Es una de mis noches favoritas del año. En mi comunidad los niños pasan por las casas y piden dulces a la gente. Yo siempre les doy chocolate o gominolas porque son mis favoritos. Cada año decoro toda la casa al estilo 'Diá de las Brujas" con esqueletos, murciélagos y telas de araña. También organizo una fiesta muy grande en mi casa e invito a mis vecinos y compañeros de trabajo. Escuchamos música, jugamos juegos, contamos cuentos de fantasmas, y comemos mucha comida y dulces. Hay dos condiciones especiales también: primero, es necesario que todas las comidas tengan como ingrediente o manzana o calabaza.; y segundo, requiero que cada persona venga a la fiesta disfrazada, no hay excepciones. Al final de la noche le doy un premio a la persona con la mejor comida, el mejor disfraz y el mejor cuento de fantasma.

Capítulo 6: La comunicación electrónica y los medios sociales

Audio 6.7: Melisa y su aparato tecnológico más importante y necesario

¿Cuál es mi aparato tecnológico más importante y necesario? Es una pregunta difícil. Tengo varios aparatos tecnológicos y es normal que sea difícil decidir cuál es el más importante. En la vida diaria el aparato más esencial para mí es mi smartphone. Con mi smartphone tengo internet, facetime, películas y clips de YouTube, Facebook, cámera y videos, y mucho más. También casi todos de mi familia y mis amigos tienen uno también. Me gusta que casi todos en mi familia lleven teléfonos móviles, porque así podemos estar en contacto cualquier hora del día. También permite que hable con mis amigos fácilmente, que es casi una necesidad ahora.

Audio 6.9: Daniel y lo que ha visto

Es un tipo de chiste, pero mis padres han dicho por mucho tiempo que yo casi no hablo con mis amigos, que solo tengo una relación virtual con ellos. Ellos dicen que nos mandamos textos mucho o nos comunicamos por los medios sociales, pero no hablamos. He dudado que sea verdad esto, pero últimamente he tenido experiencias que me hacen pensar que mis padres tienen razón. Cuando estoy en el autobus, cuando voy a la cafetería o a un restaurante, cuando voy a un partido de fútbol o de básquet, cuando me paseo por la calle, en todos lugares he visto que muchas personas están usando sus aparatos electrónicos y no hablan con las personas que las acompañan. Me gusta que tengamos estos aparatos, pero me preocupa que los usemos demasiado.

Capítulo 7: ¿Qué pasó? Eventos familiares y del mundo

Audio 7.4: Luisa y por qué se mudó a Estados Unidos

Realmente la razón que vine a Estados Unidos no tiene que ver con un proyecto, ni idealismo interior, ni nada así. Tuvo que ver con mi vida personal. Me casé con un americano que conocí en Francia, y me mudé con él a California. Nací y crecí en Uruguay, pero como mi padre es inglés, después de la escuela fui a Inglaterra por un tiempo, y luego fui a Francia por unos meses. Allí conocí a mi esposo. Nos enamoramos, nos casamos en una ceremonia pequeña, y regresé con él a Estados Unidos. No fue una meta y nunca tuve un plan para venir a Estados Unidos, simplemente pasó.

Audio 7.7: Cristina y su día en Sevilla

El 20 de abril fui a Sevilla con mi grupo de la escuela para pasar un día de la Feria de abril allí. Primero visité la Catedral. Luego pasé 2 horas en el Alcázar y en los jardines del Alcázar. Después comí una deliciosa paella en un restaurante cerca de la Catedral. Entonces me paseé por las calles y participé unas horas en las actividades de Feria. Luego vi la Torre de Oro porque está cerca de la Plaza de Toros y saqué unas fotos de mi grupo. Entonces fui a una corrida de toros y después tomé una merienda fabulosa— churros con chocolate. Por la noche regresé a la Catedral para verla de noche.

Capítulo 8: Un mundo internacional— Las bellas artes y el bilingüismo

Audio 8.6: Anita y su aliado la televisión

Soy de Costa Rica pero vivo en Estados Unidos ahora y estoy aprendiendo a hablar inglés. Aprendo nuevas palabras todos los días pero necesito más. Las conversaciones con otras personas me ayudan, pero soy tímida con otras personas y a veces tengo miedo de equivocarme y cometer errores de habla en frente de las personas aquí. Mi mejor aliento para salir adelante y hablar más es la televisión, especialmente las novelas y los *realities* que miro todos los días. Son mi mejor aliado de cómo pronunciar y también tienen un vocabulario variado, diferente a los libros de instrucción. Tal vez es una cosa mala también porque antes no sabía palabrotas, porque en los libros de instrucción no ponen palabras malas, pero ahora que veo tanta televisión sé muchas palabrotas y maneras de insultar a la gente. Pero, la verdad es que sé mucho más inglés ahora. Por eso digo que la televisión es una maravilla para aprender inglés y además es muy divertida.

Audio 8.8: Liliana y la lectura

Para mí, es muy importante la lectura. Yo creo que por medio de los libros aprendemos mucho porque nos pueden enseñar tanto. Si nosotros no tenemos recursos para viajar, nosotros, a través de los libros, nos podemos transportar a donde sea. ¡A donde sea! Nos pueden llevar hasta los lugares más lejanos y hacer que vivamos imposibles aventuras. También puede enseñarnos de otras personas y culturas. Cuando yo llegué a este país, para mí los americanos eran los más groseros, los más egoístas del mundo. Pero, mi marido me decía: "no somos de aquí y no podemos venir para cambiarlo. Nosotros somos quienes tenemos que cambiar." Así que, aunque es difícil, comencé a leer en inglés, porque ahora es la lengua y la cultura de mis hijas. Acabo de leer *To Kill a Mockingbird* con mi hija, porque ella la leía para su clase de inglés. Fue excelente. Son libros como éstos que me recuerdan que hay personas muy buenas en este país también, personas como Atticus Finch.

Capítulo 9: Mis recuerdos y cuentos favoritos

There are no audio recordings to listen to in this chapter because the assignment is to watch a movie that will be determined by students and professor.

Capítulo 10: Soñando y abriendo nuevas puertas

Audio 10.5: Carmen—su segunda sugerencia

Mi segunda sugerencia, y es la sugerencia más importante que les diría a los estudiantes que vienen a España es esto: Si están con españoles o si están en público, es esencial que hablen español. Yo sé que muchos americanos no hablan castellano, porque son simplemente turistas; pero los estudiantes hablan español y por eso vienen aquí. Repito: ¡Que hablen, que hablen, que hablen en castellano! Lo notamos y nos impresiona. Esto cambiaría y mejoraría mucho su experiencia aquí.

Audio 10.7: Teresa y su encuentro con la anaconda

Hay animales peligrosos en la selva también. Por ejemplo, tenemos allí la anaconda, la destructora. Primero te amarra y te rompe los huesos, y entonces te absorbe. ¡Imagínate! Una vez yo estaba caminando sola porque a mí me encantaba ir de paseo cerca del río, y la vi pasar frente de mí en el camino donde estaba. Era inmensa, gruesa y muy lenta. Y también hermosa. No sabía si la cabeza estaba a este lado o acá pero yo estaba esperando. Me quedé tranquila, inmovilizada, casi paralizada, esperando. Felizmente después de unos minutos se fue y nunca me vio. Seguí con mi paseo, pero a veces me da escalofríos cuando recuerdo esto.

CPSIA information can be obtained at www.ICGtesting.com
Printed in the USA
BVOW04s0956270815

415294BV00011B/99/P